MÉMOIRES

DE

L'ACADÉMIE DE STANISLAS

MÉMOIRES

DE

L'ACADÉMIE DE STANISLAS

ANNÉE 1927-1928

CLXXVIII[e] ANNÉE

6e SÉRIE — TOME XXV

IMPRIMERIE BERGER-LEVRAULT

NANCY - PARIS - STRASBOURG

1928

Extrait du nouveau règlement voté par l'Académie le 28 mai 1915.

ARTICLE 28

Il y a chaque année deux séances publiques.

L'une a lieu dans le courant du mois de mai ; l'autre en novembre ou décembre.

Elles ne doivent pas durer plus de deux heures.

L'heure de la séance est fixée par le président, qui nomme deux commissaires pour en faire les honneurs.

L'ordre de la séance publique de mai est réglé ainsi qu'il suit :

1° Compte rendu annuel ;

2° Discours des récipiendaires dans l'ordre de leur réception et réponse du président ;

3° Lectures dont la Société a fait choix pour cette séance ;

4° Proclamation du bureau nouvellement élu.

L'ordre de la séance de novembre ou décembre est réglé ainsi qu'il suit :

1° Lecture des rapports sur les prix accordés par l'Académie ou par les Sociétés qui se sont placées sous son patronage ;

2° Indication des sujets mis au concours ;

3° Distribution des prix.

DISCOURS PRONONCÉ LE 31 AOUT 1927

AUX OBSÈQUES

DE M. HENRI VOGT

MEMBRE TITULAIRE

Par M. le Professeur Pierre PARISOT

PRÉSIDENT

MESDAMES, MESSIEURS,

En ma qualité de président de l'Académie de Stanislas, je viens au nom de notre Compagnie dire un dernier adieu au savant confrère, aimé et respecté, que fut le professeur Henri Vogt, l'éminent directeur de l'Institut Electrotechnique et de Mécanique appliquée de la Faculté des Sciences de Nancy.

Des voix plus qualifiées que la mienne retraceront avec une autorité et une compétence spéciales la vie toute de labeur, de bonté et de désintéressement du savant, du professeur, enfin de l'animateur d'un des Instituts qui fait le plus d'honneur à notre Université lorraine.

Je ne parlerai que de l'académicien.

Associé-correspondant du 22 juin 1917, Vogt fut élu membre titulaire de l'Académie de Stanislas le 21 janvier 1921 et c'est le 22 mai 1924 qu'il prononça son discours de réception. Il avait pris comme sujet : « La vie et les travaux de Henri Bazin », célèbre ingénieur hydraulicien, né à Nancy en 1829 et mort à l'âge de quatre-vingt-huit ans. A la lecture de ce discours, on ne peut s'empêcher de faire un rapprochement entre ces deux hommes de science : Bazin et Vogt. Dans sa réponse au récipiendaire,

M. le président G. Hottenger n'a pas manqué de souligner cette ressemblance qui s'étend à la fois à la vie publique, bienfaisante, simple et laborieuse de ces deux savants, et à leur vie privée, éclairée par la même foi religieuse. Malheureusement ce parallélisme entre ces deux existences de mathématiciens ne s'est pas continué : Bazin mourut sous le poids des ans; Vogt nous fut enlevé brusquement dans la vigueur de ses soixante-trois ans, en pleine activité intellectuelle.

Le discours de réception de notre regretté confrère, d'un style clair et élégant, est un exposé captivant des problèmes les plus ardus de l'hydraulique et des merveilleuses applications qu'on peut en attendre. L'orateur fut à la fois un brillant vulgarisateur et un prophète dont l'imagination reste sans cesse sous le contrôle rigoureux de son esprit tout de précision mathématique.

L'homme qui mettait au service d'une science profonde la parole persuasive d'un maître aimé, ne devait pas tarder à occuper une place importante, même dans une Académie ou fleurissent surtout les études historiques et littéraires.

L'Académie de Stanislas, il est vrai, a toujours tenu à honneur d'ouvrir ses portes aux divers représentants de l'activité intellectuelle de notre région lorraine, quelles que fussent leurs spécialisations. C'est à ce titre qu'elle a compté parmi ses membres titulaires des mathématiciens de marque, tels que les regrettés Aimé Renard et Gaston Floquet; c'est à ce titre aussi qu'elle a été heureuse d'élire Vogt, le savant mathématicien, l'homme de bien, dont la modestie n'avait d'égale que la haute valeur morale.

Notre Compagnie en sent cruellement la perte; son président a le triste honneur aujourd'hui d'être son interprète. Il prie Mme Vogt et toute sa famille d'agréer l'expression respectueuse de sa douloureuse sympathie et celle de tous les membres de l'Académie de Stanislas, qui conserveront pieusement le souvenir de leur regretté confrère.

DISCOURS PRONONCÉ LE 23 MARS 1928

AUX OBSÈQUES

DE

M. CHARLES DESSEZ

MEMBRE TITULAIRE

Par M. le Professeur Pierre PARISOT

PRÉSIDENT

Mesdames, Messieurs,

L'Académie de Stanislas vient de perdre, en la personne de M. Dessez, inspecteur honoraire d'Académie, officier de l'Instruction publique et de la Légion d'honneur, un de ses membres les plus estimés et les plus aimés. L'émotion que causa parmi nos confrères la nouvelle de sa mort est la preuve la plus éclatante de la place prépondérante qu'il occupait parmi nous.

Depuis plus de vingt ans, M. Dessez appartenait à notre Compagnie : associé-correspondant du 20 juillet 1906, il fut élu membre titulaire le 26 avril 1907, devint président le 22 mai 1914 et occupa cette présidence jusqu'au 11 mai 1917. Période héroïque de la grande guerre, heures tragiques où le courage tranquille de certains dont il était, servait d'exemple et de réconfort à toute la population de nos écoles qui continuaient à fonctionner sous les bombardements de l'ennemi.

Agrégé de philosophie, M. Dessez abandonna de bonne heure l'enseignement pour entrer dans la carrière administrative; là, il sut exercer une heureuse influence sur la formation morale des enfants. Les directives qu'il donnait aux instituteurs peuvent se résumer par ces mots : « Soyez bons Français et bons Lorrains ».

M. Dessez, né à Dieuze, aimait son pays natal en Français qui réprouve tout régionalisme intransigeant. Du Lorrain, il avait toutes les qualités. Sous son apparente froideur, il cachait un cœur sensible et bon, juste, modeste, réfléchi, doucement énergique et tenace, il était un chef qui savait imposer ses volontés. Son œuvre lui survivra, Ses publications qu'elles aient pour titre : *Paroles d'un Instituteur républicain* ou *Restez Lorrains* ou bien encore *Enseignez la Lorraine*, ses nombreux discours, d'une si belle ordonnance, d'un style clair et châtié, témoignent d'une de ses constantes préoccupations : faire aimer la France et la Lorraine, notre petite patrie.

Grande a été son influence sur l'éducation de la jeunesse à laquelle il tenait à faire enseigner l'histoire de nos ancêtres en mettant en lumière leurs vertus et leurs qualités. A ce titre, spécialement, il occupait une place de premier plan dans notre Compagnie qui consacre une bonne partie de son activité à faire revivre les souvenirs de Lorraine.

La mort de M. Dessez laisse un grand vide à l'Académie de Stanislas. Sa perte y est cruellement ressentie et en ma qualité de président de cette Compagnie, modeste interprète de ses sentiments, je prie Mme Dessez et sa famille de vouloir bien agréer l'expression respectueuse de nos condoléances émues.

A la mémoire de notre regretté et éminent confrère, Charles Dessez, nous conserverons pieusement le plus fidèle des souvenirs.

RAPPORTS

SUR LES CONCOURS

POUR LES PRIX HERPIN ET DUPEUX

Par M. Émile DUVERNOY

MEMBRE TITULAIRE

Messieurs,

Cette année, un seul ouvrage vous a été envoyé pour le concours du prix Herpin, celui de M. Roger Merlin.

M. Roger Merlin a été tenté par la biographie de son bisaïeul, le célèbre conventionnel Merlin de Thionville. Né dans cette place forte qui faisait alors partie de la province des Trois-Évêchés, élevé au grand séminaire de Metz, Merlin peut à bon droit être tenu pour notre compatriote. Mais s'il l'est de par la géographie administrative, il ne l'est guère par le tempérament. On ne lui voit pas ces qualités de calme, de mesure, de suite dans les idées que l'on s'accorde à reconnaître aux Lorrains. C'est un homme très brave, et somme toute un brave homme, mais assez mal équilibré, et par suite en état perpétuel de contradiction : il fait les motions les plus violentes et il sauve des proscrits, même en Vendée. En 1795, lors des traités de Bâle, il préconise tantôt les anciennes frontières, tantôt les frontières naturelles. En 1799, il parle de poignarder Bonaparte, puis lui demande une place.

Ses arguments font parfois sourire : il est l'ennemi des colonies parce que, dit-il, le peuple ne consomme ni sucre, ni café, que les colonies ne servent qu'à enrichir certaines personnes et que « pour être libre, il ne faut point être riche ». Un autre jour, il demande la suppression de tout costume ecclésiastique parce que ce costume rappelle la Saint-Barthélemy.

Son beau moment est le siège de Mayence pendant l'été de 1793. En effet, cet enfant de l'extrême frontière est homme d'action plutôt que de tribune et il devient là le plus parfait exemplaire du représentant aux armées. Dès le début, il se signale par sa vaillance, plutôt d'ailleurs comme soldat que comme chef, car il a la sagesse, qui manquera à d'autres, de ne pas s'immiscer dans le commandement. Il marche au premier rang des colonnes de sortie, il sabre, il pointe et tire le canon et si bien que les ennemis le surnomment *Feuerteuffel*, diable de feu.

Pour écrire sa biographie, qui tourne parfois un peu au panégyrique, M. Roger Merlin s'est servi d'abord de ses papiers conservés à la Bibliothèque nationale. Il a exploré les Archives nationales, celles de la Guerre et des Affaires étrangères, enfin divers dépôts d'archives départementales. Ses recherches nous paraissent avoir été consciencieuses, sauf qu'il élimine bien aisément les archives de la Moselle en affirmant qu'elles ont été totalement dévorées en 1803 par l'incendie de la préfecture. En réalité, il reste dans ces archives assez de documents de la Révolution pour que l'état très sommaire, qui en a été publié en 1910, forme une brochure de trente-trois pages. Il n'a pas négligé non plus les ouvrages imprimés, et en particulier les procès-verbaux des assemblées dont Merlin fut membre.

Tout livre d'histoire doit être à la fois une œuvre de science et une œuvre d'art. Si la science — autrement dit l'information — ne manque pas à la biographie du conventionnel, nous avons le regret de constater que l'art en est à peu près absent. M. Roger Merlin a su réunir des documents, mais il ne les domine pas, il est dominé par eux, submergé même, au point de ne pas se décider à choisir entre des versions différentes. Constamment il reproduit les textes tout au long, sans conclure, ce qui donne à son livre l'allure d'une compilation. Nous venons de parler du siège de Mayence. Son récit est formé en très grande partie de longs extraits pris aux ouvrages de Goethe, de Jean Reynaud, d'Arthur Chuquet, et à un manuscrit du général Decaen. Trop occupé à les transcrire, l'auteur oublie de mentionner une condition essentielle de la capitulation, que la garnison serait libre de rentrer en France, sauf à promettre de ne point combattre les coalisés pendant un an.

Un autre chapitre aurait pu être d'un grand intérêt, celui qui raconte la tragique journée du 9 thermidor, où Merlin joua un rôle avec la décision et l'énergie qui lui étaient propres. Quand on a lu ce récit, qui n'a pas moins de 80 pages, on sait fort mal ce qui s'est passé, parce qu'on a trouvé les faits exposés quatre, cinq ou six fois par autant de témoins différents. C'est diffus, sans mouvement et sans vie. A quoi bon reproduire des propos insignifiants tenus à la Convention; il fallait ne retenir que les paroles décisives et surtout les interventions de Merlin. A quoi bon discuter longuement si Robespierre a voulu se suicider, ou s'il a été blessé par le gendarme Méda, ou s'il a été frappé par celui-ci après s'être blessé lui-même?

Prenons encore le chapitre XXII, relatif à la mission de Merlin sur le Rhin en 1795. Il est composé d'extraits d'Albert Sorel, loyalement cité, nous nous plaisons à le reconnaître, de lettres de Merlin de Thionville, de son ami Merlin de Douai, du général prussien Mœllendorf, d'un passage des mémoires de Hardenberg, enfin de quelques rares alinéas de M. Roger Merlin.

Ce n'est pas tout : il arrive trop souvent à l'auteur de se répéter. Page 265, il nous sert deux fois, à quelques lignes de distance, un détail de la fête de l'Être suprême, des femmes criant : Vive Robespierre ! et Merlin les faisant taire en disant : Criez Vive la République, Robespierre y est compris ! Le récit de Méda sur le 9 thermidor est imprimé deux fois, pages 315 et 318. Qu'on ne s'étonne plus dès lors que cette biographie d'un personnage de second plan couvre 818 pages, sans compter les tables.

En voilà assez pour établir que M. Roger Merlin ne sait point composer. Ne voulant pas finir sur des critiques, nous louerons l'illustration de son livre, qui est bien choisie et bien exécutée. Outre des plans de Mayence et de divers quartiers de Paris, il nous donne des portraits de plusieurs personnalités révolutionnaires et, avec beaucoup de raison, il indique toujours où se trouve l'original et quel est son auteur.

Ayant égard au peu de personnalité de cet ouvrage, tenant compte aussi de ce que Merlin n'appartient à la Lorraine que par ses origines, que ses années d'action rentrent dans l'histoire générale, et que sorti de la vie publique, il ne revient pas en Lorraine, mais s'établit dans l'Aisne, votre Commission vous propose de ne point décerner le prix Herpin cette année et d'accorder à M. Roger Merlin une mention honorable.

Pour le concours du prix Dupeux, un seul ouvrage également, que M. le chanoine Roussel, de Saint-Dié, a consacré à dom Calmet. Bien des notices ont déjà été écrites sur l'illustre bénédictin : on a retracé sa vie, loué sa science et ses vertus, catalogué et apprécié ses très nombreux ouvrages. Mais on a oublié qu'il n'a point passé sa vie à écrire, que l'action a eu place dans son existence, que pendant vingt-neuf ans, de 1728 à 1757, il fut abbé de Senones et qu'il eut à gouverner, non seulement cette abbaye, mais aussi les villages qui lui appartenaient dans les hautes vallées du Rabodeau et de la Bruche. Si, pour les affaires temporelles, le pouvoir de l'abbé était assez limité, au spirituel il était presque absolu, car Senones, comme les autres grandes abbayes vosgiennes, était *nullius diocœsis* et ne relevait que du pape. C'est ce gouvernement de dom Calmet à Senones que retrace M. Roussel dans une grosse brochure de 84 pages; il en a trouvé les éléments dans divers manuscrits de la bibliothèque de Saint-Dié et dans les archives paroissiales de Senones.

L'abbé de Senones agit sur ceux qui lui sont soumis par divers moyens : par des mandements, M. Roussel en reproduit plusieurs qui sont très courts, mais pleins d'onction; par des visites pastorales, M. Roussel relate celle de 1730 où l'abbé entend partout des plaintes sur la fréquentation des cabarets; par des règlements et ordonnances destinés aux curés, où il prescrit, entre autres, d'avoir un régent d'école dans chaque village pendant l'hiver.

A côté de ces occupations courantes, quelques faits exceptionnels : la reconnaissance canonique des reliques de l'abbaye, faite en 1733; la fondation à Lunéville, en 1734, du prieuré du Ménil; c'est dom Calmet lui-même qui assume la charge de cette fondation aux dépens de sa mense abbatiale, ce qui ne l'empêche pas de construire ou de reconstruire des églises et des chapelles, entre autres l'église de l'abbaye, et de créer à Senones, en 1741, un hôpital de six lits.

Il était arrivé au pouvoir dans d'heureuses conditions, élu à l'unanimité par ses moines, bien vu par le duc Léopold qui le recommanda, discrètement d'ailleurs, aux électeurs. Néanmoins les difficultés ne lui manquèrent pas. Il en eut avec les princes de Salm, dont il relevait autant que des ducs de Lorraine; il en eut à propos du sacrement de confirmation qu'il fallait bien procurer aux sujets de l'abbaye et que seul un évêque pouvait donner. Il le fit administrer d'abord par Sommier, archevêque de Césarée et grand-prévôt de Saint-Dié, puis par Mgr Bégon, évêque de Toul, qui consentit à ne pas se prévaloir de cet acte pour contester l'indépendance de l'abbaye. Enfin il y avait la menace de la commende qui planait toujours sur les abbayes riches, et Senones était riche. Pour en préserver son monastère, dom Calmet se fit donner comme coadjuteur, dès 1735, son neveu dom Fangé, qui lui succéda sans opposition vingt-deux ans plus tard. C'était là une mesure de haute prévoyance. Toute cette étude, du reste, fait ressortir qu'à une grande bonté et à un esprit de paix et de conciliation, dom Calmet savait joindre une réelle fermeté, là où les intérêts de la religion étaient en cause. Il n'hésitait pas à interdire des églises et des cimetières quand les paroissiens se refusaient à les mettre dans un état décent.

Tout cela est fort bien exposé et expliqué par M. Roussel. Quelques reproches peuvent cependant lui être adressés : l'histoire de l'ermitage de Notre-Dame de la Maix est un hors-d'œuvre, intéressant du reste. Aux pages 52 et 53, nous lisons Antheluy pour Anthelupt, Moacourt pour Mouacourt. Si ce ne sont pas là des fautes d'impression, on jugera que l'auteur a négligé de vérifier ses noms de lieu. A la page 54, il nous parle, mais en quelques lignes seulement, de la bibliothèque de l'abbaye de Senones, qui a été fort accrue par dom Calmet; on aimerait en savoir davantage, apprendre par exemple quelles grandes collections historiques composaient cette bibliothèque, et M. Roussel pouvait nous le dire, car le catalogue de la bibliothèque de Senones est aujourd'hui à la bibliothèque de Saint-Dié. Ce renseignement aurait un double intérêt : il nous ferait voir les goûts et les préférences de dom Calmet en matière de livres, et il nous révélerait au moins quelques-unes des sources de cette *Histoire des mœurs* que Voltaire, on le sait, a composée dans la bibliothèque de l'abbaye de Senones.

Messieurs, votre Commission vous propose d'accorder le prix Dupeux à M. le chanoine Roussel.

RAPPORT

SUR LE CONCOURS

POUR

LE PRIX GABRIEL THOMAS

Par M. Charles BRUNEAU

MEMBRE TITULAIRE

MESSIEURS,

Votre Commission présente à vos suffrages, pour le prix fondé par Mme Gabriel Thomas en faveur d'un jeune licencié ès lettres de l'Université de Nancy, le nom de M. Mourot.

M. Mourot, élève à la Faculté des Lettres de l'Université de Nancy, licencié d'anglais, est un de nos étudiants les plus sympathiques et les plus distingués. Il vient d'être brillamment reçu à sa licence; il a mérité, sur quatre certificats, deux mentions *très bien*.

M. Mourot est en ce moment en Angleterre, où il achève de se perfectionner dans la connaissance de la langue anglaise. Il n'est pas douteux que ce ne soit pour lui une lourde dépense, aggravée par la situation de notre change.

J'ajouterai que M. Mourot, dont la mère est institutrice à Nancy, est un pupille de la Nation : son père est mort pour la France.

M. Mourot est donc tout particulièrement digne de recevoir le prix Gabriel Thomas, dont le montant serait employé par lui, selon la volonté de la fondatrice, pour un voyage d'études.

RAPPORT

SUR LE CONCOURS

POUR

LE PRIX DU SOUVENIR

Par M. Charles MILLOT

MEMBRE TITULAIRE

Foi germanique, foi punique.

MESSIEURS,

En 1922, le Comité de la Ligue du Souvenir a fondé un prix annuel que l'Académie de Stanislas est chargée d'attribuer « à une personne qui, de quelque façon, jugée efficace et de haute valeur morale, aura contribué à entretenir et à fortifier le souvenir des responsabilités et des crimes de l'Allemagne durant la Grande Guerre ».

Jusqu'à présent, les œuvres présentées au concours, récompensées ou non, étaient presque uniquement consacrées à l'épouvantable récit des crimes atroces commis par des brutes allemandes subalternes; crimes autorisés et même ordonnés par leurs supérieurs de tout ordre, mais dont la responsabilité remonte au *Kaiser* lui-même. Ce cabotin couronné était convaincu qu'en terrorisant les populations françaises on obtiendrait plus rapidement leur soumission et, par conséquent, la fin victorieuse de la guerre; ainsi, ajoutait-il, ce procédé, en apparence barbare, serait en réalité plus humain. En adoptant cet horrible paradoxe, les Allemands, on l'a dit souvent, se sont montrés de bien pauvres psychologues. Prêtant aux autres leur lâcheté devant la force et leur admiration pour le succès obtenu par tous les moyens, ils ont cru intimider les Français. Or ils n'ont réussi qu'à susciter colère et dégoût et à faire surgir, parmi les plus humbles habitants de nos campagnes, des héros ignorés, de tout âge et de tout sexe, que les traitements les plus barbares, l'incendie, les fusillades même ne purent ébranler. On ne ne saurait trop rappeler que le mot *schadenfreude*, qui exprime la *joie de voir souffrir autrui*, n'existe que dans la langue allemande et n'a d'équivalent dans aucune autre.

Le livre qui est récompensé cette année, non moins émouvant que les précédents, a en outre une portée historique plus haute et répond d'une façon différente, mais aussi exacte, aux conditions du concours. Il a pour titre *Les Vrais Criminels*, et pour auteur M. Florent-Matter, l'un des membres les plus écoutés du Conseil municipal de Paris (1).

Jugeant toujours les autres peuples d'après eux-mêmes, et convaincus que le succès final entraînerait naturellement une admiration béate et ferait oublier ou admettre les moyens déloyaux employés pour l'obtenir, les dirigeants de l'Allemagne ont cru habile de pratiquer une politique faite uniquement d'astuce, de fourberie, de mensonges, tendant des pièges à la loyauté de l'adversaire, employant tour à tour les promesses, la cajolerie et la menace, violant enfin les engagements les plus sacrés. Telle a été la diplomatie qui devait, pensaient-ils, leur assurer le triomphe dans la guerre qu'ils ont délibérément déchaînée sur le monde civilisé.

Naïvement étonnés, — tant est grande leur perversion morale, — de la réprobation universelle soulevée par leurs grossières machinations et finalement vaincus, et bien vaincus, ils ont encore recours au mensonge pour se disculper et, par des falsifications historiques, ils ont entrepris de faire croire qu'ils n'ont pas voulu la guerre, mais qu'ils y ont été acculés malgré eux, pour rompre

(1) Berger-Levrault, édit., 1926.

un encerclement et pour prévenir une agression, imminente prétendent-ils.

Personne, bien entendu, n'ajoute foi à leurs dires audacieux. Néanmoins, M. Florent-Matter a précisément écrit son livre pour prouver, irréfutablement, combien leur crime a été voulu, prémédité et préparé de longue main; combien, au contraire, les autres nations, la France en particulier, étaient pacifiques; combien enfin celle-ci a supporté d'affronts pour rendre évident à tous son amour de la paix. Si bien que, désespérant de se faire déclarer la guerre, comme en 1870, et la voulant à tout prix, l'Allemagne s'est décidée à la déclarer elle-même. C'est ce que l'auteur établit à l'aide d'une foule de documents authentiques et d'actes diplomatiques. Le nombre de ceux-ci, joint à leur enchaînement chronologique, est tel qu'il serait embarrassant de choisir pour vous en présenter un, ce qui, d'ailleurs, allongerait singulièrement ce rapport.

M. Florent-Matter, remontant à 1866 (Sadowa) et à 1870, fait bien voir que la politique de l'Allemagne, faite surtout de duplicité, s'est toujours et dans tous les cas montré la même.

Cette fois, Guillaume II en voulait particulièrement à l'Angleterre : *Gott strafe England!* On se rappelle avec quelle âpre ténacité il créa une puissante flotte de guerre, qu'il voulait capable de se mesurer avantageusement avec la marine britannique; en même temps, il obtenait de la Turquie la permission de construire le chemin de fer de Bagdad, dirigé contre l'Inde.

Cette terrible armada teutonne, étant sortie pour balayer la mer du Nord, fut attaquée bravement, mais non sans pertes cruelles, par les croiseurs d'avant-garde de l'amiral Beatty, et prit à toute vapeur la fuite vers ses ports dès qu'elle aperçut les fumées de la *Home Fleet* monter à l'horizon. Jamais dans l'histoire des peuples on ne vit panique aussi honteuse! Qu'enseignent donc les tant fameuses universités allemandes? On y apprend sans doute que Léonidas est un sot. — C'en est fait. La flotte allemande ne se montrera plus que pour être livrée à l'Angleterre lors de la conclusion de la paix. Et n'osant affronter le combat naval au grand jour, l'Allemagne pratiquera l'assassinat sous-marin des non-combattants, se mettant ainsi au ban de la grande famille maritime.

Mais n'anticipons pas sur les événements. L'Angleterre, quoique se sentant directement visée, laissa faire par amour pour la paix, seulement elle se rapprocha de la France qui s'était déjà ménagé l'amitié de la Russie. Alors, pour disloquer cette triple entente uniquement défensive, Guillaume se mit, d'une part, à cajoler, non sans quelque succès, le faible Nicolas II, tandis qu'il cherchait à tromper ou à endormir la France par des flatteries cousues de fil blanc.

Nous touchons ici au chapitre peut-être le plus émouvant du livre : je veux dire à l'exposé des résultats inespérés dus à la science diplomatique de M. Delcassé, accusé pourtant d'anglophilie, tandis qu'il cherchait simplement et partout des alliés pour le conflit qu'il entrevoyait prochain. Ce ministre, à jamais regretté, employa sept laborieuses années, c'est-à-dire la durée de plusieurs ministères, à renouer pour la France les relations que la fourberie bismarkienne lui avait fait perdre dans le monde. Et, au moment où après avoir calmé l'Angleterre froissée du succès de la mission Marchand à Fachoda, sur le Nil, et de la sympathie témoignée au président Kruger; au moment où il avait réussi à opérer un rapprochement avec l'Italie et obtenu de l'Espagne les mains libres au Maroc; alors qu'enfin l'Angleterre était prête à nous garantir, par un traité écrit, son intervention armée à nos côtés en cas de conflit et à transformer ainsi en une alliance positive l'entente jusqu'alors simplement cordiale; c'est à ce moment, dis-je, que les intrigues allemandes auprès d'un chef de cabinet qui négociait secrètement avec nos ennemis le renvoi du ministre des Affaires étrangères, réussirent à faire démissionner M. Delcassé. Ce clairvoyant patriote se retira les larmes aux yeux. Sa chute fut accueillie par des cris de triomphe de l'autre côté du Rhin et considérée en Angleterre comme un succès allemand; à ce point qu'on a pu dire : « La cause de la guerre de 1914 est la chute de M. Delcassé en 1905. »

L'Allemagne, débarrassée d'un adversaire redoutable et n'ayant plus à se gêner, commença ses provocations pour se faire déclarer la guerre : Tanger, Algésiras, Casablanca, Agadir éclatèrent tour à tour comme autant de menaces. On sait le reste.

M. Florent-Matter établit encore ce fait : tandis qu'en Allemagne, outre les grands industriels qui avaient intérêt à la guerre, tous les intellectuels, depuis les maîtres les plus réputés des universités jusqu'aux moindres instituteurs, étaient des pangermanistes exaltés, il est douloureux de constater que l'inverse existait en France : la Sorbonne elle-même, le Collège de France aussi, comptaient parmi leurs professeurs, et non les moindres, des pacifistes prolixes et bruyants.

C'est le moment de rappeler que *pacifique* et *pacifiste* ne sont pas du tout synonymes.

Les *pacifiques* veulent la seule paix honorable et possible : celle qui est obtenue grâce à la protection constante d'une armée capable d'infliger une dure leçon à tout agresseur.

Les *pacifistes*, eux, prenant leur désir pour la réalité et prétendant que tous les peuples ne veulent que la paix, disent : « Donnons l'exemple, désarmons les premiers, les autres seront enchantés de nous suivre. » — Est-il possible de se faire, de bonne foi, une pareille illusion sur la conduite que tiendraient alors les barbares d'outre-Rhin ? Et puis n'est-ce pas proclamer que, pour ne point se battre, on est prêt à subir la ruine, la servitude et le déshonneur ? Quelle tentation pour le peuple de proie !

Si la première moitié du livre dont nous rendons compte est consacrée aux « Vrais Criminels » *allemands*, l'autre moitié l'est aux « Vrais Criminels » *français*. Vous devinez qu'il faut entendre par là les politiciens faisant les affaires de l'Allemagne à la Chambre des Députés : ils ont entravé de toutes leurs forces et par toutes leurs intrigues l'armement de la France pour la lutte suprême qui allait s'engager, donnant ainsi à l'ennemi la tentation de nous attaquer et lui procurant l'occasion de le faire. Ils sont donc responsables de la mort d'un million et demi de Français et de la gêne financière qui nous étreint encore aujourd'hui, quelle qu'ait été leur conduite ultérieure pendant la guerre.

Ces derniers chapitres sont plus poignants, s'il est possible, que tout ce qui précède : car, en somme, les Allemands, se conduisant comme ils l'ont fait, étaient du moins patriotes à leur façon; mais comment qualifier des Français vouant sciemment leur patrie à l'impuissance? On ne peut lire cette seconde partie sans battements de cœur, je dirai plus, sans une profonde indignation et même sans rage. Je ne puis qu'y faire une discrète allusion, la politique nous étant très sagement interdite, et, bien à regret, j'arrête là ce rapport, lorsqu'il y aurait encore tant à dire.

Messieurs,

La Commission nommée à cet effet, après une étude très attentive des ouvrages présentés au concours de 1927, a mis au premier rang celui dont il vient d'être donné un compte rendu; et l'Académie, approuvant cette conclusion, a décerné le prix du Souvenir à M. Florent-Matter pour son livre *Les Vrais Criminels*.

RAPPORT
SUR LES PRIX DE VERTU

Par M. Charles BRUNEAU

MEMBRE TITULAIRE

MESSIEURS,

Chaque année vous interrompez vos savants travaux pour consacrer une de vos séances — la plus largement humaine sans doute et la plus belle — à la vertu. Vous vous penchez sur de nombreux dossiers — je n'oserais dire trop nombreux, mais je constate avec regret que la générosité des fondateurs de prix ne peut ni récompenser tous ceux qui en sont dignes, ni offrir à vos élus une récompense comparable, même de loin, à leurs incomparables mérites. C'est pour votre Société une sorte d'enquête morale, infiniment réconfortante. Parmi les innombrables petitesses de l'humanité, parmi les accidents, les crimes que les quotidiens nous relatent avec des détails et une insistance regrettables, dans ce monde d'aujourd'hui qui nous paraît si médiocre et si vil, il existe donc encore, dans des retraites secrètes qu'ignore la grande presse, de beaux exemples, dignes de ceux que les Grecs et les Romains nous ont légués, de grandes âmes, capables de renouveler à notre époque les actes héroïques que l'histoire a consacrés. L'égoïsme, l'ambition, l'arrivisme — mot nouveau qui désigne, je le crains bien, une chose aussi ancienne que l'humanité même — n'ont pas perverti jusqu'au fond la société moderne. Il reste encore, dans notre vieille Lorraine, nombre de familles qui, fidèles aux traditions de leurs ancêtres, savent joindre aux vertus les plus solides la modestie qui les pare à vos yeux d'un nouvel éclat.

I. — *Piété filiale.*

La liste des candidates aux prix décernés à la piété filiale commence cette année par un cas tout à fait émouvant. Mlle Marguerite **Malenfer** (1), à qui vous attribuez un prix sur la fondation Jules Gouy, a réussi par son seul travail, et grâce à une vie toute de privations et de renoncement, à soigner son père et sa mère jusqu'à leur mort, et à élever un petit neveu qu'elle a pris à sa charge dès sa naissance. Elle a recueilli, en outre, deux fillettes de huit à dix ans, ses nièces par le nom, et, sans hésiter, elle a accepté, pour l'honneur de la famille, cette lourde charge supplémentaire. Soutenue par le souvenir de l'affection qu'elle portait à ses parents et à son frère, soutenue aussi par la fierté émue que lui inspire son neveu — ce dernier se destine à la prêtrise — elle veut mener son projet à bien. C'est une noble figure que celle de Mlle Malenfer. Elle a pour ses parents et pour la mémoire de son frère un véritable culte, qui lui a donné la force de subir pendant des années, en particulier durant la guerre, des privations cruelles et des soucis écrasants. Mlle Malenfer est une âme droite et énergique. Elle pratique la religion raisonnée de la famille et de l'honneur, et, à ce double titre, elle mérite d'être distinguée par vous.

Mlle Jeanne **Mocotte** (2), qui partage avec Mlle Malenfer le prix Jules Gouy, a eu, elle aussi, une existence toute consacrée au bien. Pendant deux ans, elle a soigné ses parents malades; puis elle a gardé auprès d'elle sa vieille cousine et marraine, une infirme de quatre-vingt-cinq ans. Elle l'entoure de soins délicats, et elle a déclaré

---

(1) 16, rue Saint-Michel, Nancy.
(2) 11, rue de Paris, Nancy.

à votre confrère que « pour rien au monde elle n'eût abandonné sa vieille parente, qui, aux heures difficiles, avait été pour elle si serviable et si bonne ». Non contente de s'acquitter de cette pieuse dette, elle a élevé un jeune neveu qui habite encore avec elle, ne voulant pas se séparer de celle qui a tant fait pour lui. Ajoutons que Mlle Mocotte est, à l'atelier de couture où elle travaille, un modèle pour toutes ses compagnes. Vous ne pouvez donc mieux faire que de consacrer par l'un de vos prix une réputation de vertu si bien établie.

Mlle Jeanne **Wittmann** (1), à qui vous attribuez les prix Mangeon et Cardin-Roussel, a eu le bonheur de conserver sa mère et de pouvoir lui rendre les doux soins que lui inspire son amour filial. Elle exerce le métier de repasseuse et fait vivre, par son travail et grâce à un esprit d'économie vraiment admirable, sa vieille mère, à sa charge depuis douze ans par suite d'une grave maladie. Sans craindre de voir s'alourdir son fardeau, elle a accepté se s'occuper également de sa sœur, incapable de travailler et dont la petite pension de veuve de guerre ne peut assurer l'existence, non plus que celle de sa jeune nièce. Mlle Wittmann supporte allègrement la tâche accablante qu'elle a assumée, tant elle trouve naturel de se sacrifier pour celles auxquelles elle a voué sa vie. Il vous appartenait, Messieurs, de signaler au respect de tous cet admirable dévoûment qui, dans son extrême modestie, s'ignore lui-même.

Vous avez partagé le prix Bour entre cinq candidates, toutes remarquables par leur piété filiale. Deux d'entre elles, Mlle Célina **Thirion** (2) et Mlle Germaine **Wolf** (3), ont, en l'absence de leur mère, morte à la tâche, assumé la direction du ménage et l'éducation de nombreux enfants.

Mlle **Thirion** est la sœur cadette de Mlle Camille Thirion, que vous avez couronnée en 1924. Elle n'est pas moins digne de vos récompenses que son aînée. A la mort de leurs parents, Célina et Camille Thirion, après avoir

(1) 48, rue Stanislas, Nancy.
(2) 39, rue de la Source, Nancy.
(3) 61, avenue Carnot, Pont d'Essey-Saint-Max.

assuré à leurs frères et sœurs une situation honorable, sont restées à la maison pour subvenir aux besoins d'une sœur plus jeune, incapable de travailler. Le salaire de l'aînée, qui est giletière, est devenu bien peu rémunérateur, et ce sont les maigres gains de Mlle Célina Thirion — elle exerce le métier de repasseuse — qui font vivre le touchant ménage de ces trois sœurs si unies. De plus, Mlle Thirion trouve encore le moyen d'aider un de ses frères, marié à Nancy, et l'humble logis, entretenu avec une propreté minutieuse, est un foyer de courageuse résignation.

Mlle Germaine **Wolf** appartient, elle aussi, à une famille très éprouvée par la maladie. La mère, deux jeunes sœurs et un frère ont succombé, victimes d'un mal qui ne pardonne guère. Malade elle-même, Mlle Wolf n'a pas cessé de prodiguer ses soins à tous ces malheureux, tout en s'occupant du ménage. Elle élève en outre son jeune frère, âgé de quatorze ans, dont la santé est délicate. Elle est la consolation et le réconfort de cette famille qui, grâce à elle, ne perd pas courage après de si cruelles épreuves.

Mlle Juliette **Schwab** (1) est le vivant exemple de la jeune fille honnête et sérieuse qui cherche à s'élever toujours plus haut dans l'échelle sociale comme dans le chemin de la vertu. Malgré des difficultés matérielles très grandes, puisqu'elle subvient presque à elle seule à l'entretien du foyer, elle a trouvé le moyen de quitter son métier d'ouvrière en galoches pour devenir vendeuse aux *Travailleurs*, où l'on n'a, sous tous les rapports, qu'à se louer de ses services. Elle ne craint pas de venir en aide non seulement à sa mère, mais au second mari de celle-ci, empêché de travailler par la maladie. En outre, elle trouve encore quelques heures à donner aux enfants de son quartier, dont elle s'occupe assidûment. C'est à juste titre qu'elle jouit dans le quartier Saint-Pierre de la considération générale, et tous seront heureux de la voir ainsi solennellement récompensée par votre Compagnie.

---

(1) 5, rue Marie-Leczinska, Nancy.

Mlle Marie-Louise **Pellé** (1) se consacre, elle aussi, dès sa jeunesse, à une vie de sacrifices. Après avoir soigné et perdu son père et sa mère, elle reste, à vingt-deux ans, avec une vieille grand-mère tout à fait impotente. Sa piété filiale se reporte sur celle-ci, qui a vu mourir tous les siens et à qui il ne reste que cette seule petite-fille. Elle ne craint pas de renoncer à ses plus belles années pour adoucir les derniers jours de cette vénérable aïeule, et un tel dévouement nous paraît bien touchant. Songez, Messieurs, aux innombrables sacrifices quotidiens imposés à cette jeune fille, de santé délicate, qui doit attribuer ses gains modestes à l'entretien du petit ménage, qui occupe ses loisirs à donner à la mère de sa mère les soins qu'exige son grand âge, sans jamais s'absenter, sans jamais se permettre les distractions les plus innocentes. Sa discrétion n'est pas moins grande : la maison qui l'emploie ignorait tout de sa situation de famille, pourtant si émouvante. Vous serez heureux, Messieurs, d'apprendre que M. Bardet, directeur de la Belle Jardinière, a voulu s'associer à votre geste : c'est la seconde fois, depuis trois ans, que M. Bardet donne à vos lauréates des avantages particuliers. Vous serez unanimes à l'en féliciter, et à vous féliciter vous-mêmes d'avoir fait une bonne action en signalant le rare mérite de cette jeune fille à l'attention de son entourage.

Nous avons voulu terminer la liste des bénéficiaires du prix Bour avec le nom de Marie-Adrienne **Étienne** (2), dont la piété filiale atteint vraiment jusqu'à l'héroïsme. Mlle Étienne, âgée aujourd'hui de cinquante ans, est atteinte de la plus terrible des infirmités : elle est complètement aveugle depuis l'âge de vingt-cinq ans. Néanmoins, elle a refusé d'entrer dans une maison de rééducation, renonçant ainsi à s'assurer une ressource pour l'avenir. N'écoutant que son amour pour les siens, elle s'est fixée dans le petit village de Delouze (Meuse), auprès de ses parents, qui n'avaient plus qu'elle, ses deux sœurs étant mariées. La mère souffrait alors d'une ma-

(1) 7, rue Thierry-Alix, Nancy.
(2) Houdelaincourt (Meuse).

ladie de cœur, et le père, déjà vieux, subvenait seul par son travail aux besoins de tous. En 1908, la famille se transporte à Houdelaincourt, et c'est là que Mlle Étienne s'est véritablement imposée à l'admiration de tous. Malgré son infirmité « elle travaille activement » — ce sont les termes mêmes du curé du village — « fait le ménage, prépare les repas, donne à la maison une tenue de propreté qui étonne tous les visiteurs. » Pour aider à l'entretien du ménage, et aussi pour faire le bien, elle adopte un bébé de l'Assistance publique, âgé de vingt mois. En plus des autres travaux qui remplissaient ses journées, malgré cette nuit qui paralyse et ralentit son activité, elle prodigue à ce tout petit des soins affectueux, épanouissant ainsi les trésors d'amour maternel qui sommeillent au fond du cœur de toutes les femmes. Aujourd'hui ce bébé est devenu une fillette de quatorze ans, qui vit encore avec sa bienfaitrice, et qui donne — il ne pouvait en être autrement avec un pareil exemple sous les yeux — les plus belles espérances. Mlle Étienne n'a jamais reculé devant les soins les plus fatigants que réclamaient ses parents, morts à un âge très avancé, après de longues maladies. Elle s'est dévouée pour eux toute sa vie, luttant sans cesse contre la pénurie de ses ressources, ne craignant aucun sacrifice. Mlle Étienne est vraiment une sainte de la piété filiale et votre Compagnie s'honore grandement en lui attribuant une récompense.

En décernant à Mme Vve Numa **Labourasse**, de Vouthon-Haut, Meuse, le prix fondé par M. de Goussaincourt, vous récompensez, Messieurs, un cas bien rare de dévouement familial. C'est sa belle-mère que Mme Labourasse loge sous son toit depuis plus de vingt-cinq ans, et cela seul, aux yeux de beaucoup, est l'effet d'une singulière vertu. Mme Labourasse n'a cessé, aussi attentive et aussi tendre qu'une véritable fille, d'entourer la bonne vieille des soins les plus affectueux et des attentions les plus délicates. Sans fortune, les deux femmes vivent de leur travail, un travail acharné. Mme Labourasse est à sa machine à coudre dès 5 heures du matin, été comme hiver,

(1) Vouthon-Haut (Meuse).

et la brave maman, âgée de quatre-vingt-quatorze ans, exécute encore de menus travaux de couture. Elles ont toutes les deux l'estime du village; la plus jeune, en particulier, s'impose à l'admiration de tous. Véritable modèle d'ordre, de sérieux, infiniment discrète et réservée, rebelle aux commérages, tenant son intérieur avec une propreté minutieuse, Mme Labourasse donne l'exemple d'une vie simple et laborieuse, exemple précieux pour les générations nouvelles, qui ont tant besoin de trouver de pareils encouragements au travail et au bien. Vous avez compris, Messieurs, que rien ne ferait plus de plaisir à la vénérable nonagénaire que de voir récompenser celle qu'elle considère comme son enfant, et vous avez voulu, en couronnant Mme Labourasse, qu'elle pût partager la joie de sa belle-fille.

C'est aux jeunes filles qui se dévouent à leurs parents que sont affectés les revenus de la Fondation Pister, sur lesquels vous avez justement attribué un prix à Mlle Cécile **Heinrich** (1). Mme Wach, sa mère, a eu trois filles d'un premier mariage : l'aînée travaille au dehors, la troisième est entrée au couvent. Mlle Cécile est donc la seule à pouvoir aider sa mère. Et les huit enfants du second mariage s'échelonnent de onze ans à quelques mois ! Mlle Heinrich a senti la beauté de la tâche qui s'offrait à elle, et elle s'y est dévouée courageusement. Écoutez-la raconter elle-même son existence de travail et de sacrifice : « Dès que je suis sortie de classe, je me suis occupée des soins du ménage et j'ai aidé maman à élever les enfants. J'ai compris que mon devoir était de rester dans ma famille. La tâche est quelquefois pénible, car malgré tout je suis jeune et il est bon d'avoir des distractions. Jusqu'ici je n'en ai guère eu. Mais je ne m'en plains pas. Après tout, il me semble qu'il n'y a rien de plus beau que de se dévouer pour sa famille ». Soyez sûrs, Messieurs, qu'en récompensant Mlle Cécile Heinrich vous remplirez de satisfaction le cœur de ses bons parents, et que vous sèmerez la joie dans cette jolie nichée dont elle est la petite maman.

---

(1) 23, rue de Belfort, Nancy.

Mlle Suzanne **Ruston** (1), à qui vous avez attribué la seconde moitié du prix Pister, a fait preuve également des plus hautes qualités. Aînée de huit enfants, dont quatre vivent encore, elle vit bien que son devoir était d'aider ses parents, cultivateurs à Ainvelle (Vosges). Elle se préparait ainsi à la tâche qui devait lui incomber pendant la guerre. Cette enfant fut l'une de ces femmes admirables qui remplacèrent aux champs leurs pères et leurs frères mobilisés. A treize ans, elle conduisait la charrue et transportait à Épinal les produits de la ferme, sans souci des difficultés et des fatigues, voyageant sur les routes de jour et de nuit. Après la guerre, il fallut quitter la campagne. Courageusement, Mlle Ruston s'installa à Nancy avec deux de ses sœurs, dont elle assura, sur le produit de son travail, l'instruction et l'éducation. A l'étude où elle est employée, elle donne toute satisfaction, et sa belle vaillance morale, qu'elle a conservée intacte, suscite autour d'elle un sentiment unanime d'admiration émue.

II. — *Dévouement maternel et familles nombreuses.*

C'est aussi à une jeune fille infiniment sympathique que vous décernez le prix Marguerite Pitoy. Juliette **Gantois** (2) est pour ses cinq frères et sœurs une seconde maman : elle consacre à sa famille toutes ses heures de loisir, car elle travaille au dehors; et elle est pour tous un exemple vivant. L'enquête instituée sur sa candidature nous a rapporté ce témoignage, le plus beau que puisse mériter une jeune fille : « Par le seul fait de sa tenue irréprochable, elle a su faire rayonner la vertu autour d'elle ». Vous vous réjouirez, Messieurs, de consacrer par votre choix la réputation de cette excellente jeune fille, qui ne pourra manquer de devenir une mère de famille modèle.

Vous réservez toujours, Messieurs, dans la liste de vos lauréats, une place aux mères de familles nombreuses,

(1) 15, rue d'Amerval, Nancy.
(2) 98, rue de Strasbourg, Nancy.

et c'est justice que celles qui sont à la peine soient aussi à l'honneur.

C'est à Mme Vve **Hertz** (1) que vous avez attribué le prix Gouy pour les familles nombreuses. Mme Hertz a eu quatorze enfants : c'est un titre de gloire. Si cette splendide famille a été pour elle la source de bien des joies, elle lui a aussi coûté beaucoup de peines et de soucis. Mme Hertz a dû faire des prodiges d'ordre et d'économie pour arriver à tenir son ménage, à nourrir et à habiller ses enfants. Elle y a pleinement réussi. A tous ses enfants — dix sont encore actuellement vivants — elle a su inspirer une affection profonde. Le fils avec lequel elle habite aujourd'hui parle dans les termes les plus touchants des mérites exceptionnels de sa vieille mère et des sacrifices sans nombre qu'elle a faits pour tous les siens. En récompensant Mme Hertz, aujourd'hui âgée de quatre-vingt-trois ans, vous exaucez le plus cher désir de tous ses enfants.

C'est à la campagne, à Xeuilley et à Morville-sur-Seille, qu'habitent les deux mères de famille auxquelles vous avez attribué le prix Pister pour les familles nombreuses, Mme **Vautrin** (2), mère de sept enfants, et Mme **Vosgien** (3), mère de neuf enfants. Mme Vautrin lutte avec courage contre les difficultés de l'existence : son mari est seul, avec l'aîné des fils, encore bien jeune, à gagner quelque argent. De l'avis unanime, les enfants de Mme Vautrin sont très bien tenus, très proprement habillés, et reçoivent une excellente éducation.

Mme Vosgien, de santé délicate, a dû, pendant la guerre, fuir devant l'envahisseur. En 1914, elle est arrivée à Nancy à pied avec ses cinq enfants, le dernier-né sur les bras. M. et Mme Vosgien n'hésitèrent point à rentrer à Morville dès que cela fut possible, quoiqu'ils eussent tout perdu, et ils se remirent bravement à l'ouvrage, acceptant, comme tant d'autres Lorrains, les souffrances et les privations que comportait l'installation sommaire dans des baraquements de bois et l'existence dans une région dé-

(1) Nancy, 6, rue Saint-Dizier.
(2) Xeuilley (Meurthe-et-Moselle).
(3) Morville-sur-Seille (Meurthe-et-Moselle).

vastée. Ces calamités n'ont pas empêché les parents d'envisager l'avenir avec confiance : de 1914 à 1918, la famille Vosgien s'est augmentée de quatre enfants! Un tel exemple de courage et de ténacité mérite d'être encouragé : en couronnant Mme Vosgien, vous couronnez, Messieurs, l'endurance et l'attachement au sol de notre énergique population lorraine.

Tous les ans, Messieurs, vous avez à attribuer à une famille de Glonville, canton de Baccarat, le prix Virginie Jacquot, fondé en faveur d'une famille de quatre enfants au moins. Cette année encore — c'est la cinquième — vous n'avez aucune difficulté à trouver dans cette petite commune de notre prolifique Lorraine une famille remplissant les conditions voulues. Alphonse **Thiéry** (1), cultivateur, père de quatre enfants, sera le bénéficiaire du prix Virginie Jacquot. Réjouissons-nous de voir que notre province est riche de grandes familles, honnêtes et travailleuses, attachées à la terre et aux traditions de leurs ancêtres.

III

Après avoir couronné la piété filiale et le dévoûment maternel, il vous reste, Messieurs, à récompenser le dévoûment sous toutes ses autres formes, moins naturelles peut-être à l'homme que les précédentes, et pour cette raison d'autant plus méritoires.

Vous avez décerné à M. et à Mme Prosper **Couteau** (2), habitant à Foug, le prix Nicolas Humbert. C'est là un cas de dévoûment tout à fait exceptionnel et devant lequel nous devons nous incliner bien bas. Les époux Couteau, âgés aujourd'hui de soixante-trois et de cinquante-deux ans, ont pris à leur charge, depuis 1913, les deux frères Braconnot, qui se trouvaient à peu près sans ressources. Malgré la modicité de leur fortune, — M. Couteau est charpentier, — M. et Mme Couteau ont pensé que, n'ayant point d'enfants à élever, ils se devaient à eux-mêmes de

(1) Glonville (Meurthe-et-Moselle).

(2) Foug (Meurthe-et-Moselle).

soutenir des malheureux : leur charité ne s'est pas lassée depuis quatorze ans. Les deux frères, dont l'un est impotent et l'autre sourd-muet, ont actuellement soixante-treize et soixante-dix ans. M. et Mme Couteau pourvoient à leur subsistance; ils prennent sur eux non seulement les dépenses d'entretien des deux pauvres vieux, mais tous les soins qu'exigent leur âge et leurs infirmités. N'est-il pas touchant de voir ces braves gens jouer auprès de ces deux vieillards le rôle de sœurs de charité? Ce dévouement tout à fait désintéressé méritait d'être hautement signalé et récompensé.

Vous avez disposé, Messieurs, des prix Clotilde Humbert, de Goussaincourt et Audiat-Lachasse en faveur d'une forme de dévoûment bien méritoire et trop souvent méconnue ou ignorée : je veux parler du dévoûment des domestiques envers leurs maîtres.

Mlle Joséphine **Cunin** (1), qui reçoit le prix Clotilde Humbert, est employée depuis trente-sept ans dans la même famille de Nancy, où elle est entrée à l'âge de dix-huit ans. Son affection, qui ne s'est jamais démentie, se manifeste par les traits les plus touchants : soins empressés en cas de maladie, attachement qu'aucune sollicitation, même pressante, même séduisante, n'a jamais pu rompre. Cette excellente fille fait vraiment partie de la famille de ses maîtres; elle aide à élever les petits-enfants après avoir élevé les enfants, et, malgré sa santé délicate, ne recule devant aucune besogne, à la fois par affection pour ceux qui constituent maintenant son unique raison de vivre, et par amour de son métier, où elle excelle. L'Académie ne peut mieux faire que de récompenser un si bel exemple de fidélité et de désintéressement.

Mlle Marie **Joffin** (2), à qui vous avez attribué le prix de Goussaincourt, a fait preuve durant trente-quatre ans d'un dévoûment tout à fait touchant pour sa maîtresse, qu'elle adorait; elle l'a soignée jusqu'à l'âge de quatre-vingt-quatre ans, et a résisté, pour rester près d'elle, aux propositions les plus alléchantes. Pendant la guerre, elle

(1) Chez Mme E. Nicolas, Nancy, 9, rue de Boudonville.
(2) Nancy, 30, rue de la Ravinelle.

n'a pas hésité à travailler pour aider sa maîtresse, que l'invasion avait privée momentanément de ses ressources. Aujourd'hui, celle pour qui elle avait un véritable culte n'est plus; elle est restée au service de la famille, et a demandé l'autorisation d'aller, pour la Toussaint, à Longuyon, orner à ses frais la tombe de la morte, disant qu'elle « voulait faire encore quelque chose » pour celle qu'elle avait tant aimée. Il est impossible de trouver un plus beau cas de fidélité unie à la plus exquise délicatesse de sentiments.

Enfin, les prix Audiat et Lachasse réunis sont attribués à Mlle **Renault** (1). Après avoir servi trente et un ans sa maîtresse avec un désintéressement complet, elle n'a pas pu se faire, après la mort de celle-ci, à l'idée de servir de nouveaux maîtres : son cœur ne pouvait se donner à d'autres. Elle vit seule, avec des ressources bien diminuées, car Mlle Renault est menacée de perdre un œil. Après s'être si longtemps sacrifiée aux autres, Mlle Renault mérite que l'on s'intéresse à elle. Vous l'avez compris, Messieurs, et vous avez voulu récompenser cette vie de travail et de vertu.

Nous nous inclinons respectueusement, Messieurs, devant ces hommes courageux, devant ces nobles femmes qui représentent pour nous le Bien. Grâce à eux, nous ne douterons plus du présent ni de l'avenir de notre France : nous savons que notre génération transmettra fidèlement aux générations futures le flambeau qui ne doit jamais s'éteindre.

---

(1) Nancy, 54, rue du Faubourg-des-Trois-Maisons.

COMPTE RENDU

DE L'EXERCICE 1927-1928

Par M. Charles BERLET

MEMBRE TITULAIRE

MESSIEURS,

C'est vers la fin de ce mois de mai dont les terriens assurent qu'il renferme dans ses jours et ses nuits, suivant l'alternance favorable du soleil et de la pluie, tout le devenir de l'année agricole que votre compagnie a décidé d'arrêter un instant le cours de ses études et de recueillir pour les méditer les joies et les tristesses, les travaux et les honneurs qui se sont succédé au cours de l'année académique.

Les anciens cherchaient une consolation dans cette pensée que de la mort naît une vie nouvelle et que la floraison jaillie de terre sous le baiser du soleil n'est que l'épanouissement des forces qu'a décomposées la mort; s'il en était ainsi, nous devrions — plus fortement que les autres années — nous attacher à cette pensée, car c'est un long cortège de deuils que déroulent les douze derniers mois écoulés; mais je doute que la superbe indifférence de la nature puisse apaiser vos cœurs où vibre encore le souvenir de ceux que nous avons perdus.

Votre Compagnie a perdu un membre honoraire, M. Justin Favier, cinq membres titulaires : M. Henri Vogt, M. le Dr Frédéric Gross, M. Léon Germain, maître Henri Mengin, M. Charles Dessez; deux anciens membres titulaires : M. de La Ménardière et M. G. Pariset; un membre associé correspondant national, M. Georges Ducrocq, et un membre associé correspondant étranger, M. Gorski.

M. Justin FAVIER était l'un de vos confrères les plus anciens et les plus fidèles. Associé correspondant et bibliothécaire archiviste le 7 décembre 1883, membre titulaire le 2 mai 1884, membre honoraire le 3 novembre 1922, M. Favier a pendant quarante-cinq ans appartenu à votre Compagnie et pendant trente-neuf ans collaboré à vos travaux. Il y a collaboré d'une façon d'autant plus précieuse que, conservateur de la bibliothèque de la ville, il était le gardien de cette cité des livres qu'aiment visiter les bibliophiles, les érudits, les savants, les lettrés que vous êtes, et je suis certain qu'il n'est pas un seul d'entre vous qui n'ait eu l'occasion d'apprécier sa courtoisie, son obligeance infinie et sa vaste érudition.

Curieux du passé, M. Favier a fouillé nos archives et décrit les mœurs et les usages des étudiants de l'Université de Pont-à-Mousson, publié une notice sur Nicolas Durival, raconté l'histoire de l'école militaire de Pont-à-Mousson et donné à la *Revue historique*, à la *Revue rétrospective*, aux *Annales de l'Est*, à la Société d'Archéologie des études sur les sujets les plus divers. Mais notre confrère n'était pas seulement un esprit fin séduit par les mystères de l'histoire, c'était aussi un savant consciencieux, ayant le souci de faire participer les autres à son immense savoir. C'est ainsi qu'il dressa le catalogue des incunables de la bibliothèque de Nancy, celui des manuscrits, celui des livres et imprimés du fonds lorrain et la table alphabétique des publications de l'Académie de Stanislas; notre éminent confrère, M. Pfister, disait que là était condensé, « sous forme d'index et par des chiffres, un siècle et demi de travaux qui font honneur à la Compagnie et à la Ville de Nancy ».

M. Favier laisse derrière lui des travaux dont profiteront des générations de chercheurs. Son œuvre accomplie, modestement et simplement, il s'est retiré de la vie du monde, renonçant même à votre Compagnie, et s'est réfugié au milieu de ses livres et de ses souvenirs; c'est là que la mort est venu le prendre, au déclin d'une belle vie calme et sereine consacrée à l'accomplissement d'une tâche à laquelle il semblait que de toute éternité il était destiné.

Des savants, comme votre confrère M. Favier, donnent l'impression d'avoir su répartir leur ouvrage sur les nombreuses années d'une longue vie et d'avoir sagement mesuré l'effort de chaque jour; d'autres au contraire, semblent avoir voulu, en un court espace de temps, réaliser l'œuvre de toute une vie et pour y parvenir, avoir, avec une ardeur téméraire, intensifié leur effort quotidien. Tel fut votre très aimé et très regretté confrère Henri Vogt, professeur de mathématiques appliquées à la Faculté des Sciences de Nancy, directeur de l'Institut d'électrotechnique et mécanique appliquée, chevalier de la Légion d'honneur, membre titulaire de votre Académie depuis le 21 janvier 1921. En moins d'un demi-siècle, il sut accomplir une œuvre de savant, de professeur, d'administrateur, qui exigeait un labeur étendu sur un plus grand nombre d'années.

Henri Vogt, dès les débuts de sa jeunesse, révèle la puissance de son esprit. A dix-sept ans il est reçu à l'École polytechnique et à l'École normale supérieure, à vingt ans il est agrégé de sciences mathématiques, à vingt-cinq ans docteur ès sciences. Professeur au lycée de Nancy en 1888, il ne devait plus quitter notre ville où il enseigne, en 1890, les mathématiques appliquées à la Faculté des Sciences et en 1906, prend la direction de cet Institut d'électrotechnique auquel il consacre toutes ses forces, tout son cœur, toute sa pensée.

Henri Vogt s'est donné à ses travaux avec la foi ardente d'un apôtre. Il faut admirer qu'il soit parvenu à poursuivre ses études scientifiques, organiser et développer cet Institut dont la renommée s'étend au delà de nos frontières et réserver une part de son temps si précieux à la formation du caractère de ses étudiants.

Sous une attitude effacée, ce savant modeste et laborieux cachait un esprit lumineux et puissant, une conscience droite, un amour sincère et dévoué de tous ceux qui allaient vers lui et auxquels il ouvrait largement les trésors de son savoir, de son expérience et de son cœur.

Il est tombé en pleine force, usé par la recherche du toujours mieux, par les soucis, par les scrupules dont les âmes délicates comme la sienne savent garder le secret. Son nom restera attaché à notre Institut d'électrotechnique qui est un des plus beaux fleurons de notre Lorraine.

M. le Dr Frédéric GROSS, doyen honoraire, professeur honoraire à la Faculté de Médecine de Nancy, membre associé de l'Académie de Médecine, officier de la Légion d'honneur, appartient à une vieille famille alsacienne. Fils de médecin, il pensait continuer à Strasbourg les traditions paternelles et, le 19 mars 1869, il était nommé professeur à la Faculté de Médecine de cette ville. Mais la guerre de 1870-1871 détruit ses projets. L'Alsace et la Lorraine sont enchaînées à l'Empire allemand et M. le professeur Gross se réfugie à Nancy pour attendre le jour de la délivrance. C'est dans notre ville qu'il apporte ses éminentes qualités de chirurgien et de professeur. Frédéric Gross fut l'un des maîtres de cet art chirurgical qui exige tant de science, de sang-froid, de décision et de lucidité d'esprit.

Travailleur infatigable, soucieux de vulgariser les observations qu'il avait faites, il a multiplié les mémoires et les communications dans les revues techniques et publié deux ouvrages devenus classiques : les *Nouveaux éléments de Pathologie et de Clinique chirurgicale* (1893) et les *Nouveaux éléments de Pathologie chirurgicale générale* (1898).

Votre Compagnie estima qu'elle devait s'attacher un savant de cette valeur, et le 9 janvier 1903 M. le professeur Gross était élu membre titulaire. Sa dignité affable, sa courtoisie parfaite, l'aménité de son caractère, lui avaient gagné la sympathie de tous ses confrères. Avec lui disparaît un de ces hommes d'autrefois dont il est juste et salutaire de conserver pieusement le souvenir.

M. Léon GERMAIN DE MAIDY, secrétaire perpétuel de la Société d'Archéologie lorraine, membre non résidant du Comité des travaux historiques et scientifiques, associé correspondant de votre Compagnie le 15 décembre 1882, membre titulaire le 6 mars 1885, laisse une œuvre dont l'immensité et la variété justifient ce que disait de lui le rapporteur de sa candidature, votre illustre confrère S. É. le cardinal Mathieu : « C'est un petit-neveu de Dom Calmet, un jeune bénédictin laïque... dont la vie solitaire et grave ne connaît d'autre intérêt ni d'autre passion que l'étude. »

Paléographe, héraldiste, généalogiste, archéologue, numismate, chartiste, historien, M. Léon Germain appliqua la finesse de son esprit aigu et précis et la patience de son effort consciencieux jusqu'au scrupule, à explorer les archives poudreuses, déchiffrer les cartulaires, reconstituer l'histoire d'une médaille ou d'une pièce de monnaie, ressusciter sur la pierre des tombeaux les vieux mots effacés par les pas des générations oublieuses, pénétrer le secret des inscriptions creusées sur les monuments antiques, découvrir l'étymologie d'un mot, le sens d'un blason, suivre à travers les siècles le fil d'une généalogie, éclairer les origines d'une pièce héraldique, d'une légende, d'un vocable, d'une seigneurie, d'une famille, d'une dynastie et rappeler — avec une émotion contenue qui révèle la sensibilité de cette âme d'autant plus vibrante qu'elle était plus secrète — les souvenirs ensoleillés de sa lointaine jeunesse.

L'œuvre et la vie d'un Léon Germain évoquent irrésistiblement celles de ces moines inconnus de l'époque médiévale qui, avec abnégation, préparaient les matériaux à l'aide desquels s'élevait le monument auquel d'autres attachaient la gloire de leur nom.

D'une santé fragile, votre collègue avait cherché dans l'étude le refuge où il sentirait moins vive la morsure des misères physiques qui le tenaillaient. Sa vie ne fut qu'une lutte pour maintenir son esprit lucide au-dessus des souffrances. A force d'énergie il dompta la douleur qui voulait l'asservir. Belle leçon que donnait cet homme malingre qui savait, avec une politesse exquise, accueillir l'importun et dans l'âme de qui la disgrâce imposée par la nature n'avait déposé aucune amertume.

Chrétien, ce n'était pas une morne résignation qui faisait le calme dans son âme, c'était la sereine acceptation des forts que Dieu soutient. C'est pourquoi la vie et l'œuvre d'un Léon Germain méritent mieux qu'une évocation imparfaite au cours d'un rapport officiel et peut-être l'un de vous sera-t-il tenté un jour d'étudier les travaux et la vie de ce collègue qui fut un sage, un savant et dont l'œuvre, d'une multiplicité infinie, touche à tous les domaines de la science historique.

Avec la vie d'un Léon Germain, simple officier de l'Instruction publique, savant modeste, vivant solitaire au milieu de ses livres dans le petit entresol d'un pavillon construit par le roi Stanislas, contraste avec éclat l'existence d'un Henri MENGIN, bâtonnier de l'ordre des avocats, maire de Nancy, commandeur de la Légion d'honneur, dont le nom populaire est mêlé aux fastes de notre cité et dont l'activité s'est employée dans les domaines où ce sont les qualités les plus brillantes qui sont le plus appréciées.

Maître Henri Mengin appartient à une vieille famille nancéienne dont les traditions devaient le porter au barreau. Dès ses débuts en 1873, il s'y affirma un maître aussi bien par la clarté et la pénétration de son intelligence que par la finesse d'un esprit pétillant qu'avaient discipliné de fortes études classiques. On a dit du Lorrain que dans son cœur les roses poussent parfois les épines en dehors; il semble que ce dicton puisse s'appliquer à votre éminent confrère, car souvent il lui plaisait de dérober sous une ironie acerbe ou un scepticisme décevant la générosité de son cœur et l'ardeur de son dévouement; mais, dans l'élan avec lequel il se consacrait à la défense des causes qu'il estimait justes, dans la cordialité avec laquelle il accueillait les humbles, se révélait la délicate bonté d'un cœur qui avait en quelque sorte l'exquise pudeur de ses sentiments les plus purs et les plus élevés.

Lorsque, le 12 mai 1893, vous avez accueilli Me Mengin parmi vous, vous vouliez honorer l'avocat célèbre, mais vous saviez aussi les illustres amitiés qui distinguaient l'homme d'esprit et l'estime en laquelle le tenaient un Gehbart, un Rambaud, un Mézières, un abbé Mathieu, alors aumônier des Dominicaines, et que, non loin d'ici, se tenaient des réunions vraiment académiques par la qualité de leurs membres et dans lesquelles, dit-on, se distribuaient, non pas des prix de vertu, mais des mitres et des crosses d'évêque.

Membre titulaire de votre Compagnie, le 15 juin 1894, successivement secrétaire annuel, vice-président, président, Henri Mengin apportait à vos séances le rayonnement d'une claire intelligence sensible à tout ce qui touchait son cher Nancy. La guerre vint bouleverser la belle ordonnance d'une vie consacrée dans un équilibre harmonieux, à l'amitié, aux lettres, aux arts, aux œuvres sociales et aux affaires. Notre collègue estima qu'il était dérisoire de mettre sa plume ou sa parole au service de son pays quand des milliers d'hommes lui sacrifiaient leur vie. Il voulut servir en exposant la sienne. Me Mengin s'engagea dans la Compagnie des Sapeurs-pompiers de votre ville et pendant cinquante et un mois, sous les obus, sous les bombes, dans la flamme des incendies, il se dévoua avec cet entrain et cette belle humeur qui sont comme la fleur de l'héroïsme.

Henri Mengin ne devait plus souvent reparaître à vos séances, car, lorsque après la victoire il fallut restaurer les ruines de la guerre et diriger les destinées de la capitale lorraine vers des perspectives nouvelles, c'est à lui que fut confiée la première magistrature municipale. Il s'y consacra jusqu'à l'épuisement de ses forces. La Ville de Nancy a fait des obsèques solennelles et profondément émouvantes à votre éminent confrère, qui réalisa le noble type de l'aristocrate, policé de mœurs, raffiné dans ses goûts, indépendant de caractère, conscient de sa valeur, ami du peuple et qui estime que le dévouement à la cité est le premier des devoirs.

M. Charles Dessez, agrégé de philosophie, inspecteur d'Académie honoraire, officier de la Légion d'honneur, est né à Dieuze. C'est dans son amour pour la petite ville lorraine qui, séparée pendant près d'un demi-siècle, sut maintenir intact le culte de la France, qu'il puisa ce sens profond du patriotisme lorrain qui anima toute sa vie et qu'il trouva la meilleure et la plus sûre des méthodes d'éducation : le régionalisme.

Bien qu'ayant consacré la plus grande partie de sa carrière à l'inspection, M. Dessez resta un éducateur; que ce soit à l'inauguration d'une école, à une distribution de prix, à une séance de secours mutuel, à une réunion de professeurs ou de maîtres d'école, il ne laissait jamais échapper une occasion de rappeler et d'exalter ces vertus essentielles : labeur, énergie, loyauté, désintéressement, modération dans les désirs et justice envers les proches comme envers les aïeux dont l'effort a fait la France.

C'est dans l'histoire, dans la géographie, dans la vie économique et sociale de notre Lorraine qu'il conseillait de prendre les exemples pour illustrer l'enseignement.

Il rattachait ainsi l'éducation intellectuelle et morale des enfants aux traditions de la petite patrie; en leur inspirant ce que Michelet appelait « la piété du sol »; il faisait de bons citoyens et de bons Français.

Ces allocutions, qui révélaient l'esprit d'un fin lettré et la haute conscience d'un maître qui a charge d'âmes, ont ouvert à M. Dessez les portes de votre Académie. Associé correspondant le 20 juillet 1906, titulaire le 26 avril 1907, secrétaire annuel pour l'exercice 1910-1911, vice-président pour celui de 1913-1914, il fut votre président du 22 mai 1914 au 11 mai 1917 et donna à tous, pendant cette rude période de la grande guerre, le plus bel exemple de courage tranquille et de ferme confiance dans la victoire.

Il aimait prendre part à vos réunions et trouvait parmi vous la sympathie qu'inspiraient la noblesse de son caractère et la délicate bonté de son cœur. Sous un voile d'impassibilité, il cachait une sensibilité très vive qui s'émouvait facilement, notamment aux séances où s'élaborait la liste de vos prix de vertu, lorsqu'il s'agissait de rendre hommage aux belles actions et aux purs dévouements.

M. Georges Pariset, professeur d'histoire à la Faculté de Strasbourg, chevalier de la Légion d'honneur, est un Alsacien de souche lorraine. Ses racines sont à Neuviller-sur-Moselle; un de ses aïeux, soldat de l'an II, rentrant au pays natal au retour de la campagne d'Italie, et passant par l'Alsace, y rencontre la fille d'un pasteur protestant, l'épouse et le voilà fixé à Colmar, où il fonde un foyer. Ce sont, sans doute, les origines luthériennes de votre confrère qui le portèrent à prendre comme premier sujet d'études la *Réforme en Allemagne au XVI*[e] *siècle* et à écrire cette œuvre magistrale : *l'État et les Églises de Prusse sous Frédéric-Guillaume I*[er], qui lui valut, au cours des années 1897 et 1898, le grade de docteur ès lettres, le titre d'associé correspondant de votre Compagnie, un prix de l'Académie française et sa nomination de professeur adjoint à la Faculté des Lettres de Nancy.

Professeur titulaire en 1901, M. Pariset enseigna jusqu'à la guerre en notre université lorraine. Il y était hautement estimé pour la sûreté de son information, l'originalité de ses vues et la précision de sa méthode poussant l'analyse avec une rigueur en quelque sorte mathématique. Il continuait en même temps ses travaux historiques, portant ses investigations sur l'histoire moderne de l'Angleterre, sur l'histoire de la Révolution, s'intéressant à la vie économique et préparant, pour l'histoire de France publiée par Ernest Lavisse, cette histoire du Consulat et de l'Empire qui devait consacrer sa réputation d'historien.

Membre titulaire de votre Académie le 9 janvier 1903, il est nommé successivement secrétaire annuel (1905-1906), vice-président (1910-1911), président (1911-1912); il dut renoncer à sa qualité de membre titulaire en 1919, lorsqu'il fut nommé professeur à la Faculté des Lettres de Strasbourg. Il fut l'un des restaurateurs de l'Université française en Alsace. Il se consacra à sa mission avec une ardeur d'autant plus grande qi'il sentait plus impérieuse la nécessité de dissiper les nuées qui, venues d'outre-Rhin, cherchaient à obscurcir l'esprit de la jeunesse alsacienne. C'est le plus bel éloge — celui sans doute auquel il eût été le plus sensible — que l'on puisse faire de l'éminent historien que vous avez perdu que de dire qu'il a consacré les dernières années de sa vie à faire rayonner sur les âmes alsaciennes les clartés d'une pensée française.

En perdant M. Georges Ducrocq, votre associé correspondant depuis le 7 juin 1912, la France a perdu un poète et un « loyal serviteur », la Lorraine un de ceux qui ont le mieux compris le sens de ses destinées et la valeur de ses enfants nés « pour labourer, pour batailler et pour perpétuer la race ». Georges Ducrocq était originaire des Flandres, mais l'amitié qui l'unissait à notre éminent compatriote Louis Marin, avait incliné vers la Lorraine l'élan de sa pensée et l'ardeur de son âme vibrante. Recevant du sol lorrain « la force qui soulève, » il s'était jeté dans l'action et c'est vers les *provinces inébranlables* des Marches de l'Est qu'il tourna sa merveilleuse activité de poète, d'historien et de partisan. A Metz, il ressuscite l'ancienne revue l'*Austrasie;* à Paris il crée la *revue des Marches de l'Est.* Il faudra dire un jour quelle fut la part de Ducrocq dans le maintien du sentiment français en Lorraine pendant les années de servitude.

Il n'est pas sur l'Alsace et sur la Lorraine captives de livre plus émouvant que *La Blessure mal fermée*, et sur la vie de nos villages des bords de la Seille — au temps où cette rivière était une frontière, — il n'est pas de poème plus délicat et plus vibrant, d'un accent plus vrai dans sa gravité, que ce pur chef-d'œuvre classique : *Adrienne.*

Pendant la guerre, Ducrocq gagne sur les champs de bataille ses galons d'officier et sa croix de la Légion d'honneur; après la délivrance de l'Alsace et de la Lorraine, un des buts de sa vie est atteint. Mais il continue à « servir » en Perse, en Syrie, en France, dans les chroniques de politique étrangère qu'il donne à la *Nation*, et son dernier article — qu'il n'a pu lire imprimé — renferme l'avertissement suprême de l'éternel péril germanique que dans un dernier souffle il a voulu crier.

Georges Ducrocq n'a voulu être qu'un soldat dans le rang. Il le fut noblement. Dédaigneux de réclame, insoucieux des honneurs, au-dessus de la mêlée, il servit son pays. La vraie gloire pour lui était celle qui rayonne dans une conscience pure et dans un cœur droit. Son beau regard en était illuminé. Il restera de lui le souvenir d'un chevalier d'autrefois.

En perdant M. Arnault DE LA MÉNARDIÈRE, associé correspondant de votre Compagnie, professeur honoraire à la Faculté de Droit de Poitiers, bâtonnier de l'ordre des avocats de cette ville, chevalier de la Légion d'honneur, vous avez perdu le doyen de vos anciens membres titulaires. Le nom de ce jurisconsulte, qui fut aussi par goût et par désir de pratiquer les grandes âmes des meilleurs siècles un historien distingué, évoque la fondation à Nancy de cette Académie dont les premiers maîtres s'appelaient Charles Benoît, Burnouf, Mézières, Lacroix, Godron, Niklès, de Margerie, Lombard, Jalabert. C'est le 16 juin 1865 que M. de La Ménardière, professeur de Code Napoléon à la Faculté de Droit, fut élu associé correspondant et c'est le 28 mai 1868 que M. de Dumast, président de votre Compagnie, recevait solennellement le jeune professeur au titre de membre titulaire.

M. de La Ménardière vous quittait le 8 décembre 1869, pour prendre à Poitiers la chaire de droit civil et c'est dans sa province natale qu'il passa les années laborieuses d'une longue vie consacrée à la science juridique, à l'enseignement, à l'exercice de la profession d'avocat et à l'histoire où il cherchait le délassement de ses préoccupations quotidiennes. C'est ainsi qu'il étudia la noble figure de Michel de Marillac, garde des sceaux sous Louis XIII, rédacteur de l'Ordonnance de janvier 1629 et qu'il évoqua celle de Henri de la Trémoille, duc de Thouars, un des derniers féodaux.

En perdant l'aimable homme que fut M. de La Ménardière, c'est un lien qui se rompt avec un passé dont nous sépare déjà le bouleversement de deux guerres et c'est avec mélancolie que vous voyez disparaître le témoin d'une époque dont bientôt il ne restera plus de souvenirs que dans les monuments et sur le papier jauni des archives.

M. Antoine Gorski, professeur honoraire de droit civil à l'Université de Cracovie, recteur à l'Université libre à Varsovie, associé de l'Académie royale de Belgique, était votre associé correspondant au titre étranger depuis el 7 juillet 1922.

Ami du grand patriote polonais Paderewski, il fut l'un des reconstructeurs de cette Pologne dont la renaissance, après un démembrement séculaire entre trois États puissants, offre un magnifique exemple de ce que peut réaliser un peuple lorsqu'il conserve la foi en ses destinées.

Chargé de missions à l'étranger par le Gouvernement polonais, M. Gorski vint à Nancy et plusieurs d'entre vous se rappellent les conférences qu'il donna sur la Pologne et comment il sut vous passionner pour cette nation, placée entre l'Empire germanique et l'Empire des tsars comme entre l'enclume et le marteau et dont la mission historique présenta tant d'analogie avec celle de la Lorraine. Dans un livre, écrit en français, qu'il publia en 1922 sur la *Pologne et la guerre*, M. Gorski étudie le problème polonais tel qu'il se présenta dans sa complexité à tous les patriotes entre 1914 et 1918 et précise les conditions de la restauration d'une Pologne moderne. Il dit l'amour et la confiance de la Pologne pour la France. C'est un ami sincère de notre pays que vous avez perdu et c'est avec une reconnaissance fidèle que vous conserverez son souvenir.

MESSIEURS,

L'hommage rendu à la mémoire des collègues trop nombreux qui vous ont quittés ne me laisse que peu de temps pour souhaiter la bienvenue aux collègues nouveaux et louer comme il conviendrait les mérites que vous avez reconnus en eux en les accueillant dans votre Compagnie.

Vous avez agréé la candidature de deux membres titulaires : M. Louis Sadoul et M. Joseph Laurent, et de huit associés correspondants : MM. Bernard Puton, Gabriel Guémard, Marcel Maure, M. l'abbé Eugène Gérardin, M. le colonel Henri de Conigliano et MM. les professeurs Gaston Michel, Louis Spillmann et M. le Dr Richard.

Conformément à une ancienne tradition, vous tenez à posséder parmi vous un des hauts représentants de la magistrature nancéienne et votre choix s'est porté sur M. Louis SADOUL, conseiller à la Cour de Nancy et Lorrain de vieille roche. Associé correspondant le 4 février 1921, membre titulaire le 6 janvier 1928, votre nouveau collègue vous a déjà vivement intéressés par des récits qu'il sait animer d'une vie intense.

Les magistrats académiciens étaient jadis tentés par les dissertations philosophiques ou par les vers badins, M. Sadoul néglige ces jeux d'esprit et porte son attention sur la vie à la campagne, sur les événements contemporains ou sur ceux d'un proche passé dont il a pu interroger les témoins. Il note ses impressions de chasseur amoureux de la forêt vosgienne, il évoque la vie d'autrefois dans nos petites villes lorraines dont il pénètre les secrets, il fixe l'histoire des événements dont furent le théâtre pendant la grande guerre sa ville natale Raon et sa petite patrie, les Vosges. Louis Sadoul donne la vie à tout ce qu'il touche. Qu'il s'agisse de présenter les personnages de magistrats, d'avocats, de notables d'il y a cent ans, de reconstituer la vie de Raon pendant la guerre et l'invasion, de conter l'histoire de *François de Neufchâteau en ménage* ou le *Crime des Cardinaux*, c'est moins par l'amusant ou le tragique des aventures que nous sommes intéresés que par la résurrection pittoresque d'une époque où le psychologue a autant de part que l'historien.

Vous avez nommé membre titulaire le 20 janvier dernier M. Joseph LAURENT, professeur à la Faculté des Lettres de l'Université de Nancy et doyen de cette Faculté, chevalier de la Légion d'honneur, votre associé correspondant depuis le 7 janvier 1921. Tandis que M. Sadoul se plaît à scruter dans le cadre provincial les événements de la vie contemporaine, ou ceux qui lui touchent de près, c'est aux environs de l'an mille et dans ce Proche Orient dont la France ne s'est jamais désintéressée que notre collègue porte les lumières de son érudition et la méditation de son esprit qu'ont discipliné et enrichi l'enseignement de l'école de Rome et celui de l'école d'Athènes. Dans un ensemble d'ouvrages d'autant plus remarqués qu'ils apportent de nouvelles clartés sur des questions sinon dédaignées du moins laissées un peu dans l'ombre, il étudie l'histoire de l'Empire byzantin et des peuples qu'il a combattus et trace de main de maître l'origine et les malheurs de cette nation arménienne qui depuis des siècles tente désespérément de s'accrocher à un sol où fixer un État et *fonder une patrie*. C'est par des travaux comme ceux de M. Laurent qui concernent des pays étrangers que se maintient hors de nos frontières la primauté intellectuelle de la France.

M. Bernard PUTON, président du tribunal de Remiremont, chevalier de la Légion d'honneur, appartient à la race de ces magistrats cultivés, amoureux des lettres et des arts, qui savent trouver dans l'horizon de leur ville natale toutes les joies et toutes les gloires que d'autres poursuivent en vain sur les grandes routes du monde. A la robe rouge bordée d'hermine, il a préféré la simple toge qui lui permit pendant plus d'un quart de siècle, tout en faisant régner la justice en sa petite ville de Remirement, d'en étudier les traditions, les institutions, les monuments et de recueillir — non pas avec l'avidité de l'antiquaire, mais avec le soin pieux d'un Romarimontain fidèle au passé — ces objets rustiques derniers vestiges de l'artisanat rural, ces tableaux, ces sculptures et ces meubles, délicats témoins de l'époque des chanoinesses. Il a réuni ces souvenirs en sa maison familiale dont il a fait un musée évocateur de la richesse et de l'élégance de la vieille Lorraine et vous avez justement estimé qu'il y avait parmi vous une place pour ce magistrat qui est tout à la fois un artiste et un érudit.

M. Marcel MAURE appartient à une vieille famille de magistrats lorrains et comme M. Bernard Puton, bien loin de relâcher les liens qui l'attachent au sol natal, les resserre par l'étude de son passé. Membre du Comité du Musée historique lorrain, et secrétaire adjoint de la Société d'archéologie lorraine, M. Maure est aussi un écrivain distingué à la plume alerte qui sait faire vivre les documents et utiliser la tradition orale. Dans les mémoires de la Société d'archéologie et surout dans le *Pays lorrain* de notre confrère Charles Sadoul, il a donné des récits dont l'agrément n'exclut pas la sûreté de documentation et qui évoquent les mœurs curieuses de l'ancienne société du Bassigny Barrois et de sa capitale Bourmont, si chère à votre confrère. Mais l'œuvre principale de M. Marcel Maure, c'est l'étude qu'il a entreprise sur Nicolas Charles, baron de Vincent, ancien page du duc Léopold, général de cavalerie au service de la Maison d'Autriche, ambassadeur de S. M. l'Empereur à la cour de France, qui fut un témoin attentif de tous les grands événements de la Révolution, de l'Empire et de la Restauration. M. Marcel Maure se doit de nous donner un travail définitif sur la figure attachante de ce Lorrain fidèle à l'auguste maison de Lorraine jusqu'à refuser l'invitation que lui fit Napoléon de servir sous ses ordres et qui a voulu mourir en Lorraine, en son château de Bioncourt-sur-Seille.

M. Gabriel GUÉMARD, docteur en droit ès sciences juridiques, politiques et économiques, chef de service du Crédit foncier égyptien au Caire, membre de la Société des poètes français, membre de l'Institut d'Égypte, est de race lorraine. Sa famille est originaire de Lamarche, dans les Vosges.

Fixé en Égypte, il trouve — au contact des survivances françaises si vivantes toujours sur cette terre chargée des souvenirs de civilisations nombreuses — des raisons nouvelles de fortifier son patriotisme. Fonctionnaire, il conserve dans l'austérité de ses fonctions administratives le goût de la poésie, de l'histoire et des sciences juridiques. Il publie des vers : *Sonnets et poèmes*, *Soirées d'Orient*, une *Histoire des Sources du droit musulman*, une histoire de l'Institut d'Égypte et plusieurs études touchant la conquête de l'Égypte par Bonaparte.

Des hommes comme Gabriel Guémard honorent la France et la Lorraine et les font aimer à l'étranger. En l'accueillant parmi vous, vous avez voulu reconnaître les services que notre compatriote rend à la France sur cette terre d'Orient où il s'efforce de maintenir l'influence de notre patrie, en glorifiant ses souvenirs et perpétuant sa pensée.

M. Henri DE CONIGLIANO, colonel de cavalerie, officier de la Légion d'honneur, n'a jamais — au cours d'une carrière noblement remplie, — laissé son esprit se détacher de sa ville natale Lunéville et de sa maison familiale. Il y est né, ses parents y sont nés, il en connaît tous les secrets. Héritier d'une vieille famille lorraine, il en garde pieusement le patrimoine. Il a recueilli avec les meubles, les bijoux, les armes, les étoffes, les objets familiers, les lettres et les parchemins — les traditions attachées à ces objets matériels transmis de génération en génération depuis plus de deux siècles. Sa maison familiale est un sanctuaire vénéré où ceux d'un même sang peuvent venir entendre la voix mystérieuse des choses, confidentes des aïeules et témoins du passé. Dans un livre simple et charmant, et qui émeut par le réveil de mille souvenirs d'autrefois restés confus en nos esprits, M. de Conigliano a conté la vie quotidienne de ses ancêtres maternels, les Dalancourt, depuis le début du XVIIIe siècle jusqu'au début du XIXe. C'est un livre de raison qui contient un tableau intéressant de la vie à Lunéville à l'époque de Stanislas, de la Révolution et de l'Empire. Il constitue un document important pour l'histore d'une société tant par l'exacte description du cadre provincial que par la peinture des mœurs et des caractères des personnages. Votre Compagnie est en droit d'espérer que de ses riches archives M. le colonel de Conigliano saura tirer des œuvres nouvelles dont il vous donnera la primeur.

M. l'abbé Eugène Gérardin, ancien curé de Laneuveville-devant-Nancy, aumônier de Saint-Julien, suit la tradition de ces curés de campagne qui entretiennent dans le cœur de leurs paroissiens l'amour du clocher en ressuscitant les souvenirs qui s'y rattachent. Enfant d'Ancerviller, il en raconte l'histoire et consacre à la prédication de saint Pierre Fourrier à Badonviller et au protestantisme dans le comté de Salm une étude qui révèle ses qualités d'historien exact, probe et consciencieux.

Curé de Laneuveville-devant-Nancy, il en étudie les origines et celles des ermitages de Saint-Valdrée et de Montaigu. Professeur d'histoire de Lorraine au séminaire de Bosserville, il se décide à réunir en volume les leçons de son cours et nous donne une histoire de la région lorraine qui, entre une œuvre historique originale comme celles de votre éminent confrère M. R. Parisot et des résumés historiqes comme celui de M. Perron, constitue un manuel classique précieux, pour tous ceux qu'intéresse notre histoire provinciale.

M. l'abbé Gérardin se recommande aussi à votre attention par un don d'autant plus apprécié qu'il est à notre époque plus rare. La muse de la poésie inspire parfois des pensées et, négligeant la langue française trop précise peut-être à son gré, c'est dans la langue de Virgile que votre nouveau confrère chante la Lorraine, ses saints et ses sanctuaires en des hymnes dont il vous fera connaître bientôt, nous l'espérons, le charme évocateur d'époques très anciennes.

M. le Dr Gaston MICHEL, professeur à la Faculté de Médecine de Nancy, membre correspondant de la Société nationale de Chirurgie, maître chirurgien réputé pour son habileté, chevalier de la Légion d'honneur, est un amoureux des livres et un bon Lorrain, curieux de tout ce qui touche sa province et en particulier de ce qui concerne l'exercice de l'art médical dans le passé. Dans sa leçon d'ouverture à la chaire de clinique chirurgicale, il s'est occupé de la chirurgie en Lorraine, dans une monographie il a étudié l'ancien collège de Médecine de Nancy, dans une autre il a rappelé le rôle joué par Valentin de Nancy au moment des premières vaccinations et se propose si ses loisirs le lui permettent — d'étudier l'histoire du Collège royal de Chirurgie, ancêtre de notre Faculté de Médecine.

M. le Dr RICHARD est un savant dont les titres ont été justement appréciés par vous. Ses travaux scientifiques sont nombreux, ils se rapportent presque exclusivement à des études sur la physiologie et la pathologie de l'appareil circulatoire et se trouvent épars dans la *Revue française d'Endocrinologie.*

Mais ce qui, peut-être, plus particulièrement, a retenu votre attention c'est cette préoccupation des questions sociales qui domine l'esprit de votre confrère. Avec M. le professeur Jacques Parisot, il a étudié le travail de nuit dans la boulangerie, l'utilisation des loisirs ouvriers, les résultats sociaux de la loi de huit heures, et tout particulièrement cette grave question du logement à Nancy dans ses rapports avec la tuberculose, question vitale pour l'avenir d'une race, dont les éléments agricoles, déracinés du sol natal par la néfaste loi du partage égal des patrimoines, se laissent attirer dans les villes par les hauts salaires et les plaisirs faciles.

M. le professeur Louis SPILLMANN, doyen de la Faculté de Médecine de Nancy, membre du Comité consultatif de l'Enseignement supérieur, a reçu de son père, M. le professeur Paul Spillmann, dont le souvenir respecté demeure chez tous les vieux nancéiens, la forte éducation qu'un tel maître était capable de donner.

Homme de science, médecin, professeur, administrateur, M. le doyen Louis Spillmann ne limite pas son activité à la publication d'études savantes et au développement de sa Faculté de Médecine, c'est un sociologue qui s'applique à lutter contre le fléau de ces redoutables maladies : cancer, syphilis, tuberculose, qui à notre époque se propagent avec une effrayante rapidité. Il ne se borne pas à attaquer le mal en lui-même, il en recherche, dans les mœurs et l'organisation sociale, les causes d'extension. M. le Dr Spillmann est un des chefs de cette défense sociale qui s'organise pour la protection de la vie humaine et dont les établisements : préventorium, sanatorium, dispensaires d'hygiène sociale sont aussi nécessaires au salut de la race que l'étaient jadis les léproseries et maladreries.

M. le doyen Spillmann a publié de nombreux ouvrages de vulgarisation et, avec M. le professeur Jacques Parisot, cette *Revue d'Hygiène et de Prophylaxie sociale*, dont l'action doit être si bienfaisante.

MM. les Drs Michel, Richard et Spillmann forment dans votre Compagnie, avec votre éminent et bienveillant Président, un groupe de savants et de médecins qui exercent leur profession avec le dévouement que seule la vocation inspire et c'est avec fierté, j'en suis certain, que les accueillent les mânes des Harmand, des Bagard et des Cupers, membres du Collège royal de Médecine et leurs prédécesseurs parmi vous au temps du roi Stanislas.

MESSIEURS,

Dans le cours de cette année, votre Compagnie a été honorée dans la personne de M. Robert Parisot et dans celle de M. Louis Sadoul qui ont été nommés chevaliers de la Légion d'honneur et aussi dans celle de Mgr Gérome qui a été revêtu de cette dignité de protonotaire apostolique dont le violet s'allie si bien avec la mansuétude de tout temps épiscopale de votre éminent confrère.

Pour terminer ce long rapport, il ne me reste qu'à jeter un coup d'œil rapide sur vos travaux académiques.

Votre séance de décembre fut consacrée aux prix de vertu et aux prix littéraires et vos autres séances à la lecture des travaux des membres de votre Compagnie, je dois me borner à une simple énumération.

M. Hippolyte Roy a fixé les traits d'une belle figure lorraine dans *La Vie héroïque et romantique du Dr Charles Cuny explorateur.* M. Bouchot, dans son *Moselly chez ses paysans*, a rappelé les origines terriennes de notre romancier lorrain. M. le chanoine Martin vous a initié aux origines et à la vie des *Ermites du diocèse de Toul.*

M. le comte de Mahuet a ressuscité un ancien conseiller à la Cour de Lorraine : *le Conseiller François Reboucher, poète lorrain*, 1687-1748. M. Guémard a évoqué l'œuvre française en terre d'Orient de *deux grands Lorrains d'Égypte : les Gaillardot.* M. Hottenger en vous contant *la vie, les aventures et les œuvres d'Augustin Piroux*, vous a dessiné les grands traits de la vie au XVIIIe siècle dans une petite ville lorraine. Sous le titre *encore d'après Lucrèce*, M. le Dr Imbaux vous a communiqué quatre petits poèmes philosophiques. M. le colonel Blaison a fait le récit d'*un passage de vive force du Rhin français en 1848*, M. Bohème vous a fait connaître les œuvres poétiques d'une Nancéienne *Mlle Paule-Anne Suze.* M. Melin, *à propos d'une pièce de vers inédits de Taine*, a tracé le tableau de la vie austère et studieuse du grand écrivain et M. le professeur Michon — à la séance où fut reçu M. de Koschenbahr-Lyskowski — a étudié l'*acte per œs et libram* dans le droit romain primitif.

Ces travaux dont il faut peut-être regretter qu'ils soient pour la plupart un peu trop exclusivement tournés vers le passé, méritent d'être recueillis dans vos mémoires, car ils augmentent votre patrimoine moral et portent au loin, dans les villes étrangères dont les sociétés font avec vous l'échange de leurs publications, le bon renom de la Lorraine. Mais il faut déplorer que la richesse de votre patrimoine matériel ne soit pas en harmonie avec celle de votre patrimoine moral et que, pour récompenser la vertu et l'esprit, vous n'ayez pu jusqu'à présent « revaloriser » la valeur des prix bien modestes que vous distribuez.

Souhaitons qu'un généreux Mécène dote un jour votre Compagnie d'une fondation qui vous permettra tout à la fois d'honorer la vertu et d'encourager les lettres, les sciences et les arts, avec un éclat digne de la mémoire de votre royal fondateur et de la réputation de notre province dont les étrangers admirent la vitalité, l'idéalisme pratique et la générosité.

VERRIERS D'AUTREFOIS

Par M. Antonin DAUM, maître verrier

MEMBRE TITULAIRE

DISCOURS DE RÉCEPTION

MESSIEURS,

Lorsque mon bon maître, M. Albert Collignon, il y a déjà cinq ans, me fit l'honneur d'insister pour que je me présentasse à vos suffrages, je ne lui cachai pas le grand trouble où me mettait la perspective d'un discours de réception. Ce n'est pas que je ne fusse, en laissant parler mon cœur, capable de vous remercier pour l'accueil bienveillant qui m'était annoncé et la suprême récompense que vous réserviez à ma carrière laborieuse. Mais il s'agissait de me présenter à vous, savants, historiens, hommes de lettres et de sciences, avec un sujet d'érudition digne du cadre où je pénètrerais.

Déjà, vous m'aviez admis, sur le rapport trop indulgent de M. François Villain, au rang de vos correspondants, sans exiger cette caution littéraire et scientifique de quelques œuvres écrites, et je considérais que le titulariat de l'Académie ne pouvait passer sur une telle insuffisance.

M. Collignon, qui fut mon professeur de rhétorique au Lycée de Nancy il y a quelque quarante-cinq ans, et à qui son vieil élève pouvait tout confier, m'assura que l'œuvre d'un homme de bonne foi ne s'écrivait pas qu'avec des mots, qu'en allant à vous portant dans chaque main quelques-uns de ces fragiles objets auxquels s'attache mon nom, j'avais des titres que votre Compagnie, dans son éclectisme et l'universalité de ses compétences, ne jugerait pas négligeables. Vous vous êtes contentés, Messieurs, de ce bagage métaphorique et vous m'avez admis.

Me voici donc devant vous, confus d'un si exceptionnel honneur, mais profondément reconnaissant pour l'art qu'à la suite du Maître inoublié de Nancy, Émile Gallé, vous avez bien voulu récompenser et juger digne une nouvelle fois d'être représenté au siège de traditions et de culture dont vous êtes les mainteneurs.

Quant au discours, je ne me permettrai pas de m'y soustraire. Vous l'accueillerez, Messieurs, avec autant de bonté que vous en avez eue pour le fabricant de vases; celui-ci ne vous entretiendra, d'ailleurs, que d'êtres et de choses de son métier, en vous parlant des vieux souffleurs de verre, qui ont établi et conservé en Lorraine depuis des siècles une industrie qui est aujourd'hui, plus que jamais, une de ses élégantes particularités.

Nos Verreries et Cristalleries de Lorraine, en effet, celles de Baccarat, de Nancy, du pays de Sarrebourg, du pays de Bitche, des environs de Toul, des Vosges, de la Meuse, sont les seules, ou à peu près, qui fabriquent en France des objets de service ou de luxe nécessitant l'étude de formes, de décors, et quelquefois de couleurs, ayant par conséquent un caractère d'art.

Or, tandis que toutes les autres branches du verre, le verre à vitre, la glace, la bouteille ont pu se prêter aux procédés de fabrication mécanique les plus modernes, supprimer les ouvriers spécialistes, émigrer et s'installer rationnellement aux sources des matières premières, ou dans les centres de consommation : ici, on ne peut se passer d'une main-d'œuvre professionnelle spéciale, à laquelle aucun procédé depuis les Égyptiens, trois mille ans avant notre ère, n'a pu être substitué. Ce que nous fabriquons, qu'il s'agisse de vases très précieux, ou de bons, honnêtes, verres à boire, fins et légers, ne peut se confectionner, se régler, s'idéaliser si j'ose dire, qu'avec le souffle et la main de l'homme. Mérite ou faiblesse, archaïsme ou routine, depuis les plus vieux temps du monde, dans aucun pays célèbre par ses verriers, on n'a trouvé autre chose, et que le Ciel en soit loué!

Cette main-d'œuvre, cette habileté professionnelle, ne se crée plus, ne se trouve plus qu'en Lorraine. Elle ne se déplace pas ou guère, car elle tient à des gens tenaces, fiers, fidèles à des traditions locales; à une terre pourtant peu généreuse qu'ils adorent, acquièrent, et cultivent de ces mêmes mains qui œuvrent le verre fragile; à l'esprit de famille qui se transmet l'amour du sol et du métier. Et c'est elle avec toutes ces vertus foncièrement honnêtes et saines qui nous retient, nous autres, fabricants d'objets d'art et de gobeletterie, en dépit des lois économiques, à l'extrémité du territoire, pour le plus grand bien d'ailleurs de notre indépendance intellectuelle et de nos inspirations.

Au temps passé, les verreries pullulaient dans toutes les forêts de France : sauf celles qui se sont transformées ou déplacées pour devenir les fabrications mécaniques dont je viens de parler et qui n'ont plus besoin de spécialistes, elles ont toutes disparu. Elles produisaient pourtant de beaux et charmants ouvrages en Dauphiné, en Provence, en Poitou, en Normandie; nous en avons des exemples nombreux, alors que notre pauvre Lorraine, si souvent saccagée, ne nous a rien laissé de son ancien savoir-faire. Mais le métier est dur, l'apprentissage long et difficile, la concurrence fastidieuse : on lâche pied : et le Dauphiné, la Provence, le Poitou, la Vendée s'en vont à des travaux plus lucratifs peut-être, mais moins fatigants.

Au XVIIIe siècle, il n'existait plus déjà aucune de ces verreries autrefois célèbres dans les provinces. Elles ne survivaient courageusement que chez nous.

Et aujourd'hui, c'est encore chez nous, s'égrenant par groupes du nord au sud des Vosges, non sans tentatives parfois vers Paris, que quelque 20.000 hommes et jeunes gens, souffleurs et façonniers à la main, tous enfants du même crû, parlant les mêmes patois, apparentés entre eux de nom et de sang, avec une dextérité toujours prestigieuse et dans des œuvres plus ou moins raffinées, entretiennent dans plus de vingt établissements modernes, le culte et l'art du verre ouvragé!

Et ce n'est pas que les verreries lorraines n'aient connu de grandes vicissitudes. Au nombre de 33, au milieu du XVIe siècle, nommément désignées et privilégiées; au commencement du XVIIe, par suite des guerres et d'une fiscalité excessives, elles s'éteignirent en masse pour émigrer ou disparaître; mais au XVIIIe, sous le règne de Léopold, elles renaissent ou réintègrent le sol natal dont rien ne les arrachera plus!

Que furent autrefois ces braves et sérieux travailleurs?

De grands artistes comme les compagnons de Venise, de Bohême, ceux d'Allemagne qui travaillaient sous Albert Durer, rien ne permet de le penser. Il ne semble pas que, comme dans les autres régions en France, des Vénitiens soient venus ou aient été appelés pour montrer leurs tours de main. Tout au plus, sur le tard, pour certain perfectionnements d'outillage, entend-on parler de quelques Bohémiens. En tous cas, encore une fois, il ne reste rien pour en juger. Et ce que nous savons de la fabrication en ces temps anciens ne comporte rien de bien suggestif au point de vue de l'art : c'est du verre plat à vitre, blanc ou de couleur, du flaconnage et de la bouteille, de la gobeletterie, c'est-à-drie de la verrerie d'usage courant qui se colportait dans les bourgs et que Palissy, tout au moins dans sa contrée, traitait fort dédaigneusement parce qu'elle ne se vendait pas cher et n'illustrait pas ses auteurs. N'importe, nous verrons comme dans l'ensemble cette production était étendue et réputée, comme elle était soignée, consciencieuse, recherchée. Et nous dirons que nos vieux Lorrains, du moins en verrerie, n'étaient traîtres à Dieu, ni à leur prochain.

Leur origine se perd dans la nuit des forêts, comme celle de tous les métiers du feu : poterie, briqueterie, forges. C'est des Romains, sans doute, experts en tous ces arts, qu'ils apprennent à faire et à souffler le verre : les tombes gallo-romaines, les sépultures mérovingiennes décèlent d'innombrables objets de verre : vases funéraires, bijoux et imitations de pierreries, plaques d'ornement d'un travail souvent magnifique. Ces objets, ces jolies pierres faussesentrent dans la décoration des édifices et du culte, servent aux mosaïques, deviennent des articles de piété et leurs fabricants s'appellent *patenotriers* en Normandie, où ils ont subsisté longtemps. Mais ce n'est qu'au XIe siècle, après l'an mil, que s'installent des usines et de vrais fours à fondre et travailler le verre.

Le bon moine Théophile, « prêtre et moine » comme il s'intitule, nous en fait la description minutieuse dans cette *Diversarum Artium Schedula* qui est une bible des métiers au Moyen Age, à laquelle il n'y a rien à reprendre. C'est à ce moment qu'apparaît aux fenêtres des églises l'usage pratique de la vitre blanche et de couleur; que les tables de certains seigneurs et grands bourgeois admettent à côté des vaisselles d'or, des verres ouvragés. C'est l'époque aussi où la vie renaissant de partout, les possesseurs de biens forestiers se préoccupent d'enrayer la végétation surabondante de leurs domaines et créent pour tous les consommateurs de bois des privilèges princiers. Les fours de verrerie, gros consommateurs s'il en est, se multiplient entre tous : les verriers sont désormais maîtres chez eux en forêt : ils y ont le vivre et le couvert, de quoi se bâtir un logis, droit de chasse et de pêche, droit de glandée allant jusqu'à 25 porcs pour une famille, exemption de taille et d'aides, du droit d'ost et de gîte. Ils vont vivre plusieurs siècles dans cette retraite aisée, encore que sauvage et loin du monde, avec des habitudes, un genre de vie, des allures un peu rogues et dédaigneuses qui ne les feront pas aimer des hameaux voisins, mais observateurs de sévères traditions, et soigneux à perfectionner sans cesse leurs produits qui se répandront ensuite de plus en plus loin dans le monde.

En 1448, Jean de Calabre, régent du duché, confirme en faveur des verriers lorrains une charte dont l'original avait disparu. Les avantages matériels qui viennent d'être énumérés sont ratifiés en d'infinis détails; les concessions forestières sont précisées moyennant un très léger cens; et il s'y ajoute enfin les soi-disant titres de noblesse dont l'interprétation a fait couler tant d'encre et sur lesquels feu M. Beaupré s'est expliqué avec une autorité définitive. La Charte lorraine ne confère pas la noblesse; elle assimile tout au plus aux nobles de race ses bénéficiaires, en leur accordant les privilèges attachés à l'état de noblesse. « comme seraient gens extraits de noble lignée » dit-elle. C'était beaucoup, c'était plus que n'en demandaient les quatre groupes de verriers, aux noms bien roturiers : Mangin (Jacob) et son fils; Jehan Hendel ou Henezel; Claude Bysenal et Chelisot; Guillaume du Tyson ou Tyzal, ses fils et frères; et Colin fils, qui avec leurs hoirs et successeurs « ouvrant dudit métier èsdites verreries du bois de Darney » sont nommément désignés dans l'acte. Le titre de « gentilzhommes », l'épée et le chapeau un peu ridicules dont leurs descendants s'affublaient encore à la veille de la Révolution, ne sont venus que plus tard hanter leur imagination. Personne ne leur reprochera d'ailleurs cette innocente vanité, à commencer par ces vrais nobles de race, presque toujours cadets de familles pauvres, qui, par privilège aussi, pouvaient sans déroger, s'embaucher dans leurs rangs et partager leur ingénieux et rude gagne-pain.

Ces faveurs portent des fruits :

En 1530, Volcyr de Sérouville, secrétaire et historien du duc Antoine, publie une *Chronique abrégée des Empereurs-rois et ducs d'Austrasie, avec les singularités du Parc d'Honneur*. Ce Parc d'Honneur, si joliment désigné, est le duché de Lorraine. Il y est question dans tout un chapitre des « forges à faire mirouers, voirres fins et communs, avec verres de gros voirres, qui se transportent par toute la Chrestienté ».

Et Volcyr cite, parmi les plus célèbres, des fabriques en Argonne, à Raon, et au pays de Vosges, à Saint-Quirin, à Bainville, surnommé aux « Mirouers assis sur les rives de Mezelle entre Bayon et Charmes, où se font outre les verres en la fournaise ardente tant d'autres sortes avec apposition divers et images, pourtraicts, figures et blazons, que bien long serait à racompter... Sans oublier les verrières de gros verre près de Darney où l'art et fabrique est exécuté si abondamment que toutes autres nations, territoires et pays en sont pourvus et recouverts ».

En 1594, c'est la *Description des Duchés de Lorraine, comtés et seigneuries dépendantes*, par Thierry Alix, conseiller d'État et président des Comptes de Lorraine. Il y est écrit, entre autres richesses du pays : « Ne sont aussi à omettre les grandes tables de verre de toute couleur qui se font ez haultes forêts de Vosges ezquelles se trouvent à propos les herbes et autres choses nécessaires à cet art qui ne se rencontrent que rarement ez autres pays, dont une bonne partie de l'Europe est servie par le transport et traffic continuel qui s'en fait ez Pays-Bas et Angleterre, puis de la aux autres régions plus remottes et éloignées sans autrement faire état d'une quantité et nombre infinis de petits et menus verres, les grands mirouers et basins, et toutes autres façons qui ne se font ailleurs en tout l'univers ».

Puis suit l'énumération des verreries : « 1° de grands verres (verres à vitre blancs et de couleurs) sous la recette de Darney au nombre de 13 et de 3 sous la recette de Dompaire; 2° celles de menus verres (gobeletterie et bouteilles) au nombre de 6 sous Darney et 1 sous Dompaire ».

Nous voilà fixés sur l'importance, la variété et la belle réputation de la verrerie lorraine au XVIe siècle. L'art n'en est pas exclu avec la peinture sur verre dont parle Volcyr : mais la qualité du produit industriel, le seul qui me retient et que produise le verrier à son four, est d'une perfection qui nous fait envie!...

Que ne puis-je, Messieurs, m'étendre sur les conditions du travail, les matières premières, l'outillage et les produits de cette belle fabrication.

Voici dans la friche, près d'une source ou d'un ruisseau, la hutte où rougeoie et ronfle le four. La nuit, les creusets remplis de composition fraîche bouillonnent sourdement; le tiseur surveille la fonte en silence; des petits garçons à demi-endormis, faisant la chaîne, lancent à jet continu des billes de bois sec au foyer. Mais voici l'aube; un appel retentit et réveille le canton; et voici les verriers. Grave, chacun s'approche du creuset qui lui est réservé. Il tâte en piquant par une fente l'état de son verre, puis fait sauter le couvercle et reçoit en plein visage l'ardent rayonnement du foyer. Il sonde d'abord du regard la masse incandescente, puis sa belle tête et son torse légèrement renversés, de son bras allongé, il plonge lentement dans la cornue étincelante jusqu'au bord, la canne cinq ou six fois millénaire qui va puiser et épanouir sous son souffle la matière embrasée.

Ils sont 4, 6 ou 8, autant qu'il y a de creusets, en cercle autour du four, patrons et ouvriers confondus, d'une même famille ou associés, chacun souvent propriétaire de son creuset, à la tête chacun d'une équipe de 3 ou 4 servants, apprentis ou manœuvres, parmi lesquels trottinent les petits tiseurs chargés de bûches, porteurs d'eau fraîche, trieurs de verre cassé. Viennent ensuite les services accessoires : ceux qui préparent les mélanges, ceux qui préparent les terres pour le four et les creusets, ceux qui rentrent le bois, le débitent, le font sécher. Cela fait encore bien 8 ou 10 hommes qui gravitent autour de la hutte. Tout le monde est embauché pour la *réveillée*, c'est-à-dire pour toute la campagne du four. Celle-ci n'est jamais de très longue durée : les matériaux réfractaires qui composent l'appareil ne sont pas fameux : on se sert sur place de terre à brique qui n'est que de la *mouillasse*, ou de blocs de grès qui fendent au feu. Au bout de trois ou quatre mois, gercé, crachant la flamme de partout, le four tombe en morceaux; il faut le refaire, et subir un chômage. Souvent d'ailleurs le canton défriché exige qu'on se rapproche de nouvelles coupes : alors tout le monde déménage et l'on rebâtit plus loin les baraques et leur contenu !

Tout sert, tout s'exploite dans la forêt : voici la silice principe du verre, sous forme de sable fin, ou plus pure encore à l'état de cailloux de rivière que l'on porphyrise pour les écraser, ou mieux encore les grès calcaires qui sont déjà des verres; voici les soudes ou potasses extraites de cendres végétales que l'on fait sur place. Elles se recueillent d'abord dans les déchets du four, et les meilleures proviennent de l'orme, du chêne, puis du hêtre, surtout à l'état de menues branches prises en mai. Mais on incinérait aussi sur pied les vieux arbres. « On creuse, dit l'*Art de la verrerie* de Neri, en 1612, le tronc à la hauteur de 6 pieds et on allume par dedans ». On se sert enfin d'herbacés, et là les préférences les plus inattendues se recommandent : plantes à pointes et à épines; plantes amères, houblon, centaurée, chardon bénit, tabac; les cosses de fèves et le chou; mais enfin et surtout la grande et inépuisable végétation de nos fougères qui, vertes en juillet, donnent 250 kilos de cendre à la tonne; sèches en septembre en fournissent 500 et laissent un rendement appréciable de 65 kilos de sel. Le verre à la fougère, dit « le fougère » tout court, cité par bien des auteurs, dont Boileau, avait de singulières vertus : il dégageait le fumet du vin et quand on y versait « de la poison, dit grossièrement l'un d'eux, il se cassait et se distinguait ainsi des femmes ».

C'est avec ces humbles matériaux que se font par soufflage ces grandes tables de verre, ces grands disques plats de 1 mètre à 1 m. 50 de diamètre qui, débités en diverses figures et fragments, composent depuis le XIIe siècle le vitrage blanc des maisons et surtout le vitrage coloré des églises. Le verrier ne concourt pas à la composition de ces vitraux merveilleux; mais c'est lui qui en fournit la matière; c'est lui qui, avec de modestes ingrédients préparés sur place et qui n'ont à la base que du fer, du cuivre, du soufre, du manganèse, compose des mélanges, provoque des réactions qui produiront en rouge, bleu, jaune, vert, et violet, les uniques, les prodigieuses colorations du XIIIe ! De quels frémissements ne dut-il pas trembler, mon vieil ancêtre, à la découverte de ces joyaux de lumière !

La fabrication de la bouteille et de la gobeletterie — celle des menus verres — s'efface devant ces énormes productions de verres en plateau qui, servant aussi à la confection de miroirs étamés et de glaces de carrosses, ne suffisaient pas à la consommation et dont la Lorraine au XVIe siècle a la spécialité. La fabrication et les usines essaiment. Les privilèges s'étendent à de nouvelles familles qui, elles-mêmes, croissent et multiplient. En 1517, le duc Antoine agrée une supplique de Nicolas et Guillaume Hennezel, frères verriers des verreries auprès de Darney, à l'effet d'ouvrir une nouvelle verrerie, attendu « qu'ils sont 5 frères tous ouvriers de l'art de gros verre et la plupart ont déjà des enfants et ne peuvent bonnement demeurer et ouvrer tous ensemble avec leur père nommé Didier Hennezel pour leurdit hart de gros verre, parquoy leur est force d'eulx d'oter d'avec leur dit père ». C'est dans la forêt de Darney et dans celle voisine de Lamarche que continuent surtout à se développer les fabriques : une tradition s'y est créée, les matériaux favorables, les échanges probables de services de four à four en ont fait une terre d'élection.

D'autre part, des centres se sont formés ailleurs. Volcyr nous a cité le bois d'Argonne au baillage de Clermont, Raon (Raon-l'Étape assure notre confrère M. Sadoul), Saint-Quirin; on parle de Blâmont au XIVe siècle, et en 1600 d'Hattigny et de Busson près Blâmont.

Lepage cite Borville, les Glashutten entre Arschwiller et Saint-Louis, Zuffal sur la Sarre, près Lorquin, Munsterhü; tout cela au pays de Sarrebourg.

Le Comté de Bitche, incorporé au Duché en 1559, ne fait pas encore parler de ses verreries, mais Müntzthal existe au XVIIe siècle. Le pays de Dabo, que nous décrit avec tant d'érudition, de poésie et d'humour notre confrère M. Huffel, voit surgir avec les Linanges, de 1627 à 1640, des verreries au Donnersthal, au Volflingerthal, ban d'Abreschwiller et à Soldatenthal. Saint-Quirin, seul, dans le bois de Lettenbach, domaine du Prieuré, semble avoir eu une importance : en 1594, ses directeurs Barthélemy et Balthazar, fournissent les vitres polies destinées au Palais Ducal de Nancy.

Mais avec une telle production, ce qui devait arriver se produisit et au commencement du XVIIe siècle une crise effroyable s'abattit sur l'industrie du verre. Surproduction et concurrence rendent la marchandise de moins en moins lucrative. Quelques abus dans la qualité marchande irritent le duc protecteur et l'obligent à rappeler les délinquants à leurs devoirs de fabriquer des verres « bons et léaux ». On est allé trop loin dans les privilèges et les concessions. On les a déjà réduits pour les gens de Lamarche qui n'ont plus droit à la chasse, ni à la glandée que pour 16 porcs. La forêt, qui doit pourvoir à la consommation de chaque four à raison de 7 cordes en moyenne par jour, s'appauvrit à vue d'œil. Le besoin d'argent devient pressant. Le cens qui était au début de 145 livres par four est remplacé par un impôt de 6.500 francs barrois et est doublé en 1606.

Et puis, catastrophe finale et définitive, voilà la guerre, guerre affreuse comme jamais la Lorraine n'en subit; des bandes ravagent le pays du nord au midi, et jusqu'en 1661 l'occupation française à peine plus clémente ne devait pas relever les dévastations.

Dès 1605, plusieurs verreries de Darney déclarent qu'elles ont « leurs fourneaux ruynés et démolis ».

En 1669, il n'y a plus de verreries à Darney!

Que deviennent les verriers? Les uns s'expatrient vers les Pays-Bas; Josué Hennezel, qui a monté il y a quelques années une verrerie à Bruxelles, attire ses compatriotes. Paul Hennezel s'installe à Fourmies, puis à Namur. Les autres ne se résignent pas au départ, vivent de chasse, braconnage, de ce qui reste de leurs cultures et de leurs bêtes, peut-être de rapine, comme ces gens qu'avec M. Huffel on rencontrait encore il y a trente ans dans les rochers de Dabo. Mais tout n'est pas mort autour de leur fourneau détruit : la nostalgie du métier, l'amour encore plus ancré du sol, les gardent du désespoir et de la dispersion. Et les voilà tout prêts, plus hâves, mais toujours fiers, lorsque enfin le Ciel a pitié et qu'avec le duc Léopold la paix est rendue à leur malheureux terroir. Le duc veut ressusciter le vieux fief industriel; il renouvelle et réajuste les privilèges, revise les accensements et les abornements, fixe les révolutions forestières, constitue des paroisses. Mais tout est à refaire dans l'organisation technique. La Bohème, profitant de nos malheurs, a travaillé, progressé comme qualité, et envahi les marchés de France et d'Europe; son produit est devenu l'article à la mode et on ne veut que lui à Paris : le vieux verre en plateau est remplacé par le procédé plus fin des manchons et cylindres — en attendant que la glace coulée s'y substitue elle-même pour les vitrages de grand luxe. — Les cendres de bois et de fougère, les sables de pays cèdent à des produits bien raffinés, bien purs que l'on peut faire venir de loin; on parle d'un verre anglais à base de plomb qui révolutionnera la production. On ne songe plus à éparpiller les fours, mais à les grouper en fabrique raisonnablement agencées; on les installe, non plus en pleine forêt car le bois se raréfie, mais le long des routes par où se fera le ravitaillement éloigné.

Toute cette réorganisation absorbe nos tenaces et vaillants artisans et leur production restera longtemps hésitante. Sauf à Saint-Quirin qui a maintenant le monopole des verres en cylindre et des vitres polies qu'on y exploite dans quatre fours, qui s'enrichit, et bientôt se transférera à Cirey pour devenir une glacerie fameuse, il est de moins en moins question de verre à vitre. On se rabat sur la bouteille à vin et à eau-de-vie, la bonbonne, la cloche de jardin, le flaconnage qui s'exportent jusque dans les ports, et enfin sur la gobeletterie d'usage qui se vendra plus péniblement, pendant cent ans luttera contre la Bohême et en triomphera à la fin du XVIIIe siècle seulement, par la découverte du cristal français. A ce moment, en possession d'une matière incomparable et sans rivale, le verrier lorrain devenu lui aussi Français, se retrouvera tout entier, et manifestera dans de délicats objets de la vie usuelle, ou dans de somptueuses figurations d'objets d'art, les trésors de dextérité, de ferveur et de goût, que six cents ans d'amour professionnel ont accumulés en lui.

Le verre ordinaire lutte pour n'être pas inférieur à cet étincelant verre au plomb et atteint peu à peu lui aussi à une qualité jusqu'ici insoupçonnée. Il profitera du renom de son rival et ne craindra pas de se qualifier lui-même de demi-cristal; les sables blancs lui parviennent en effet de Champagne et déjà de Fontainebleau ; des fabricants de salins raffinés s'installent en grand dans le pays même et en Alsace. Les terres réfractaires du Palatinat ou de Champagne sont tout près et permettent la construction de fours et de pots durables et, devant la raréfaction du bois, on prête une attention sérieuse aux essais d'un nouveau combustible, le charbon de terre, qui auraient été faits en Allemagne.

Voilà définitivement disparues les petites huttes à un four, éparses dans la forêt où le promeneur en surprendra de nos jours encore les débris; et s'élèvent à leu place, groupées en quelques cantons plus étendus, des usines importantes. Le baron de Dietrich les a visitées un peu avant 1789; il en a fait un rapport complet dans sa description des «bouches à feu de France». Ce seront: dans le comté de Bitche, Meisenthal, Goetzenbrück, qui fait d'un petit produit rare et cher, le verre de montre et le verre de bésicles, un article industriel important, à raison de 2.500 pièces par jour; Münzthal devenu verrerie royale de Saint-Louis qui a 3 fours en marche et 94 verriers, et crée en France avec M. de Fontenay la fabrication du cristal. Au pied de Dabo, Plaine de Walsch, qui deviendra la grande usine de Vallerysthal. Dans les Vosges et leurs environs, la verrerie de Tonnoy fondée en 1698 par privilège à M. de la Pommeray et transférée à Portieux, où elle compte en 1783, 2 fours de 12 pots et produit 6.000 pièces de gobeletterie par jour; La Planchotte, Thietry, la Bataille-Francoigney, Clairefontaine, seules survivantes de la forêt de Darney, appartenant surtout aux familles d'Hennezel, réinstallées elles aussi au bercail de la vieille prévôté. Vannes-le-Châtel, près de Toul; et enfin la Verrerie de Sainte-Anne près Baccarat, fondée en 1764 par Mgr de Montmorency-Laval et le sieur Renault d'Ubexy, et qui est le berceau de notre glorieuse cristallerie.

Je ne pousserai pas plus loin l'histoire de nos anciennes usines : aucune d'elles n'a disparu, certaines ont fusionné, et vous avez sous les yeux, Messieurs, le spectacle de ce qu'elles sont devenues.

Depuis le roi Stanislas, qui ne semble pas s'être intéressé à leur travail et la Révolution qui a supprimé leurs privilèges, elles se sont développées par leurs propres moyens, quelque gêne qu'elles éprouvassent de leur situation géographique. Elles ont pu supporter la cherté des matières premières grâce à la qualité et à la parure artistique toujours plus ingénieuse, toujours renouvelée de leurs prouits. Ceux-ci se prêtent maintenant à tous les usages depuis le grand luxe, la lustrerie taillée, les vases décoratifs, les services de table, les objets de toilette, jusqu'aux verreries moulées populaires à bon marché. L'usine comprend, outre la halle où se souffle le verre, des ateliers de taillerie, de gravure, de décor, où toutes les techniques sont mises à contribution. La suprématie de la Cristallerie et de la Verrerie française, disons lorraine, est rétablie dans le monde et ne fait que se confirmer avec les années. Les expositions universelles de 1855, 1867, 1878 ont marqué des étapes illustres. La guerre de 1870 a coupé en deux notre vieille province. Mais en deçà et au delà de la frontière provisoire, les verreries sont restées en communauté de méthodes, de goût et même d'intérêts : le parler français et le patois du pays n'ont cessé d'être pratiqués de l'autre côté; et les verriers se sont trouvés à peine comme sortant d'un cauchemar quand les choses furent rétablies.

Entre 1870 et 1880, Nancy, parmi ses transfuges alsaciens-lorrains, recueillit un certain nombre d'ouvriers verriers et l'usine, acquise par mon père et qu'avec un frère bien-aimé je devais diriger plus trad, fut créée dans un faubourg de la ville. Dans le même temps, un jeune artiste, un poète, amoureux de la nature et des bois, s'exerçait auprès des fours de Meisenthal, à la décoration sur verre, et trouvait dans les mystérieuses transparences de cette matière l'expression de ses rêves. Émile Gallé exposait vers 1884 ses premières œuvres, triomphait à l'Exposition de 1889 en attendant celle de 1900, et installait en 1894, également à Nancy, ces beaux ateliers de la Garenne, où s'élaborent désormais ces impérissables créations.

Des interprétations nouvelles, des découvertes techniques, des thèmes décoratifs inédits, auxquels il m'a été donné, pendant quarante ans, d'apporter une contribution et que, Messieurs, j'ai déjà eu l'honneur d'expliquer devant vous, étaient, dès lors, fournie à l'art du verre, et celui-ci prenait un essor nouveau, excitait l'émulation de nombreux ateliers concurrents et ajoutait au Parc d'Honneur de Volcyr une curieuse et bien aimable « singularité ».

Et tout cela est dû à nos verriers, qu'on ne peut déraciner. Le maître verrier lui-même, à qui l'organisation moderne de l'usine ne permet plus de travailler de ses mains avec les compagnons; à qui incombent les recherches et les directives; lui-même ne saurait vivre loin des collaborateurs qu'il s'est faits : souffleurs, tailleurs, graveurs, décorateurs; et il n'est pas d'exemple en Lorraine qu'un maître verrier n'ait vécu, ne soit mort et ne repose au milieu de ses ouvriers.

Messieurs, me permettrez-vous de dire en terminant combien il m'est précieux de rendre hommage en votre présence aux vieux précurseurs de mon art : les hasards de l'existence, les devoirs d'après-guerre surtout, m'ont depuis quelques années créé des obligations étrangères au beau métier de ma jeunesse. Devant vous, j'ose avouer qu'il m'en a coûté, et avec quelle tendresse je reviens toujours à des études dont le fonds est inépuisable et merveilleux.

Les jeunes gens qui m'entourent, artistes, artisans et ouvriers que j'ai formés, chez qui plutôt, fils moi-même, de la « forêt de Vôges », en mon pays de Bitche, j'ai retrouvé les traits du vieux verrier contemplatif et rêveur à travers nos bois du XVIe siècle, — cette jeunesse continuera l'œuvre de lumière et de joie que j'ai eu le bonheur de faire connaître et aimer. Mais il me sera donné encore, j'espère, de travailler à la gloire du verre dans son lointain passé, et nulle part mieux qu'ici, ces recherches ne seront comprises, éclairées et encouragées! Grâces vous soient rendues de m'y avoir si généreusement appelé.

L'INQUIÉTUDE MÉTAPHYSIQUE

Par M. Lucien CUÉNOT

MEMBRE TITULAIRE

DISCOURS DE RÉCEPTION

L'Académie de Stanislas est une grande Dame à qui il convient, lorsqu'elle vous a fait l'honneur de vous admettre en sa compagnie, de rendre un public hommage : c'est l'office du discours de réception. Qu'il vous plaise, mes chers Confrères, d'y voir aussi un témoignage que je voudrais meilleur de la bien vive reconnaissance que je vous dois; ma pensée, en ce jour, va également aux morts qui m'accueillirent jadis à l'Académie, et dont l'ombre flotte encore dans cette salle traditionnelle qui entendit leur voix.

Depuis des millénaires, l'Homme, quand il possède la capacité de s'étonner et qu'il a le loisir de penser, cherche à résoudre le plus obscur, mais aussi le plus intéressant des problèmes, le sens de sa propre existence et celui de l'Univers dont il fait partie, qui l'entraîne dans l'infini de l'Espace et du Temps.

C'est au premier chef un problème métaphysique (1).

(1) La métaphysique est la connaissance du réel tel qu'il est en soi, en dehors des apparences sensibles et expérimentales; c'est donc la connaissance de l'immatériel, qui ne peut être acquise que par la raison pure.

Un jour, un Professeur de la Faculté des Lettres annonça un cours public de métaphysique; j'eus la curiosité d'assister à la première leçon, et je fus très frappé par la déclaration liminaire du Professeur; il confessa que la métaphysique était une chose incertaine, qui peut-être n'avait aucune espèce de réalité; si l'un de mes auditeurs s'endort, disait-il, et qu'il rêve, il est possible qu'il fasse de la métaphysique.

L'esprit inquiet, cependant, s'arrange mal de ce scepticisme hautain; il veut savoir, avant tout, si sa recherche est vaine ou si elle est légitime; il veut avoir des motifs de choix entre les systèmes des philosophies; alors, avec sa raison et la science de son époque, il tente tout d'abord de synthétiser sa connaissance du Monde, dans l'espoir d'arriver au moins à une inférence probable qui l'orientera dans sa décision. Cette construction, évidemment, doit avoir une base inébranlable et incontestée; or, il en existe une, fondation de pierre dure sur laquelle s'élèvent toutes les sciences humaines : c'est le *principe de causalité*, déduit de l'expérience journalière.

Soit un galet au bord d'une rivière : nous savons que sa forme arrondie est l'*effet* résultant de l'usure par frottement, déterminé par le mouvement des eaux; et nous en sommes tellement sûrs que la présence de cailloux roulés, sur les plateaux qui entourent Nancy, nous autorise à y admettre le passage d'eaux torrentielles, dévalant d'Alpes lointaines, à une époque très reculée. En remontant plus haut dans le passé, nous trouvons que ces galets ont été d'abord des pierres anguleuses, détachées de terrains antérieurs sous l'action de causes diverses qui déterminent ce qu'on appelle l'érosion. En analysant toujours, et en remontant le Temps, nous reconnaissons indéfiniment les causes des causes, par exemple les mouvements du sol qui ont produit le relief, les sédiments déposés par les mers anciennes, la composition chimique du globe, la structure de la nébuleuse dont l'évolution a donné la Terre, etc. Nous arrivons par le raisonnement pur à une conclusion que personne ne mettra en doute : le caillou roulé que nous tenons dans notre main est un effet inéluctable de l'arrangement des atomes de l'Univers tel qu'il nous est donné; il était *déterminé* de toute éternité; il ne pouvait pas ne pas être.

Toutes les sciences astronomiques, mécaniques, physiques et chimiques sont basées sur ce principe de la causalité ou, comme nous préférons le dire en science, du déterminisme, commun à toutes les philosophies. Tout phénomène a des causes qui peuvent être très simples et intelligibles quand elles sont proches de l'effet, et qui se compliquent peu à peu jusqu'à l'infini lorsqu'on s'en éloigne. Le principe est constamment vérifiable par l'observation ou l'expérience : quand nous avons remonté d'un effet à ses causes, nous pouvons suivre la marche inverse et reproduire l'effet ou le prévoir en partant des causes. L'astronome calcule avec exactitude l'orbite d'une planète; Le Verrier, frappé des anomalies de l'orbite d'Uranus, avait indiqué comme cause l'existence d'une planète inconnue, qui fut effectivement découverte par un autre astronome à la place que la théorie avait prévue.

Les manières dont l'Homme a envisagé les causes ont varié avec le temps; pour l'Homme primitif, les événements de la nature s'expliquaient par l'intervention d'innombrables démons ou déités aux capricieuses volontés; dans les hurlements de la tempête, dans les grondements du tonnerre, dans le fracas des éruptions volcaniques, il entendait les terribles voix des esprits de l'air et de la terre. Mais ces personnages mythiques ont perdu peu à peu leurs pouvoirs pour le bien et le mal, et toutes les fois que l'Homme, dans le domaine de la nature, a substitué une explication positive à l'explication mythique, il n'est jamais revenu en arrière; aussi, est-il maintenant assuré que tout phénomène, quelque étrange et rare qu'il soit (1), relève de causes naturelles. L'Astronome, le Physicien et le Chimiste n'ont aucune inquiétude métaphysique devant les phénomènes qu'ils observent; ils en étudient la causalité mécanique qui, lorsqu'elle a été pénétrée, rend parfaitement compte de tout ce qui se passe. Il n'y a pas d'indéterminé; ce qu'on appelle souvent le hasard

(1) Ceci dit pour les thaumaturges, spirites, médiums, fakirs et autres prestidigitateurs.

n'est qu'un cas particulier où les causes sont trop nombreuses ou trop petites pour qu'il soit possible de les analyser; mais on peut prévoir leur effet sous la forme statistique; si je jette en l'air mille fois de suite une pièce de monnaie, je sais très bien que je retournerai environ 500 fois pile et 500 fois face; puisque ce résultat peut être prédit avec une aussi grande approximation, c'est qu'il était rigoureusement déterminé.

Un jour, sur ce globe soumis au déterminisme rigide ou même statistique, apparut quelque chose de nouveau : un être vivant. Bien que nous ne sachions rien de bien certain sur ce premier être, probablement de dimensions microscopiques ou ultra-microscopiques, nous ne pouvons supposer que deux choses : ou bien il venait d'autres mondes, ressemblant plus ou moins au nôtre, où existait déjà la vie (hypothèse de la panspermie), ou bien il a apparu tout d'un coup, peut-être en bien des endroits à la fois, par une agrégation fortuite des atomes convenables; c'est-à-dire qu'au moment T, en un point P, il n'y avait rien que du non-vivant, tandis qu'au temps T′, au même point P, il y avait un être vivant (hypothèse de la génération spontanée).

Quoi qu'il en soit de son mode d'arrivée sur la Terre, la Vie y existe depuis un temps que l'on évalue à un milliard et demi d'années, avec une tendance à toujours augmenter ce nombre; le germe primitif s'est épanoui en une merveilleuse floraison de plantes et d'animaux dans les eaux et les airs, sur la terre et jusque dans les profondeurs des cavernes, couronnée par l'apparition récente d'un être exceptionnel, l'Homme, animal conscient, fabricant d'outils, doué de la pensée conceptuelle qu'il exprime par le langage.

Si nous restons dans un état d'esprit déterministe et mécaniste, nous ne pouvons regarder le premier être vivant — et tous ceux qui en descendent — que comme un agrégat de substances chimiques colloïdes, dont l'apparition et les réactions sont aussi rigoureusement déterminées que le sont celles d'un cristal de quartz; déterminée aussi son évolution dans le Temps par l'action de causes naturelles, comme la tendance de la Vie à conquérir l'espace et la matière, la variation, la sélection, etc. Déterminées aussi, les manifestations des êtres vivants, déterminées les actions de l'Homme, ses œuvres, ses paroles. Rien ne peut déranger le déroulement des causes, génératrices d'effets qui seront eux-mêmes les causes d'autres effets et ainsi de suite.

Et tout était inclus potentiellement dans la constitution de la nébuleuse primitive, si nébuleuse il y a, d'où sont sortis le système solaire et la Terre. Comme le dit le héros déterministe d'un roman célèbre (1) : « Si nous connaissions vraiment la position relative de tous les phénomènes qui constituent l'Univers actuel, nous pourrions, dès à présent, calculer avec une certitude égale à celle des astronomes, le jour, l'heure, la minute où l'Angleterre, par exemple, évacuera les Indes, où l'Europe aura brûlé son dernier morceau de houille, où tel criminel encore à naître, assassinera son père, où tel poème, encore à concevoir, sera composé. Tout l'avenir tient dans le présent, comme toutes les propriétés du triangle tiennent dans sa définition. » Anatole France, dans une page d'une ironie cinglante et désespérée (2), a repris le même thème, et bien d'autres avec lui.

Cette conception, qualifiée de *déterminisme intégral*, de *monisme mécaniste*, de *positivisme radical*, peut se résumer en cette phrase : dans aucun cas, il n'y a de commencement absolu. L'Univers est incréé, nécessaire, éternel, en perpétuelle évolution; il épand le flot inépuisable de ses phénomènes dont le cours fatal ne peut être interrompu; son état présent est l'effet de son état antérieur et la cause de ce qui va suivre; la Vie est increéée, en perpétuel changement, sans but ni fin dernière; ce n'est qu'une humble moisissure poussée un jour sur la croûte terrestre, sans autre importance que le blanc panache d'une vague, soulevée un moment à la surface des mers et qui s'évanouit aussitôt. L'Homme, simple pièce du déterminisme universel, n'est rien de plus ni rien de moins qu'un végétal ou un animal, produit de causes agissant

(1) *Le Disciple*, de P. BOURGET.
(2) *Le Mannequin d'osier*, édition Calmann Lévy, p. 11.

sans direction. Il n'y a rien en dehors des existences de fait; il n'existe ni bien ni mal moral, ni mérite, ni péché, ni responsabilité, puisque tout est déterminé; la liberté est une illusion, due à l'extrême complexité du déterminisme de nos pensées; la conscience, un épiphénomène qui pourrait faire défaut sans que les fonctions psychologiques fussent aucunement modifiées. L'Homme, animal grégaire comme les Fourmis et les Abeilles, a canonisé sous le nom de morale ce qui a réussi, dans les diverses cultures, à maintenir dans le clan et la cité l'accord social, et a permis à l'individu de jouir aussi paisiblement que possible de sa destinée finie; d'où une pédagogie appropriée pour faire passer dans les mœurs les prescriptions utiles de discipline, de solidarité, de devoir, et l'établissement de sanctions afflictives pour qui enfreint les règles. C'est une petite morale peu consolante (mais pourquoi un système du Monde serait-il consolant?), à la portée de la moyenne, en quelque manière une morale municipale et fiscale qui pèse avec une balance variable le tort fait à l'Homme vivant en société : ainsi le vol de petites sommes, par des procédés brutaux, est défendu, tandis que celui de grosses quantités d'argent, réparties sur un grand nombre de personnes, est autorisé et même honoré : c'est alors de la spéculation. L'assassinat pratiqué pour prendre de l'argent, ce qui est en somme logique puisque celui-ci est l'équivalent pratique du plaisir et que le plaisir est l'unité de valeur matérialiste, est sévèrement puni, mais le meurtre pour le meurtre, comme dans le crime dit passionnel, est généralement autorisé, au moins dans le département de la Seine.

Et puis, l'Histoire, qui n'est au fond que le récit des luttes économiques et des conflits nés des différences de natalité, se déroule dans la Nature hostile ou indifférente, sans aucune intervention visible d'une puissance extérieure, la Terre buvant le sang du juste comme le sang du méchant. Enfin, comme les phénomènes naturels sont irréversibles, et que l'énergie utilisable va toujours en diminuant, il arrivera fatalement un jour, dans quelques millions d'années, où la Terre, cette vieille et minuscule planète, toute couverte de poussière humaine, périra de froid et de sécheresse, et ce sera comme si la Vie n'avait jamais existé. Rien ne conservera le souvenir de ce que les Hommes souffrirent et enfantèrent; la gigantesque épopée qui dura tant de siècles sombrera dans le néant, et la Terre morte errera indéfiniment dans l'abîme sans bornes des cieux insensibles.

Ce concept positiviste ou déterministe intégral, qui exclut totalement toute métaphysique et par conséquent toute inquiétude spirituelle, a une allure logique et cohérente; il s'annonce comme définitif; en fait, il répugne moins à beaucoup d'esprits d'admettre l'infini du temps et de l'espace, et l'éternité d'un Monde sans commencement ni fin, que de concevoir un moment où l'Univers et la Durée auraient commencé à partir de zéro, et un autre moment où ils finiront, les destins étant accomplis. Le système a même une sorte de sauvage grandeur dans sa dureté nietzschéenne et son acceptation du nihilisme final; à peine masqué par l'agnosticisme sceptique, il est à la base de la plupart de nos idées et organisations sociales et toutes les sciences en sont profondément imprégnées.

Et pourtant! L'Homme a le sentiment invincible que la réalité tangible et celle élaborée par l'expérience (1) ne constituent pas tout le réel et qu'il y a quelque chose d'autre derrière cet écran physique. Effrayé par sa solitude dans un monde qui l'ignore et par la sombre horreur de la disparition du moi, poussé aussi par une noble et insatiable curiosité, il ne lui suffit pas de connaître des phénomènes et leurs rapports, c'est-à-dire le *comment* des choses, il veut comprendre et expliquer (2) la Nature, c'est-à-dire pénétrer le *pourquoi;* mais la science, qui accroît sans cesse son empire sur les choses, ne calme ni sa soif de justice, ni son désir de sécurité, ni même son besoin de savoir, car elle devient vite la grande évocatrice de mystères; quoi qu'il fasse, l'Homme est poursuivi par l'inquiétude métaphysique.

---

(1) Par exemple les molécules, atomes, ions, électrons du physicien, les facteurs de l'hérédité du biologiste.

(2) Dans le sens étymologique du mot, expliquer vient de *plica*, pli, et veut dire déplier, montrer ce qu'il y a dans les plis.

Mais celle-ci n'est-elle pas une illusion décevante et inutile, une auto-suggestion déposée en nous par les frayeurs ancestrales ou une éducation insuffisamment positiviste? Voilà la grande, l'essentielle question, vraiment la seule qui soit intéressante au monde. C'est un sujet immense, d'une importance inégalable, puisque suivant la réponse que nous accepterons notre conception de la Nature, nos idées sur notre propre destinée, toute notre vie spirituelle, seront profondément différentes. Encore une fois, la métaphysique est-elle une partie du réel, plus ou moins pénétrable par la raison, ou n'est-elle rien du tout? Ce n'est pas à l'Homme même que je demanderai une réponse, pour qu'on ne puisse pas invoquer des influences héréditaires ou éducatives; mais, en dehors de lui, je consulterai la Biologie, et je désire ne parler ici qu'en biologiste. J'examinerai successivement trois points.

Premier point. — La première difficulté qui apparaît dans l'interprétation positiviste du Monde concerne la Vie elle-même; quand on analyse le fonctionnement d'un être vivant, on trouve assurément des déterminismes physico-chimiques sans nombre, mais l'ensemble de la Vie constitue un phénomène si particulier, avec sa tendance à capter toujours plus d'espace et de matière, avec son écoulement perpétuel et irréversible, qu'il n'est pas douteux que le vivant est séparé du non-vivant par un abîme infranchissable, non pas en ce qui concerne les matériaux, mais par la façon dont ils sont organisés et comme dirigés. En fait, on ne connaît aucun intermédiaire entre l'un et l'autre, et on ne conçoit pas qu'il puisse y en avoir; même à l'extrême limite, dans ce qu'on appelle les virus filtrants, êtres quasi liquides, les caractères de la Vie conquérante se retrouvent presque avec la même facilité que dans une plante ou un animal supérieur. Il est donc incroyable que le premier être vivant ait été le résultat d'une combinaison chimique fortuite, le fils des radiations ultra-violettes de courte longueur d'onde, comme dit J. Duclaux, combinaison qui ne se serait produite qu'une fois dans des circonstances rares qui jamais plus n'ont été réunies; je tiens pour certain que si l'on réussissait à refaire un composé chimique analogue à celui constituant les êtres primordiaux, ce qui n'est peut-être pas impossible, il serait *inerte* et non pas vivant; il lui manquerait cette étincelle que l'on appelle la Vie, qui se transmet seulement d'être vivant à être vivant, comme le traduit la belle image de Lucrèce (1) : ... *Et quasi cursores vitaï lampada tradunt.*

Il nous faut admettre que la Vie est transcendante à la matière inerte; si elle ne peut se manifester que sur un support matériel avec toutes ses propriétés physico-chimiques, elle est quelque chose de superposé à celles-ci, qu'elle coordonne et domine; en d'autres termes, elle est un principe différent de la matière. Donc, à moins d'être panspermiste, ce qui est une tentative désespérée pour reculer la difficulté, mais la reculer seulement, nous sommes contraints de reconnaître que la Vie sur la Terre a été un commencement absolu.

Le premier grumeau vivant, dans les conditions de l'Univers telles qu'elles sont données, renfermait forcément en puissance les innombrables Vies qui se sont succédé depuis son apparition, aussi bien les minuscules microbes que les géants des mers et des forêts, aussi bien les végétaux stupides que les êtres les plus intelligents; il les renfermait, puisqu'ils ont apparu. Préordination qui a un sens si l'on accepte une intervention métaphysique dans la création de la Vie, inconcevable dans toute autre hypothèse.

Deuxième point. — Le premier Homme qui a voulu casser des objets durs a dû se servir d'une pierre brute, tenue à pleine main; il n'est pas impossible qu'ensuite il ait emmanché une pierre perforée, comme on en rencontre quelquefois, avec un grossier bâton de taille convenable; ce faisant, il a *fabriqué un outil*, c'est-à-dire un assemblage de parties dont la réunion ne peut pas être l'effet d'une rencontre fortuite, mais est le résultat d'une intention visant à une fin utile. En d'autres termes, l'ou-

(1) *De Natura Rerum*, livr. II, vers. 79.

til a une *fin intentionnelle* qui révèle l'existence d'un esprit capable d'abstraction et de jugement. L'Homme, *Homo faber* parce que *sapiens*, est d'ailleurs le seul animal qui fabrique des outils (1).

Or, les animaux offrent d'innombrables exemples d'organes exactement parallèles à nos outils et répondant à des fins utiles, à cela près que la solution de la Nature diffère de celle de l'artisan par sa perfection bien plus grande, sa souplesse et sa solidité, son élégance et le luxe des petits détails. L'animal connaît le pic, la pelle, la scie, la lime, la pince, la perforatrice, les instruments de musique, les ventouses, les boutons-pression, la flèche, l'ancre, la rame, le filet, le peigne, la brosse, la pile électrique, le parachute, la cloche à plongeur, les appareils d'éclairage, le rail et la rainure de guidage, la canule à injection, les gaz toxiques, etc. Invoquer pour la genèse de ces organes des causes naturelles, qui existent certainement, ce n'est nullement épuiser le problème qu'ils posent; il y a aussi des causes naturelles et des déterminismes mécaniques dans la fabrication d'un marteau, mais cela ne diminue en rien la nécessité du guidage intentionnel, exercé constamment par l'ouvrier, c'est-à-dire de la *cause finale*.

Il faut reconnaître que même les causes naturelles qui permettraient de comprendre le développement des organes-outils ont été cherchées en vain par les grands théoriciens. Lamarck croyait qu'un organe encore rudimentaire pouvait se perfectionner par l'usage (2), comme si, en se servant longtemps d'une pierre brute en guise de marteau, celle-ci se façonnait peu à peu en un instrument parfait. Bergson (3) a justement remarqué que c'était attribuer à la matière, sans aucune preuve, le pouvoir miraculeux de répondre à des excitations simples par l'édification de machines compliquées.

---

(1) Le Chimpanzé, paraît-il, est aussi capable de fabriquer des outils, bien entendu très simples (W. Koehler, *L'intelligence des Singes supérieurs*, Paris, Alcan, 1928).

(2) C'est ce que traduit l'aphorisme lamarckien : la fonction fait l'organe.

(3) *L'Évolution créatrice*, Paris, Alcan, p. 78.

Darwin a admis que l'outil animal s'est formé peu à peu par additions successives de variations fortuites, chaque addition réalisant un progrès sur l'état antérieur; le guidage est effectué par la mort impitoyable des individus les moins favorisés, qui succombent dans la lutte pour l'existence. On sait le succès extraordinaire qui accueillit cette ingénieuse théorie de la sélection des plus aptes; elle rendait compte, au moins en surface, des apparences de finalité intentionnelle, si troublantes pour le biologiste; mais elle n'est plus acceptée aujourd'hui, pour de multiples raisons. Dans le cas particulier de l'outil, il est inadmissible que des accidents, qui restent tels même lorsqu'ils sont guidés, puissent par leur superposition édifier un organe, qui n'a d'intérêt vital que lorsqu'il est parfaitement terminé; même si la sélection jouait un rôle, elle ne pourrait s'exercer sur les étapes antérieures à la fin, qui n'auraient aucune raison de préparer celle-ci. Darwin le sentait bien, lui qui disait que le problème de la genèse de l'œil lui donnait la fièvre.

Par exemple, on connaît un Poisson marin (1), vivant à de grandes profondeurs complètement obscures, qui porte sur la tête un véritable engin de pêche, composé d'une tige osseuse rigide, terminée par un filament raide muni vers son extrémité libre d'une petite boule lumineuse, puis de plusieurs hameçons; il est probable que de petits Poissons, attirés par la lumière, se prennent aux hameçons et sont la proie du possesseur de l'engin. Imagine-t-on une série de variations de hasard qui se seraient ajoutées en bon ordre pour constituer un pareil organe? Ou bien celles requises pour édifier un œil d'Oiseau, cet admirable instrument d'optique? Ou bien encore l'étonnante pile électrique de la Torpille?

Pour rendre compte des intentions manifestes que l'on découvre à chaque instant dans les organismes, on est amené, invinciblement, à admettre qu'il y a dans la Nature, en plus des causes efficientes, objets de l'étude scien-

(1) Poisson de l'ordre des Pédiculés : *Lasiognathus saccostomus*, long de 7 cm 5, décrit par Tate Regan (*Nature*, London, 27 nov. 1926, p. 775).

tifique, un agent directeur d'ordre métaphysique, guidant les variations vers une fin utile, de même que l'ouvrier dirige la fabrication d'un marteau; on peut l'appeler l'*agent orthogénétique* (1). Chose curieuse! une expression favorite du langage positiviste est de dire que l'être vivant est une *machine* physico-chimique; or, qu'est-ce qu'une machine? C'est une pensée mise en acte; une machine industrielle est forcément fabriquée et dirigée par une intelligence consciente; pourquoi la machine vivante, d'une complexité immensément plus grande, n'impliquerait-elle pas, comme l'autre, la nécessité d'un Esprit organisateur?

Cet agent métaphysique qui guide l'orthogénèse n'est pas sans rapports avec l'*entéléchie* de Driesch, avec l'*élan vital* de Bergson. Ce rapprochement, dont je ne puis être qu'honoré, prouve que par des voies différentes on arrive à une conclusion analogue, qui doit répondre à une portion du réel. On peut se rencontrer dans la vérité, rarement dans l'erreur.

Troisième point. — Si du petit détail, nous passons à un point de vue très général, nous serons amenés à une conclusion similaire. Je veux bien concéder que le monde actuel, dans son ensemble comme dans ses plus minimes particularités, depuis la constitution du Soleil jusqu'à celle d'un poil d'Insecte microscopique, depuis la plus haute pensée d'un artiste jusqu'à la forme d'un caillou roulé, était contenu en puissance dans la nébuleuse d'où est sortie la Terre. Bien entendu, dans le concept déterministe, la constitution de la nébuleuse était elle-même contingente, et si quelques-uns de ses atomes avaient occupé une place légèrement différente, le monde actuel ne serait pas ou serait autre. Or, l'Univers dans son ensemble est une immense machine, puisque tout est solidaire et coordonné; celle-ci dure depuis des milliards de

(1) L'orthogénèse est une évolution dont les stades successifs, sériés par la chronologie géologique, marquent une progression ou une régression régulière, dans un sens qui paraît prédéterminé dès le début : l'évolution des pieds des Chevaux et celle des bois des Cervidés pendant le tertiaire sont des types d'orthogénèses.

millénaires et durera encore des millions de siècles; elle dure, c'est-à-dire que jamais, à aucun moment, l'enchaînement des causes et des effets n'a abouti au désordre et à l'incohérence et n'a amené l'arrêt de la machine, qui se traduirait pour nous par la cessation de toute vie. Tout se passe, au contraire, comme s'il y avait un sens au déroulement du monde physique, une marche régulière vers le progrès organique et psychique.

Les planètes, le soleil, les étoiles suivent sans heurts leurs orbites compliquées et solidaires; sur la Terre au visage mobile, des océans nouveaux continuent à battre des rivages qui se sont maintes fois modifiés; la faune et la flore s'équilibrent, en dépit des changements de climats et des variations considérables des espèces dominantes; la Nature, dans sa fureur aveugle de création, continue à duper les individus par le désir et les mirages de l'amour et assure par mille subterfuges ingénieux la continuation de l'incessant combat qu'est la Vie; elle crée la beauté des fleurs et des Papillons, des instincts compliqués comme la faculté mathématique de l'Abeille, des monstres grandioses et des invisibles; et puis, au sommet du magnifique arbre évolutif, mille fois ramifié, apparaît, comme un achèvement final, l'Homme conscient, maître cruel de la Terre qui a été comme préparée pour lui et qu'il exploite sans relâche.

En somme, l'Univers est, et il dure; tout change, mais, en dépit du mal physique et du mal moral, tout se coordonne et se perpétue. C'est le fait de la durée dans l'ordre et dans l'évolution universelle qui me paraît le miracle des miracles.

Si l'état du monde, à un moment quelconque du Temps, est la résultante d'un arrangement non nécessaire des atomes de la nébuleuse originelle, il est incroyable que cet arrangement ait constamment abouti à quelque chose de cohérent, de régulier, de construit, bien que perpétuellement changeant. Il suffirait de si peu de chose pour que se rompe l'articulation entre le Soleil, l'air, l'eau, la Terre, le végétal, l'animal, l'Homme, et que tout s'écroule en un inexprimable chaos! Supposons qu'en nombre immense des lettres d'imprimerie soient réunies en un amas, et qu'un aveugle ignorant prenne les lettres une à une et les aligne; il y a un degré de probabilité extrêmement petit pour que sorte de ce choix hasardeux un poème comme l'*Iliade*. Or, l'Univers est d'une complication qui dépasse immensément l'*Iliade*; la probabilité de sa réussite, ou plutôt de ses réussites successives, en partant d'un arrangement contingent d'atomes est nulle. Et cependant, l'improbable, l'impossible, l'impensable s'est réalisé! La réussite du Monde était possible puisqu'elle s'est faite; il y avait donc une *préordination* dans la nébuleuse primitive, de même qu'il y a une préordination dans l'amas de lettres d'imprimerie puisqu'il y a toutes les lettres nécessaires.

On ne peut échapper à la contradiction et rendre compte du fait capital de la préordination qu'en sortant de la réalité positive et en admettant une intervention métaphysique, une Pensée dont l'Univers est l'Acte; il nous faut alors considérer l'évolution universelle comme l'effet d'une Volonté qui nous dépasse infiniment, qui, par un commencement absolu, a imprimé le mouvement, au Monde et le dirige dans Ses Voies par l'action des causes efficientes ou secondes.

Par la considération des probabilités, on peut donc acquérir l'assurance que notre inquiétude métaphysique n'est pas une illusion vaine, et qu'il y a un autre réel derrière celui que nous touchons et déduisons. Mais l'Homme de science ne peut, par ses méthodes propres, aller plus loin dans la recherche de l'absolu.

Nouveau Prométhée, encore ébloui d'avoir osé s'approcher de l'Inconnaissable, il s'effraie de son audace, et, redevenu conscient de sa petitesse, il ne peut que s'humilier devant le mystère du Monde et de sa destinée. Mais, assuré au moins de la réalité de l'immatériel, il comprend mieux son inapaisable désir de savoir et d'expliquer, sa nostalgie ardente d'un Éden d'où la Douleur, la Mort et le Temps seront bannis, et il attend avec sérénité le jour prochain où, son corps éphémère étant rentré dans le sein de la Nature, il contemplera face à face la Vérité éternelle.

RÉPONSE DU PRÉSIDENT

M. le Professeur Pierre PARISOT

AUX RÉCIPIENDAIRES

MM. Antonin DAUM et Lucien CUÉNOT

MESSIEURS,

C'est pour moi un grand honneur et une véritable joie de souhaiter, au nom de l'Académie de Stanislas, la bienvenue à MM. Antonin Daum et Cuénot.

Sans obéir au sentiment obligatoire d'humilité, traditionnelle chez tout bon académicien, j'ai aujourd'hui la notion très nette de mon incompétence, aussi dois-je faire appel à votre indulgence à tous et à l'amitié des récipiendaires.

Grand est mon embarras de glorifier, à leur juste valeur, ces as, dirais-je dans un langage d'Académie sportive, ou mieux ces princes de l'Art et de la Science pour me servir d'un style plus noble et plus digne d'une Académie fondée par le roi Stanislas.

D'aimables confrères m'ont dit, avec un sourire estompé d'ironie : « Que redoutez-vous? Vous êtes médecin, la médecine est un art, vous parlerez en artiste »; d'autres, non moins convaincus, ont ajouté : « La médecine est une science, vous parlerez en homme de science. »

Je connais, hélas! le mirage des mots et la valeur des

définitions. Malheureusement cette confraternelle suggestion, aux intentions charitables, n'a pas triomphé de mon scepticisme invétéré.

Monsieur,

Vous consacrez une remarquable et substantielle étude à vos ancêtres : les verriers d'autrefois; juste et éclatant tribut de reconnaissance envers ceux qui ont entretenu en Lorraine la saine tradition, j'allais dire, le feu sacré, jusqu'à nous. Dans notre province, et vous en êtes, vous avez trouvé ces ouvriers, ces artisans, ces artistes (arrières-petits-fils des verriers dont vous chantez les louanges), tout préparés, par une sorte d'atavisme, à la rude et délicate profession dans laquelle ils sont devenus vos aides dévoués, vos fidèles collaborateurs.

Ouvriers incomparables, passionnés pour leur art, ils façonnent et décorent de merveilleux objets, créés de leurs mains habiles que ne peuvent remplacer les machines les plus perfectionnées.

Une visite à vos ateliers de taille, gravure, dorure et décoration de la verrerie de Nancy, a suffi pour me convaincre du zèle et de la valeur de ces collaborateurs, dont vous êtes l'inspirateur génial et qui vous entourent de leur respectueuse affection.

Là, à côté de l'élaboration de pièces exceptionnelles, œuvres d'un art infiniment délicat, dignes de figurer dans de riches collections ou des musées, vous poursuivez un idéal d'art industriel. Vous avez ainsi démocratisé l'art du verrier, vous avez mis à la portée de tous ces œuvres que seuls pouvaient se procurer les privilégiés de la fortune. Cette pensée généreuse est digne du grand artiste que vous êtes, digne aussi de votre famille dont les membres, à un titre quelconque, se sont consacrés aux œuvres sociales, plusieurs même ont sacrifié leur vie à la grandeur de la patrie : votre neveu Jean Daum a été tué sous Verdun, et mon ami Louis Sencert, le mari de votre nièce, professeur de clinique chirurgicale, a quitté notre Faculté pour celle de Strasbourg, il voulait y faire applaudir et aimer la science française; il est mort écrasé sous le poids de la patriotique mission qu'il s'était imposée.

M. Jean Daum, votre père, notaire à Bitche en Moselle, se démet de sa charge après l'annexion de 1872 pour ne pas devenir allemand; se fixe à Nancy et fonde la verrerie que vous deviez rendre célèbre. Tombé malade peu de temps après, il est secondé par votre frère aîné Auguste Daum qui, à sa mort, prend la direction de la verrerie spécialisée, à ses débuts, dans le flaconnage et la gobeleterie.

De onze ans plus âgé que vous, Auguste Daum est comme votre second père, il vous prépare, près de lui, une place que vous allez tenir et avec quel éclat!

Mort en 1909, il a laissé chez tous ceux qui l'ont connu le souvenir d'un industriel distingué, d'un administrateur averti, d'un président intègre du Tribunal de Commerce, d'un homme de bien dans l'acception la plus élevée du mot.

Vous même, Monsieur, après de brillantes études à notre lycée, vous entrez à l'École centrale des Arts et Manufactures, et en 1887 vous devenez, à la verrerie, le collaborateur de votre frère.

Vous adjoignez bientôt à la gobeleterie une branche artistique; les premiers produits où se révélait l'art qui devait faire la renommée de votre maison datent de 1889. Vous employez une technique inédite, celle des morsures profondes à l'acide fluorhydrique, point de départ de toute la production décorative dont vous êtes justement fier. Rien n'est plus intéressant que de voir dans vos ateliers la préparation du verre, de suivre les transformations qui vont en faire un objet d'art. Blanc ou coloré, transparent ou opaque, nuagé par les effets du hasard ou de combinaisons recherchées, dénaturé par des additions d'oxydes, le verre peut se travailler à demi fondu, à l'état de lave, on lui incorpore des bulles d'air, des métaux, des figures, des décors, on superpose les unes aux autres des couches de verre diversement colorées, pour ensuite, à froid, avec l'acide fluorhydrique, ronger par place certaines des couches superposées et faire apparaître le motif ornemental, paysage, plante, feuille ou fleur, dû à l'inspiration de l'artiste.

Œuvre d'artisan, de chimiste, d'artiste, tel est le vase précieux qui est sorti, devant moi, de ces multiples manipulations.

Grâce à un travail continu, à des techniques sans cesse renouvelées, vous obtenez des médailles d'honneur aux expositions de Lyon et de Bordeaux, le Grand Prix à Paris en 1900 et ensuite à Liége, Milan, Glascow, Bruxelles, Saint-Louis (États-Unis), Gand; vous participez aux expositions les plus célèbres d'art décoratif de Copenhague, Saint-Pétersbourg, Stockholm et, chaque année, à Paris, au Salon des Beaux-Arts, vous faites admirer les merveilles qui sont dues à votre inspiration, secondée par les habiles collaborateurs que vous avez formés.

Je ne résiste pas au plaisir de citer ici un passage d'un travail, écrit de votre plume élégante, sur les verreries de Nancy : « C'est, dites-vous, de la technique même du verre que l'on s'inspire ici, des qualités propres de cette matière si fantasque et déconcertante dont chaque épisode est en soi-même un thème expressif. On respectera, avant tout, ses qualités essentielles, sa luminosité, son éclat, sa translucidité; des bulles d'air emprisonnées dans la masse du verre serviront à en faire vibrer la réfringence, des érosions profondes provoquées par l'acide fluorhydrique couvriront les parois de scintillements glaciaires et mettront en relief quelque cabochon curieusement ciselé; des opalescences, des traînées poussiéreuses diversement coloriées, des incrustations d'or rappelleront les plus fastueuses minéralisations de la nature. Bref, on décorera moins par des sujets surajoutés, et on laissera toute sa gloire à la substance généreuse et inépuisable que le feu a élaborée. »

La croix de commandeur de la Légion d'honneur est venue reconnaître officiellement, en 1926, votre haute valeur artistique.

Nous nous réjouissons du lustre que vous donnez à notre Compagnie; vous nous avez déjà initié à vos travaux par des lectures sur les *Industries d'Art* de Nancy et sur l'*Exposition des Arts décoratifs*. Ces communications sont faites dans un style descriptif où on retrouve le charme et la grâce de l'artiste délicat que vous êtes.

C'est avec émotion, que nous avons entendu l'éloge mérité que, dans votre esprit élevé de justice, vous avez fait d'un de nos regrettés et éminents confrères, Émile Gallé, ce maître dans toute la plénitude du mot, qui fut à la fois un artiste, un poète, un savant, un chef d'École et chercha, dans la nature, les thèmes de son ornementation, évocatrice de la plus puissante inspiration.

L'Art, Monsieur, n'a pas suffi à absorber votre activité, vous vous êtes dépensé dans des œuvres d'intérêt social : sans parler de l'école de dessin et de décoration que vous avez créée dans vos ateliers de l'avenue du 20e Corps, pour de jeunes artisans, vous avez accepté les lourdes missions de membre de la Chambre de Commerce dont vous êtes devenu vice-président, et de membre du Conseil d'administration du Lycée Henri-Poincaré.

Aujourd'hui, nous saluons le Maître verrier, célèbre à tant de titres, le chef de la Maison Daum, qui groupe autour de lui fils, neveux, collaborateurs pour assurer dans un même esprit, un même cœur, une même géniale direction, la prospérité artistique de la Verrerie de Nancy et son renom dans le monde entier.

Monsieur,

La multiplicité, la valeur de vos titres et travaux est telle que je dois renoncer à en faire un exposé complet l'histoire de quarante années d'un labeur incessant, émaillée de découvertes importantes, ne peut se résumer en quelques pages.

Votre carrière universitaire a été rapide : élève de la Sorbonne, docteur ès sciences naturelles, préparateur d'anatomie et de physiologie comparées à la Faculté des Sciences de Paris, vous quittez la capitale pour être chargé d'un cours de zoologie à la Faculté des Sciences de Nancy et devenir titulaire de cette chaire en 1898, à l'âge de trente-deux ans.

Trois fois lauréat de l'Institut, vous êtes nommé Correspondant de l'Académie des Sciences en 1918, haute distinction qui pour bien d'autres serait un couronnement de carrière, mais vos travaux, aussi appréciés à l'étranger qu'en France, vous ouvrent les portes de l'Académie royale des Sciences de Belgique en 1921 et de Danemark en 1927. Professeur d'échange aux Universités de Bruxelles et de Louvain, vous recevez en 1927 le titre de docteur *honoris causa*, sciences biologiques, de l'Université de Louvain.

Membre de plusieurs sociétés étrangères, vous pratiquez par vos communications, leçons et travaux, un internationalisme scientifique de haute marque qui jette le plus vif éclat sur notre Université lorraine.

Esprit curieux, vous vous intéressez à toutes les manifestations de la vie, et vous abordez avec un plein succès les sujets les plus divers que vous fournit l'étude des sciences naturelles.

Dans deux livres devenus classiques : *La Genèse des espèces animales* et *L'Adaptation*, vous exposez vos idées sur le processus et les causes naturelles de l'évolution des êtres depuis la naissance de la vie jusqu'aux plantes et animaux actuels. Certaines parties en ont paru suffisamment originales pour que les Universités de Genève, de Bruxelles et le Congrès d'Eugénique de New-York vous aient demandé de les exposer dans des conférences.

Aux théories transformistes de Lamarck, de Darwin et de Wallace vous opposez la théorie de la préadaptation. D'un mot, c'est, d'après vous, la possibilité qu'ont diverses espèces animales de développer, en changeant de milieu, certains caractères préexistants jusque-là indifférents et de leur permettre ainsi de s'adapter à ce nouveau milieu.

La plupart de vos travaux ont une portée philosophique incontestable et j'en trouve encore la preuve dans vos belles recherches sur l'hérédité.

Vous fûtes, avec W. Bateson, l'un des deux biologistes qui, séparément, avez établi les lois fondamentales de l'hérédité chez les animaux. Ces règles avaient autrefois été reconnues chez les végétaux par un moine autrichien, Mendel.

Pendant douze ans, vous avez étudié chez les souris, avec la patience d'un grand expérimentateur, le problème de l'hérédité, le patrimoine héréditaire, ses facteurs et leurs mutations; la conception de la formule héréditaire vous permet de résoudre simplement le problème de l'atavisme.

Le changement d'idées qu'a produit le Mendélisme en biologie est comparable à celui qu'a entraîné, en chimie, la théorie atomique.

Vos études sur le cancer des souris et particulièrement sur l'hérédité de la sensibilité à la greffe cancéreuse chez ces animaux, dépassent le domaine de la zoologie pure te projettent une vive lumière sur la question du cancer dans l'espèce humaine, aujourd'hui plus que jamais à l'ordre du jour.

Je me contenterai, pour ne pas allonger cet exposé, de citer vos recherches sur les faunes de Lorraine et du bassin d'Arcachon, sur les moyens de défense des animaux, sur l'homochromie, ressemblance curieuse de la couleur d'un animal avec celle de son support, sur les protozoaires, les échinodermes, les mollusques, les insectes, les arachnides, les crustacés, les poissons, les mammifères et enfin sur maintes questions de physioloige générale.

Ce coup d'œil rapide, donné sur l'ensemble de vos travaux, suffira, je l'espère, à fournir une idée de l'intensité et de la variété de l'activité scientifique du grand savant que vous êtes.

Avec une curiosité bien naturelle (que votre seule personnalité suffit à expliquer), j'ai lu et relu votre captivant discours sur l'inquiétude métaphysique.

Désireux de ne parler qu'en biologiste, vous avez, me semble-t-il, fait cependant d'intéressantes et fréquentes incursions dans le domaine de la philosophie que vous paraissez dédaigner.

Des sommets prestigieux de la science la plus moderne, nouveau Prométhée, ou plutôt nouvel Icard, vous vous êtes élancé vers la source lumineuse de la Vérité; bientôt vous avez heureusement pensé que vos ailes pourraient se détacher et prudemment vous êtes revenu sur cette terre avec votre imposant bagage scientifique pour vous humilier devant le mystère du Monde et de la destinée de l'homme, assuré, dites-vous, de la réalité de l'Immatériel.

Les pensées que vous avez émises sur la préordination, sur l'existence d'une volonté qui nous dépasse infiniment et dirige le monde, m'ont rappelé certains écrits, bien oubliés aujourd'hui, qui sont dus à la plume d'un des membres associés de notre Académie, en 1760.

C'était, comme vous, un naturaliste, la comparaison que je fais ici n'a rien qui puisse vous désobliger, il se nommait Jean-Louis Leclerc, comte de Buffon, grand savant doublé d'un grand écrivain. « La philosophie de Buffon, écrit mon regretté Maître Narcisse Michaut, semble être une sorte de panthéisme vague. Il est vrai qu'une intelligence suprême prépare et combine toute chose; mais cette intelligence semble immanente aux choses qu'elle ordonne. Elle ne s'exerce que sous la forme des lois nécessaires et immuables du monde. »

Savants, biologistes, mathématiciens, philosophes, ont cherché de tout temps à résoudre le problème que vous vous êtes posé : « le sens de la propre existence de l'homme et celui de l'Univers dont il fait partie qui l'entraîne dans l'infini de l'Espace et du Temps ».

L'homme qui réfléchit, en quête d'une solution à cet angoissant problème, quel que soit le degré de perfection de ses moyens d'investigation, la trouve, ou croit la trouver, suivant sa culture intellectuelle et ses dispositions ancestrales, dans les données que lui fournissent les doctrines philosophiques ou les religions.

Parisien, né à Paris contrairement à bien d'autres, vous avez, Monsieur, fondé en Lorraine une belle et nombreuse famille, qu'anime l'amour de la science et que guide le dévouement aux déshérités de la vie.

C'est dans le calme provincial de votre maison, au pied de la colline de Boudonville, que vous avez conçu, médité et poursuivi votre œuvre scientifique.

Grande est notre satisfaction que, par une préordination heureuse pour nous, vous fûtes conduit de Paris à Nancy, de l'Institut à l'Académie de Stanislas.

MESSIEURS,

Notre Académie, qui en l'an X (1802) portait le nom de Société des Sciences, Lettres et Arts de Nancy, est heureuse, pour répondre à son but, d'accueillir aujourd'hui dans son sein nos deux éminents confrères MM. Antonin Daum et Cuénot, qui ont si puissamment contribué à illustrer la Lorraine dans les Arts et les Sciences.

LES
FORÊTS LORRAINES

Leur rôle dans le peuplement
et la vie de la région

Leur situation au lendemain de la Révolution
d'après
les Mémoires statistiques des Préfets de l'an IX

Par M. Georges HOTTENGER

MEMBRE TITULAIRE

La forêt a tenu jusqu'à nos jours dans la vie et le travail de la région lorraine une place prépondérante. Bien que réduit par l'ensemble des conditions nouvelles, son rôle n'en reste pas moins vital : c'est toujours la forêt qui donne à notre pays ses traits caractéristiques et sa physionomie particulière. Près de nous, pour ne citer qu'un exemple, la Champagne agricole, celle qu'on continue, à tort, à appeler la Champagne pouilleuse, est aussi un pays de petite culture; on y retrouve le village constitué par l'agglomération des habitations au centre d'une banlieue morcelée, mais on n'y retrouve pas la forêt, et cela suffit pour établir, à côté de bien des ressemblances, des différences profondes, qui s'atténuent ou s'évanouissent partout ou reparaît quelque massif forestier, notamment sur les confins du Barrois et de l'Argonne. Au surplus, comment méconnaîtrait-on le rôle vital de la forêt, quand on voit ailleurs quelles solitudes désolées sont devenues « la verte Numidie », la Thrace, la Macédoine, et tant d'autres contrées jadis renommées par la fertilité de leur sol, ou du moins par le charme de leurs paysages, avant que l'imprévoyance ou la malice des hommes, en anéantissant les luxuriantes plantations qui les protégeaient et les ornaient, n'y aient multiplié les espaces quasi-désertiques où ne pousse plus qu'une misérable végétation !

Favorisée par le climat et la constitution géologique du sol, la forêt se retrouve sur tous les confins de la Lorraine, sur les bancs glaiseux de l'Argonne comme sur les assises granitiques ou gréseuses des Vosges. La montagne vosgienne est restée son domaine propre : malgré la dénudation naturelle de ses chaumes et les échancrures de ses vallées, malgré les nombreuses éclaircies qu'a entraînées l'établissement des populations et de l'industrie, elle s'étend toujours en un massif ininterrompu depuis le Ballon d'Alsace jusqu'au Donon et à la frontière rhénane. A l'intérieur, si elle a dû reculer d'âge en âge devant les progrès de la culture, elle conserve ses droits sur la mince pellicule qui garnit d'une glaise rougeâtre les assises rocheuses et fissurées du plateau de Haye, sur l'épiderne d'humus qui recouvre le calcaire au sommet des côtes de Meuse et de celles qui découpent le relief des vallées de la Saulx et de l'Ornain, sur les plaques argileuses, comme dans la Woevre, et sur les alluvions sableuses comme à Mondon, aux environs de Lunéville. Ailleurs encore et jusque dans les cantons les plus agricoles, il n'est, pour ainsi dire, aucun endroit où le taillis de quelque bois épars ne vienne rompre la monotonie de la campagne lorraine.

Dans leurs *Mémoires statistiques* les préfets de l'an IX consacrent chacun quelques pages aux forêts de leur département.

Quels étaient au lendemain de la Révolution l'état et la consistance des forêts lorraines, l'importance des dévastations et l'étendue des défrichements plus ou moins inconsidérés dont avait été marqué le cours des années troublées qui venaient de s'écouler ? Quelles étaient après la disparition de la propriété seigneuriale et de la propriété ecclésiastique, la répartition et le régime des forêts, que se partageaient dès lors l'État, les communes et les particuliers; — les ressources qu'elles donnaient à l'État et aux populations; — les mesures enfin qui se présentaient pour assurer leur protection et une meilleure gestion ?

Il ne faut pas nous attendre à trouver dans les *Mémoires statistiques* tous les détails qui permettraient de faire sur chacun de ces points, un exposé complet. Le programme que les préfets avaient à remplir ne comportait sur les forêts qu'une brève série de questions, et ce programme, ils pouvaient, dans les limites du questionnaire, le traiter chacun à leur façon (1). Et, en effet, si Desgouttes dans les Vosges s'étend assez longuement sur l'état des forêts de son département, il ne fournit, à proprement parler, aucun chiffre, aucune statistique. Saulnier, pour la Meuse se limite, au contraire, aux données statistiques et à quelques indications sur le commerce des bois. Colchen pour la Moselle, et Marquis, pour la Meurthe, sont plus explicites et un peu plus complets.

Quant à la description des forêts elles-mêmes, Desgouttes et Saulnier ne s'y arrêtent pas. Colchen ne parle que de la forêt de Bitche, à laquelle se rapportent la plupart de ses observations. Seul Marquis entreprend d'indiquer et de dénombrer les forêts de son département, forêts de Saint-Quirin, de Dabo, de Haye, de Mondon, du Fey d'Amance (forêts de Brin et de Champenoux), etc.; mais le tableau qu'il nous donne (M. 20) ne contient à proprement parler aucun détail qui mérite attention. Relevons seulement l'indication des diverses essences qui constituent le peuplement de ces forêts, pour la montagne, le sapin associé avec le hêtre dans les hautes Vosges, avec le hêtre et le chêne dans les Basses-Vosges. Dans la plaine, où l'action de l'homme s'est fait sentir depuis plus longtemps et avec plus d'intensité, la forêt apparaît beaucoup plus variée; c'est avant tout le chêne qui y croît, en mélange avec le charme et le hêtre, qui dominent eux-mêmes en bien des cantons, et avec maintes

(1) Rappelons que, par abréviation, nous désignons dans nos références chacun des Mémoires Statistiques par l'initiale du nom du préfet qui en est l'auteur; C = Colchen, Moselle : D = Desgouttes, Vosges; M = Marquis, Meurthe : S = Saulnier, Meuse.

autres essences moins répandues, l'orme, le frêne, le mérisier, le bouleau, etc... En somme, il apparaît bien que l'aspect général était alors sensiblement le même qu'aujourd'hui.

Tels qu'ils comportent, et malgré bien des lacunes, les Mémoires peuvent suffire, ici, encore à donner une vue d'ensemble sur la situation. Au surplus, nous conserverons pour les forêts, un cadre tout aussi large que celui que nous avons adopté pour l'agriculture (1), c'est-à-dire que l'examen des *Mémoires statistiques* sera pour nous une nouvelle occasion d'étudier la vie lorraine, en mettant cette fois en évidence le rôle qu'a tenu la forêt dans ses origines et sa constitution.

La forêt, en effet, n'est pas seulement un élément du paysage lorrain, elle fait partie intégrante de l'économie rurale. Son rôle apparaît à l'origine même de la vie de notre région et dans la plupart des manifestations de l'activité du pays. C'est la forêt, en effet, qui a favorisé le peuplement de la plaine, c'est elle qui a amené le peuplement de la montagne; elle enfin qui a donné naissance à l'industrie lorraine.

CHAPITRE I

LE PEUPLEMENT DE LA PLAINE

Et d'abord la forêt a favorisé le peuplement de la plaine (2).

Son rôle, à vrai dire, a commencé dès l'établissement des tribus celtiques qui, aux abords de ses massifs et dans les replis des vallées, vivaient des ressources de leurs

---

(1) Voir *Mémoires 1924-1925*. L'agriculture en Lorraine au lendemain de la Révolution.

(2) Les pages qui suivent sont en substance tirées du savant ouvrage de M. Ch. GUYOT sur *Les forêts lorraines jusqu'en 1789*. Nous ne pouvions puiser à meilleure source.

troupeaux, complétées par une culture rudimentaire. Sans nous attarder à ces temps lointains, plaçons-nous de suite au moment où, avec l'épanouissement du régime féodal, ce rôle se précisait en un ensemble d'usages et de coutumes qui devaient durer des siècles et dont aujourd'hui encore, en dépit d'une régression constante, on retrouve maintes survivances.

Les droits d'usage. — La forêt occupe une grande place dans la propriété féodale. Le domaine seigneurial absorbait la totalité de la terre sur laquelle il s'étendait, quelle que fût sa nature, terre arable, pacage, pré, vigne ou forêt : nul seigneur sans terre, nulle terre sans seigneur. Toutes les forêts à l'origine firent donc partie des domaines seigneuriaux ou du principal d'entre eux, le domaine ducal. Les forêts du clergé et celles des communautés ne furent constituées que par une série de concessions qui intervinrent par la suite.

A l'origine, ce fut la passion de la chasse qui éveilla la sollicitude des seigneurs vis-à-vis de la forêt et les poussa à prévenir les dévastations et les destructions. Aux alentours de leurs résidences, ils se réservaient des parties de forêts sur lesquelles le déboisement et le défrichement étaient formellement interdits. Ces premières mesures de conservation apparaissent déjà dans la loi salique et se retrouvent dans les autres lois barbares. Une masse de forêt est au surplus un moyen de défense qu'il importait de conserver.

Puis les seigneurs, propriétaires fonciers, avaient intérêt à mettre en valeur leur domaine en y attirant et entretenant des habitants qui cultiveraient le *mense* seigneurial, en même temps que les terres qu'ils recevaient en tenure à des conditions diverses, et qui constituaient les *menses serviles*. A cet effet, ils leur assuraient, notamment dans leurs forêts, des droits d'usage d'autant plus larges qu'ils semblaient ne rien coûter en des temps où ces forêts non encore exploitées, se présentaient avec des ressources qu'on pouvait croire inépuisables.

A vrai dire, ces droits d'usage n'étaient que la consécration d'un état de choses qui remontait aux origines mêmes du peuplement. Dans l'immense majorité des cas les chartes de franchise ne firent que consacrer des droits déjà préexistants, mais ne les créèrent pas. Leur but fut seulement de les décrire d'une façon plus certaine, et de désigner d'un nom nouveau les bénéficiaires, qui ne furent plus les tenanciers du *mense* pris individuellement, *ut singuli*, mais bien l'universalité formée par l'ensemble des tenanciers d'un même seigneur, exploitant un même ban, c'est-à-dire la communauté des habitants.

Quels étaient donc ces droits d'usage, qui pendant tout le cours du Moyen âge et même ensuite, exercèrent partout en Lorraine une influence si considérable sur le développement des populations, et sur leur reconstitution, après les calamités publiques qui tant de fois vinrent les décimer ?

Dès l'origine, les habitants demandèrent à la forêt la plupart des ressources nécessaires à leur existence, se contentant de les compléter par une culture hâtive et médiocre, qui devait s'étendre et s'améliorer par la suite.

Tout d'abord la forêt leur fournissait les bois qui alimentaient leur foyer : c'étaient les bois d'*affouage*. Cet usage se retrouve partout, plus ou moins étendu. Tantôt il se pratique par véritables coupes avec tous les bois de la forêt propres au chauffage : c'est l'*affouage proprement dit ;* tantôt l'usager ne peut toucher que le bois couché par terre, les chablis, le bois gisant, le bois mort. La nature pourvoit ainsi d'elle-même à un des premiers besoins de toute population sédentaire.

Quoi de plus naturel aussi pour les habitants que de demander à la forêt le bois nécessaire à la construction de leurs chariots, de leurs charrues, à la fabrication des divers instruments agricoles, à celle des échalas, des « paisseaux », pour leurs vignes, à l'établissement des barrières destinées à protéger les abords de leurs demeures ou les terres ensemencées ? Il fallait aussi du bois aux seuls métiers alors pratiqués, aux charrons, aux forgerons et maréchaux pour leur foyer, aux tanneurs pour leurs fosses qu'ils remplissaient de tan, c'est-à-dire d'écorce de chêne triturée. Autant de besoins, autant d'usages établis et plus tard reconnus ou concédés. Puis dès que les constructions deviennent plus importantes, la charpente apparaît et exige d'importantes pièces de bois, et même, dans la montagne, où les bardeaux remplacent les tuiles, le bois constitue toute la couverture (Droit de *marnage* ou *maronage*).

La forêt fournit tout celà sans que sa masse en soit entamée en aucune façon; et en réalité, en ces temps anciens, c'était là pour les habitants un réservoir inépuisable, d'où ils tiraient sans frais tout ce qui était nécessaire aux conditions d'existence et aux travaux de la vie rurale.

La forêt ne leur était pas moins indispensable pour l'élevage du bétail. Les usages au pâturage (droits de *panage* et de *glandée*) sont aussi anciens que les usages au bois; dès l'origine, les habitants ont dû envoyer leur bétail, — c'étaient surtout des porcs, — pâturer dans la forêt. Plus tard les tenanciers des menses menaient leurs bestiaux dans la forêt du seigneur du même droit qu'ils en tiraient leur bois de chauffage ou de construction.

Les bestiaux des communautés pouvaient être envoyés dans les forêts de leurs bans respectifs, tant que la glandée (l'époque de fructification des glands) n'était pas ouverte; et là où ne se trouvent ni chênes ni hêtres, le pâturage durait toute l'année.

Mesures de garantie. — On comprend que ces divers usages aient été une cause de dégradations. De tout temps habitué à considérer la forêt comme la chose de tous et comme un réservoir inépuisable, qu'une nature luxuriante entretient et renouvelle inlassablement, l'habitant n'usait d'aucun ménagement; le bois qu'il prenait, il le coupait au hasard; la dent du bétail était l'ennemie des jeunes pousses, et l'*abroutissement* empêchait la forêt de se refaire après l'exploitation.

Les seigneurs eux-mêmes n'y avaient pas d'abord prêté grande attention. Mais quand vers le XVe siècle, la féodalité vint à décroître, quand le souverain, de plus en plus fort, brisa la puissance des grands vassaux et réduisit leurs privilèges, ceux-ci cherchèrent le maintien de leur fortune dans le retrait des droits qu'ils avaient concédés à leurs tenanciers et aux communautés. De là toute une série de mesures de protection, de dispositions restrictives, qui iront en s'accentuant à mesure que les bois prendront une valeur en dehors de celle qu'ils pouvaient avoir pour les usagers du voisinage.

Elles tendront même à l'extinction à peu près complète des usages, ou du moins à leur rigoureuse limitation, du jour où le bois prendra une valeur marchande et où s'établira un véritable commerce de bois, c'est-à-dire à partir du XVIIIe siècle.

De ces mesures de garanties, la plus ancienne et la plus générale est celle de la délivrance, de l'*assignal*, comme disent les textes anciens. Nul ne peut se servir soi-même : c'est à l'usager à demander, à se faire délivrer les produits forestiers dont il a besoin. Les modes de délivrance diffèrent, mais l'obligation s'applique à toute espèce d'usage, et se retrouve dans toutes les parties de la province.

En second lieu, l'usage étant créé pour les besoins du tenancier et non pour lui assurer un bénéfice, il importe qu'il soit strictement limité à ces besoins : de là l'interdiction de vendre les produits qui lui sont attribués; s'il les vend, la délivrance est nulle.

Autre moyen de limitation : les *redevances*. A l'origine et par la nature même des choses, les droits d'usage étaient gratuits, mais dès l'établissement du régime féodal, sans avoir perdu, en apparence du moins, ce caractère, ils avaient en réalité leur équivalent dans les prestations et services dus au maître de la terre.

Les redevances apparurent d'abord insensiblement, timidement, pour ainsi dire, dans le cours du Moyen âge, sous forme de simple rénumération due à l'agent du seigneur, au gruyer, qui faisait l'assignal, c'est-à-dire la délivrance.

Mais dès le XVIe siècle, elles ne profitent plus au forestier, mais au seigneur, qui, ordinairement à l'occasion d'actes reconnaissant aux usagers leurs droits antérieurs, exigent de véritables cens comme équivalent des usages. « En général, dit M. Ch. Guyot, cette période du XVIe siècle est très dure pour les usagers : non seulement on les réglemente dans l'intérêt de la forêt, mais encore on cherche à les restreindre, contrairement à leur possession ancienne » (*op. cit.* pag. 88). Au même moment les juristes de la Renaissance poussés par leur beau zèle pour les études de droit écrit, imaginaient de donner un nom latin à tous les contrats de l'époque féodale et de les faire rentrer dans le cadre étroit du Digeste. Ainsi les usages étaient autant de relations, leur semblait-il, entre deux immeubles (l'habitation étant une condition de l'usage); n'y avait-il pas là des servitudes prédiales ? L'usager n'était-il pas un usufruitier de la forêt ? De cette assimilation, vraiment forcée, à tout prendre, sortît l'obligation de jouir en bon père de famille, avec de multiples règles, éminemment protectrices de la propriété forestière, mais auxquels l'usager ne se croyait pas tenu jusqu'alors.

Nécessité de la délivrance, limitation aux besoins, paiement des redevances, jouissance en bon père de famille, c'était là autant d'entraves opposées à l'usager, autant de précautions prises contre lui dans l'intérêt de la forêt. S'il méconnaissait ces obligations, il encourait une peine généralement pécuniaire et tarifée, qui se confondit par la suite avec les amendes de gruerie.

Toutes ces mesures tendaient à protéger la forêt. Une autre apparaît bientôt qui a pour but de la dégrever entièrement ou partiellement, c'est le *cantonnement.* Sous cette expression on désignait deux opérations bien distinctes. Tantôt le seigneur, tout en maintenant l'usage, le limitait à une portion de forêt suffisante pour fournir aux besoins des ayants-droits, le surplus devant désormais rester absolument libre. Tantôt, et c'était le cas le plus fréquent, le seigneur pour débarrasser entièrement sa forêt, rachetait à l'usager son droit, et lui en payait la valeur en lui attribuant une partie en toute propriété. C'est là le véritable cantonnement. M. Ch. Guyot en cite un exemple qui remonte au XIVe siècle, mais c'est surtout à partir du XVIe siècle que le procédé se généralisa. Interrompu pendant les guerres du XVIIe siècle, il fut repris au XVIIIe, et poursuivi d'une façon continue au XIXe par la nouvelle administration forestière, et il a abouti à l'extinction à peu près complète des droits d'usage dans les forêts domaniales.

La participation très large à la jouissance de la forêt avait été pendant longtemps une source abondante de prospérité pour nos populations lorraines, auxquelles elle assurait non seulement des matériaux pour leurs instruments de travail et pour leurs habitations, mais encore et surtout la nourriture d'un nombreux bétail, et par suite le développement de leurs cultures. C'est auprès de la forêt comme d'une mère nourricière qu'après les pires calamités, les populations décimées et dispersées venaient se reformer et puiser une vitalité nouvelle. Mais si précieux que fussent de tels avantages, cette jouissance indivise, et surtout le vain pâturage, qui s'étendait à la forêt comme aux autres immeubles ruraux, après l'enlèvement de la récolte n'en avait pas moins de graves inconvénients, surtout pour les massifs boisés; elle s'opposait à l'application des règles savantes d'une gestion compliquée, qui seule pouvait assurer une production intensive. Aucun traitement complet et bien coordonné n'était possible aussi longtemps que la forêt resterait subordonnée aux servitudes de l'art pastoral et de la vie agricole. Mais l'affranchissement qui s'imposait ne pouvait être l'œuvre d'une révolution brutale et soudaine, qui eût bouleversée la vie des populations, elle ne devait résulter que de longues et multiples transformations, qui mettraient la forêt à l'abri des incursions du bétail, et renfermeraient dans d'étroites limites les usages proprement dits, en attendant leur disparition finale.

CHAPITRE II

LA FORÊT ET LE PEUPLEMENT DE LA MONTAGNE

La forêt, au cours du Moyen Age, n'était pas seulement une aide nécessaire à la vie des populations rurales; nous allons la voir provoquer le peuplement des cantons jusqu'alors inhabités, et donner naissance à l'industrie.

A mesure que la population se développait, le parcours

à découvert nécessaire aux troupeaux et l'étendue des terres arables devenaient également insuffisants. Il fallait empiéter sur la forêt et défricher. Le feu allumé dans ce but pendant les périodes de sécheresse faisait des vides qui ne se repeuplaient pas toujours. Souvent, alors un contrat intervenait qui acensait aux riverains le terrain inoccupé. D'ailleurs c'était l'intérêt des seigneurs d'augmenter avec l'étendue des terrains cultivés le nombre de leurs tenanciers; c'était aussi l'intérêt des communautés d'avoir sur leurs bans des terres arables en proportion avec le nombre croissant de leurs participants. Et puis le droit d'*essartement* était considéré pour les communautés comme une jouissance de la forêt, et à l'origine, son exercice n'était limité que par les habitants eux-mêmes, qui en mettant *en ban* certains cantons, pouvaient restreindre d'autant la faculté laissée aux cultivateurs d'accroître par le feu l'étendue de leurs terres. Bientôt les seigneurs, en vertu d'un droit de surveillance pour qui avait toujours été dans leurs attributions, intervinrent pour réglementer les essartements et les limiter à de justes proportions, en les taxant d'une redevance d'ailleurs minime. Et en définitive, il ne semble pas que de ce chef les forêts lorraines, du moins dans la plaine, aient subi une diminution bien considérable.

Il en fut autrement dans la montagne; là les acensements accordés aux dépens des forêts vosgiennes furent la principale cause des défrichements, et aussi l'instrument ordinaire du peuplement, en dehors des cantons déjà éclaircis par les abbayes et les monastères qui, dès le VIIe siècle, avaient commencé à porter la vie dans ces solitudes.

La configuration même du sol massif vosgien, formant rempart du côté de l'est, et talus aisément praticable du côté de l'ouest, détermine ce qu'on peut appeler la loi de peuplement de la montagne vosgienne. Quelqu'ait pu être leur point de départ et la date de leur établissement, les migrations primitives, si elles venaient de l'est, de la vallée du Rhin, se heurtaient aux pentes abruptes du massif, qu'elles devaient nécessairement tourner par le nord ou par le sud, pour occuper le plateau, qu'on appelle d'ailleurs la plaine, par opposition avec la montagne; par la suite les populations de la plaine en se portant de l'ouest vers l'est purent au contraire, essaimer dans les vallées et escalader les pentes occidentales, facilement accessibles sans qu'aucun obstacle infranchissable les arrêtât jusqu'au sommet, jusqu'aux chaumes.

« Au XIIe siècle, la plaine présentait depuis longtemps son organisation définitive, ses villages existaient dans la plupart des lieux qu'ils occupent maintenant et sa population agricole avait poussé les cultures partout où elles étaient possibles et avantageuses. » (Ch. GUYOT, *op. cit.* p. 34.) La population, en s'accroissant encore, devait donc être amenée à émigrer dans le voisinage, non plus par grandes masses, comme les migrations primitives, mais individuellement, ou plutôt par familles, c'est-à-dire en essaimant.

« Pendant tout le cours de cette période (la fin du Moyen Age), dit encore M. GUYOT, il se produisit un mouvement incessant de colonisation, qui partant de la plaine, remonta peu à peu dans toute l'étendue du haut pays. Ce mouvement atteignit son maximum d'expansion aux XVe et XVIe siècles. »

C'est du domaine ducal que dépendait la forêt des Vosges.

Comme propriétaire féodal et comme héritier des empereurs, le duc de Lorraine avait englobé dans son domaine tous les massifs boisés importants situés à peu près sur tous les points du territoire. Sans doute les abbayes, Remiremont, Senones, Moyenmoutier, avaient à leur origine reçu dans la montagne de vastes richesses territoriales. Mais à partir du XIIIe siècle, les ducs avaient su en détourner une bonne part à leur profit et, en se faisant payer cher la protection qu'ils imposaient aux établissements religieux, ils avaient augmenté leur domaine dans des proportions considérables aux dépens de l'église.

Les Acensements. — Ce domaine, il était de leur intérêt de le peupler. Jusqu'alors, sauf au fond des vallées et autour des abbayes, la forêt vosgienne était demeurée à peu près intacte et inhabitée. Les ducs multiplièrent donc les acensements, qui, dans les parties dépendant directement et exclusivement du domaine ducal, s'appelaient *arrentement*, terme qui indique que la redevance se payait non pas en nature mais en argent; moyennant une modique redevance, le censitaire recevait une portion de forêt, « retrait de bois », qu'il défrichait, et qu'il entourait d'un mur de pierres sèches; il y bâtissait sa grange, il y aménageait une fontaine et quelques champs, tout le surplus était réservé au pâturage de son bétail. Enfin à son héritage était attaché des droits d'usage dans quelque bois voisin.

Des localités se forment alors qui ne ressemblent nullement aux villages de la plaine. Ici, au début du moins, point de jouissances communes, point de communautés, point de villages; les centres ne se composent que de l'église, et de quelques maisons à usage public; des circonscriptions se forment, mairies, foresteries, et plus tard syndicats, qui réunissent les habitants vivant isolés dans leurs granges et sur leurs prairies, mais ce sont des groupements administratifs, formés, non point par les habitants, mais par les officiers du duc, pour assurer le paiement des redevances et l'administration de la justice. A ces groupements en correspondent d'autres, moins artificiels et plus vivants, pour l'entretien de l'église et du curé : ce sont les paroisses, qui réunissent les habitants d'une façon périodique, à l'occasion des fêtes et des offices religieux.

Par la suite, ces circonscriptions eurent sur leurs bans des bois et des pâturages communs, indépendamment des usages concédés avec les acensements individuels, et sous ce rapport se trouvèrent constituer de véritables communautés.

Ainsi se formèrent par des essaims toujours renouvelés de véritables populations forestières qui peu à peu, avec la multiplicité des acensements, englobèrent tout le pays, terres, pâturages et forêts jusqu'aux chaumes qui terminent la montagne. Vivant presqu'uniquement de la forêt elles présentaient, dans leur organisation et dans leurs coutumes, des particularités intéressantes qui les distinguaient des autres habitants de la province. Les guerres et les calamités de tout genre qu'eût à souffrir le duché ne ralentirent pas sensiblement cette expansion, parce que ces événements n'eurent d'action immédiate que sur les cantons de la plaine et restèrent, sinon inaperçus, du moins plus facilement supportables dans les vallées de la montagne, que protégeait leur éloignement des grandes voies de communication.

CHAPITRE III

LA FORÊT ET L'INDUSTRIE

Les premières industries : sel, fer, verre. — Dans la très ancienne organisation, l'industrie, nous l'avons vu, n'avait aucune place (1) : les populations trouvaient chez elles, sans rien chercher au dehors, tout ce qu'il leur fallait pour vivre. Les habitants de chaque village avaient auprès d'eux des artisans, paysans comme eux, qui suffisaient à tous leurs besoins; charrons, forgerons, menuisiers, tisserands. Toutefois certaines matières exigeaient déjà pour leur préparation une série d'opérations qui appelaient l'intervention de spécialistes : c'était notamment le fer et le verre.

Un autre produit, précieux par le rôle qu'il joue dans l'alimentation, le sel, se trouve abondamment en Lorraine, mais en certains cantons limités et il exige, lui aussi, un travail préalable, l'évaporation des eaux salifères au moyen de la chaleur. Les poêles ou usines destinées à cuire le sel sont peut-être les plus anciennes installations d'un caractère industriel qui aient existé dans notre région.

Sel, fer et verre, autant de matières qui, pour leur fabrication, demandent l'action de la chaleur et du feu, et par suite l'emploi du bois, de beaucoup de bois. L'usage du combustible minéral, de la houille, n'était connu au Moyen Age, et jusqu'au XVIIIe siècle, qu'aux endroits où

(1) Cf. *Mem. Ac. Stan.* 1924-1925, p. 16 et 17.

le gisement affleure le sol et, faute de transports, ne pouvait se répandre que dans les alentours immédiats.

D'autres part certains massifs forestiers présentent des masses compactes, sans vallées suffisantes qui les rendent facilement accessibles et réservent à une culture naissante quelques terrains d'alluvion fertiles et faciles à exploiter. Leur sol au surplus se prête mal au défrichement. Tel était le cas, en des coins différents de la Lorraine, des forêts de Bitche, de Darney, du Barrois. Là, forgerons et verriers trouvaient du bois en abondance, et après avoir épuisé un canton pouvaient, sans interruption, pousser plus loin, en laissant à la forêt le temps de réparer ses pertes et de se reformer.

Au début en effet leurs exploitations étaient nomades, comme aujourd'hui encore, celles de nos charbonniers, auxquelles elles ressemblaient. Les forges volantes devinrent fixes du jour où elles usèrent de la force hydraulique, pour mouvoir les roues qui actionnaient leurs soufflets, et dès lors, c'est-à-dire dans le courant du XIVe siècle, on retrouve leurs traces aux endroits les plus divers de la lorraine, à Morley, à Ecurey, à Moutiers, à Ronchères, dans le Barrois, à Moyeuvre, dans le pays messin et dans les Vosges, à Framont.

Non moins anciennes en Lorraine sont les verreries : outre le combustible que leur fournissait la forêt, elles trouvaient un sol abondant en matières siliceuses et vitrifiables : les branchages calcinés fournissaient les *salins*, c'est-à-dire la potasse nécessaire à la fabrication. Dans les Vosges notamment, la préparation des salins fut longtemps une de ces menues besognes qui complétaient les moyens d'existence de la population. Des verreries existaient dans le Barrois dès le XIVe siècle, et au XVe siècle, dans le pays de la Voge, sur les plateaux boisés qui séparent le bassin de la Saône de celui de la Moselle. Au XVIe siècle enfin furent érigées au pied du Donon, les verreries de Saint-Quirin et du pays de Salm. Tandis que les fonderies et les forges qui, en même temps que de combustibles avaient besoin de la force des cours d'eau, étaient alors descendues au fond des vallées, les verreries s'installèrent en pleine forêt; leur établissement nécessitant un développement considérable, aux dépens de la végétation forestière, formait une enclave souvent assez vaste, et il leur arrivait de donner ainsi la vie à tout un canton : telle fut l'origine de plusieurs localités dans la forêt de Darney et dans celle de Bitche.

Les affectations. — Les guerres du XVIIe siècle portèrent aux usines forestières un rude coup dont elles furent longtemps à se relever. Les forges de Mouterhouse, dans le Comté de Bitche, furent entièrement ruinées et disparurent pendant près d'un siècle, celles de Moyeuvre, de Framont, furent également dévastées de fond en comble. Les verreries eurent le même sort, et certaines, dans la forêt de Darney, ne se relevèrent jamais. Mais il y avait grand intérêt à ne pas laisser dépérir ces entreprises, et même à en créer de nouvelles, pour consommer le bois des massifs forestiers qui, dans un temps ou les moyens de transport étaient rares, ne trouvait pas d'autre emploi. Ce fut là l'origine des *affectations* ou *cantons* d'*assurance* : chaque usine nouvelle, du moins dans le domaine ducal, recevait une portion de forêt, souvent assez considérable, qui restait sous la gestion des agents du duc, mais dont les produits étaient exclusivement dévolus à sa consommation (1).

Il ne faut pas voir dans ces affectations, des droits d'usage : elles en différaient essentiellement, puisqu'elles constituaient un bénéfice personnel, presque toujours temporaire, et subordonné au « roulement de l'usine ».

En général, elles n'étaient pas gratuites, mais quelle que fût la redevance, elles laissaient toujours aux « affectataires », un bénéfice fort appréciable, sans parler de l'assurance plus appréciable encore de trouver à proximité le bois nécessaire à leur entreprise (2).

---

(1) Aussi la portion de bois affectée s'appelait-elle « canton d'assurance ».

(2) Le bois livré aux usines valait, rendu au pied des fours, entre 4 et 5 livres la corde, de 1765 à 1780, de 6 à 7 livres, de 1780 à 1790, et de 10 à 11 francs en l'an IX.

Le bois livré à la consommation domestique coûtait 16 livres la corde en 1789 et 28 francs en l'an IX.

C'est surtout à l'alimentation des forges qu'étaient destinées les affectations dans les forêts du domaine ducal, et elles furent au cours du XVIIIe siècle une cause de relèvement et de prospérité pour l'industrie du fer en Lorraine. Mais, néanmoins, elles disparurent sous la Révolution ou peu après, comme toutes les charges grevant les forêts domaniales. Ou bien les affectations, ainsi que les forges elles-mêmes, avaient été comprises, soit dans la Ferme générale des domaines, soit dans les baux particuliers, de durée variable, or, la Ferme disparut et les forges domaniales furent aliénées. Ou bien elles avaient été concédées par un véritable engagement perpétuel avec faculté de rachat, et alors, comme elles avaient été faites le plus souvent à vil prix, et qu'elles n'avaient pas le caractère d'utilité publique des usages accordés à des populations entières, l'article 58 du Code forestier décida que celles qui avaient été faites au préjudice des dispositions prohibitives de l'aliénation du domaine, cesseraient d'avoir aucun effet à partir du 1er septembre 1837. Les autres disparurent par la voie du cantonnement.

Elles étaient, d'ailleurs, dès longtemps menacées, sinon condamnées, par le mouvement d'opinion qui, dans la seconde moitié du XVIIIe siècle, attribuait à la consommation des usines, des « bouches à feu », comme on disait dans un sens péjoratif, la cherté croissante du bois, bien qu'à la vérité la hausse des prix provînt de l'augmentation de la consommation domestique, beaucoup plus encore que de la multiplication des usines ou de leur extension. C'est surtout à partir de 1780 que le mouvement s'était généralisé : il se traduisait par une vive agitation, tout particulièrement à l'encontre des salines; et, en réalité, les salines dévoraient littéralement tous les bois à 10 lieues à la ronde. Comme il s'agissait d'une source de revenus très productive, qu'il importait d'alimenter à tout prix, non seulement leurs affectations avaient été constamment augmentées, mais encore de lourdes servitudes avaient été établies en leur faveur jusque sur les bois des gens de mainmorte et des communautés. Aussi, en 1789 les cahiers de doléances en grand nombre ne demandaient-ils rien moins que leur suppression complète.

en même temps qu'une forte réduction du nombre des autres usines.

Ces plaintes, avec les enquêtes qu'elles suscitaient ne devaient cesser de se renouveler pendant toute la première moitié du XIXe siècle, jusqu'au jour où la houille vint remplacer, partiellement d'abord, et bientôt complètement, le combustible végétal dans la consommation des usines.

Mais l'importance même qu'avait prise la question, la place qu'elle tient dans toutes les enquêtes et dans tous les débats sur l'économie générale de la région, dans les *Mémoires statistiques* des préfets comme partout ailleurs, montre le rôle prépondérant que la forêt jouait dans la vie industrielle du temps. Elle était pour le fonctionnement des usines un élément essentiel, puisque seule alors, elle leur fournissait le combustible nécessaire à leur alimentation.

Autres industries: Papeteries, scieries, filatures et tissages. — A la vérité, le rôle de la forêt s'était étendu plus loin encore. Par un enchaînement de causes non moins naturelles, la forêt avait ouvert la voie à toute une série d'industries qui n'utilisent pas la chaleur d'un foyer, mais qui ont besoin de force motrice.

Les gros travaux qu'exige le sciage des arbres abattus fatiguent aisément les bras les plus robustes, et d'autre part, ils se prêtent très bien au mécanisme qui allège l'ouvrier de ses efforts les plus pénibles. Spontanément le bûcheron vosgien devint inventeur de machines à scier qu'actionnait une roue mue par l'eau d'un des nombreux ruisseaux qui dévalent de la montagne. Les comptes du domaine qui ne commencent qu'au XVe siècle, nous montrent, les scieries dès lors en pleine activité, aussi bien dans les forêts feuillues que dans les forêts résineuses, et vraisemblablement leur origine remontait beaucoup plus haut.

Ces installations faisaient, elles aussi, l'objet d'acensements, qui moyennant une faible redevance, permettaient d'établir un canal de dérivation, et souvent, en retour d'une redevance plus forte, donnaient le droit de prendre les chablis dans la forêt. A l'acensement succéda, au XVIIe siècle, le système de l'amodiation et des affectations; le propriétaire, domaine, abbaye, seigneur ou simple particulier, affermait sa scierie, en y affectant un certain périmètre de ses forêts.

Une fois habitué à mettre en œuvre les matières et les forces de la forêt, l'habitant de la montagne cessa de se cantonner dans la fabrication ligneuse. Nous avons vu que de bonne heure il était devenu verrier. De bonne heure aussi il s'adonna à la fabrication du papier. Vers 1425, il y avait déjà un moulin à papier à Moyenmoutier, un autre fonctionnait à Docelles en 1450. Au XVIe siècle, la montagne ne comptait pas moins de 33 maîtres fabricants, ayant chacun leur filigrane. Ces maîtres et leurs ouvriers ont contribué à rendre commun dans les Vosges le nom patronymique de *papelier*.

Ce n'est pas tout encore, et si nous dépassons un instant l'époque de la Révolution, nous allons voir la forêt, avec l'abondance des eaux qu'elle tient en réserve et dont elle régularise le débit, renouveler la vie d'une autre grande industrie lorraine, l'industrie textile. Au XVIIIe siècle, à part quelques manufactures qui à Nancy, à Metz, et près de Longwy, à Pierrepont, Mercy-le-Bas, Cons-la-Grandville, réunissaient sous un même toit deux ou trois dizaines de métiers à bras, cette industrie n'existait encore que sous sa forme primitive, comme industrie familiale; on tissait et on filait un peu partout le chanvre, le lin, la laine, et même le coton, dans la Meuse, dans la Meurthe et surtout dans les Vosges.

Lorsque les inventions mécaniques se perfectionnèrent, et du tissage s'étendirent à la filature, — c'est-à-dire chez nous, dans les premières années du XIXe siècle, — lorsque surtout parut le métier continu qui, avec ses cylindres étireurs, demande une force considérable, l'idée devait naturellement s'imposer d'utiliser la force motrice des cours d'eau pour actionner le nouvel outillage, comme on l'utilisait déjà pour les moulins, les scieries, les papeteries, les forges. Mais il fallait pour cela des machines puissantes, or, on n'avait encore que des machines rudimentaires, qui ne captaient qu'une faible partie de la force hydraulique. C'était de simples roues verticales, les mêmes que celles des moulins; on ne pouvait les employer qu'avec des chutes d'eau de faible puissance, hautes de quatre ou cinq mètres au plus, et non sur les cascades où les rivières de la montagne précipitent leurs eaux torrentueuses. L'industrie naissante se cantonnait donc nécessairement, réduite à ces machines primitives, dans les régions basses du massif vosgien.

Elle ne dépassait pas des altitudes de 450 mètres. D'autre part, descendue au-dessous de 375 mètres, elle ne trouvait plus dans les rivières déjà ralenties et engagées sur le plateau, des forces suffisantes pour l'actionner.

Dans cette étroite zone de 75 mètres d'ascension, Rupt sur la Moselle, Docelles sur la Vologne, Vagney sur la Moselotte, marquaient les altitudes extrêmes de l'usine hydraulique. Mais à partir de 1845, grâce à la turbine qui la mit à même d'affronter le choc des plus fortes chutes d'eaux, et d'en discipliner la puissance (1), l'industrie vosgienne passa de la période primitive à celle du développement intensif; des extrémités du massif elle se répandit sur la montagne tout entière. De 1850 à 1870, les usines se multiplièrent, escaladant les vallées, se nichant dans les replis reculés, à des altitudes de 500, 600, 700 mètres. Elles envahirent les anciens villages et bourgs forestiers, Celles, Saint-Maurice, la Bresse, Gérardmer, Cornimont, faisant reculer devant elles, en attendant qu'elles les fissent disparaître, les petits ateliers de famille travaillant isolément, mais collectivement réunis sous un patron qui leur fournissait des matières premières. Ces matières maintenant venaient de loin, et le temps était depuis longtemps passé où les premiers métiers ne travaillaient que le chanvre et le lin récoltés dans les vallées de la montagne.

Toutefois, c'est en s'affranchissant de la tutelle bienfaisante mais étroite de la forêt, et du caprice de ses cours d'eau, c'est en quittant les hautes vallées que de chaque

---

(1) On sait au surplus que la turbine n'est pas seulement employée pour utiliser les grandes chutes d'eau; elle permet aussi d'employer des différences de niveau très faibles, avec de meilleurs résultats que la roue à palettes ou à aube.

côté des Vosges, l'industrie devait prendre tout son essor. En effet, à mesure que le machinisme se développait la force des chutes devenait insuffisante pour actionner un matériel de plus en plus puissant. Mais chez nous, en Lorraine, ce mouvement en sens contraire se manifesta beaucoup plus tardivement qu'en Alsace. C'est seulement à partir de 1860 que les filateurs vosgiens, entraînant avec eux les populations de la montagne, et utilisant les capitaux abondants que leur avait valu la conquête du massif, alors terminée, étendirent leurs entreprises et allèrent dans la plaine fonder des succursales ou des usines nouvelles, placées à proximité des voies de communication qui leur amenaient la houille et les matières premières. Un moment interrompu par le contre-coup de la guerre franco-allemande, ce mouvement reprit vigoureusement dès 1880, et il n'a cessé de se développer depuis lors. Désormais l'industrie textile vit en dehors de toute dépendance à l'égard des forces issues de la forêt comme des produits du sol vosgien, mais il n'en est pas moins vrai que c'est à la forêt qu'elle a dû son origine, et pendant longtemps son développement et sa prospérité.

Un mouvement analogue a déplacé et transformé l'industrie du fer que la forêt alimentait de son bois et qu'elle actionnait de ses chutes d'eau. Les forges de Rothau et de Mouterhouse ont disparu, celles de Framont, jadis célèbres, ne sont plus que de simples ateliers annexes de Mutzig, et c'est dans la plaine que se sont fondées les usines nouvelles : sous l'impulsion de constructeurs pour la plupart venus d'Alsace, Saint-Dié, Épinal, Remiremont, sont devenues d'importants centres de construction mécanique et de fabrications métalliques.

A côté de ces grandes industries, il en est bien d'autres, de moindre importance qui sont sorties de la forêt par l'intermédiaire de ces petits métiers et de ces fabrications domestiques dont nous avons parlé précédemment.

L'esprit ingénieux des habitants ne les a pas seulement incités à débiter mécaniquement le bois en planches et en madriers, mais encore à le transformer en une foule d'objets, cuveaux, écuelles, sabots, etc... qui d'abord destinés à leur usage personnel ne tardèrent pas à être livrés au commerce. Ailleurs et surtout dans la Voge, lorsqu'au XVIe siècle la forêt de Darney eut attiré, pour y être affinée les forges de Franche-Comté, le fer se répandit dans toutes les chaumières des environs, où on le transforma en clous, en fils de fer, en outils, etc... Ce fut pour ces cantons au sol pauvre et ruiné par les guerres la cause d'un relèvement et d'un développement inattendu.

Bien que toutes ces petites industries ne se prêtent pas également au travail intensif des machines, le machinisme a fait son œuvre ici comme ailleurs; il a de nos jours transformé et en partie déplacé et concentré les fabrications métalliques, et une partie des fabrications ligneuses, en diminuant d'autant le rôle jadis prépondérant de la forêt.

CHAPITRE IV

LA FORÊT ET LA FORMATION SOCIALE DES HABITANTS DE LA MONTAGNE

Ce n'est pas tout encore. La forêt n'a pas seulement présidé à la naissance ou aidé au développement de la plupart des fabrications qui font aujourd'hui la prospérité de la région lorraine : par un phénomène non moins remarquable, elle a encore, partout où elle domine, agi sur le caractère même des habitants, et éveillé chez eux l'initiative, mère de l'industrie.

Avec la contiguité des habitations, avec la jouissance d'avantages collectifs, avec les étroites traditions de la culture communautaire, enfin avec l'entraide mutuelle qu'elle impose et entretient, la communauté n'est rien moins qu'une école d'initiative (1), l'habitant s'accommode aisément de vivre de peu, en ne faisant que ce que fait son voisin. Voulût-il s'écarter de la routine, l'organisa-

(1) Cf. C. Hottenger, « L'Agriculture au lendemain de la Révolution ». *Mém. de l'Acad. de Stanislas*, 1924-1925, p. 20 et suivantes.

tion du groupement et sa constitution même le feraient bientôt rentrer dans le rang.

Il en va autrement dans la montagne. Là, chaque famille vît isolément dans sa grange, au milieu de son petit domaine, sans doute on tient au voisinage, mais le voisinage est distant, et on ne se rencontre guère que le dimanche, à l'église ou au cabaret (1). Puis il y a le rude travail de la forêt qui a développé les forces de l'habitant et l'a porté à l'effort, qui a non moins exercé son esprit en le poussant à l'invention des machines élémentaires et à l'utilisation de la force motrice. S'agit-il de ses champs, il en est le seul maître : il y plante ce qu'il veut et comme il veut, du moins dans les étroites limites que permet le climat; s'agit-il de ses prairies, il les nivelle, il y trace les rigoles qu'il ouvrira et fermera sans autre souci que les besoins de l'irrigation. Mais sa culture est forcément restreinte, et ses ressources alimentaires sont limitées, tandis que d'autre part il peut tirer de la forêt, directement ou indirectement, bien des produits que son ingéniosité multiplie et transforme, et qu'il sera avantageux d'échanger pour assurer sa subsistance ou développer son aisance. Il se trouve, en effet, que ces mêmes produits, ces mêmes objets, l'habitant de la plaine ne les a pas, ou ne les a qu'en petite quantité, alors que de son côté le montagnard ne peut tirer de son sol le blé et le vin dont il a besoin pour sa consommation.

De là ce courant d'échanges qui animait les rapports entre les hautes vallées vosgiennes et le plat pays, jusqu'au jour où l'établissement des chemins de fer vint, là comme en tant d'autres endroits, bouleverser les relations séculaires. De là ces villes ou bourgades commerçantes qui se sont formées à la limite des deux régions, Épinal, Saint-Dié, Remiremont, Bruyères, Lorquin, avec leurs rues et places à arcades, où le concours de la foule arrivée de la Plaine et de la montagne trouvait abri pour négocier ses échanges.

(1) « Leur isolement ne permettant pas entre eux de fréquentes communications, c'est pour eux une grande jouissance de se réunir les jours de fête, de marché ou de foire. » (D. 107).

Mais dira-t-on, tout ce commerce avec la réciprocité qu'il comporte était-il plus propre à la montagne qu'à la plaine? Ne mettait-il pas en rapport de part et d'autre le commun des habitants ? Non pas. L'habitant de la plaine ne se déplaçait pas aussi aisément; il était plus casanier, ou du moins plus absorbé par ses travaux, qui durent plus longtemps, et puis pour les vignerons surtout qui vendaient leur vin, la distance était plus grande. Aussi de ce côté les intermédiaires se multiplièrent-ils de bonne heure : c'étaient, en général, de véritables commerçants qui venaient apporter les produits de la plaine, tandis que du côté de la montagne c'étaient les habitants eux-mêmes qui se rendaient en foule sur le marché pour y vendre leurs diverses fabrications.

Or, le commerce ne peut guère se faire d'une manière suivie sans quelque comptabilité; il ne peut se poursuivre en dehors du marché sans quelque correspondance. En tout cas à ces petits chefs de métier qu'étaient tous ces gens travaillant à domicile l'instruction s'imposait bien plus qu'au simple paysan. Le calcul, l'écriture, la lecture, devenaient ainsi un minimum de savoir dont de bonne heure il reconnut la nécessité. Dès longtemps l'école a fait l'objet d'une dépense commune, sans excepter les plus dures années de la guerre de Trente ans. Avec des variations diverses, dues à autant de causes locales, son influence s'est fait largement sentir (1), et les cantons de la montagne vosgienne ont compté dès longtemps en France parmi ceux qui renferment la plus faible proportion d'illettrés.

Cette habitude ancienne de l'instruction populaire ne pouvait manquer d'ajouter d'heureuses ressources à

---

(1) Cf. Schwab *Documents relatifs à la vente des biens nationaux dans le district de Remiremont*, page LXXVII. « Les acheteurs ont tiré profit des leçons qu'ils ont reçues à l'école, et tous l'avaient fréquentée, car tous signent lisiblement, et pour la plupart, l'écriture semble celle de gens ayant l'habitude d'écrire. Sur 350 acquéreurs, un seul déclare ne pas savoir signer et signe d'une croix. » Même remarque pour le district d'Épinal (*op. cit.*, p. LXXXII). « Une remarque assez curieuse à faire, c'est le nombre infime des acheteurs ayant déclaré ne savoir écrire et ayant signé d'une croix. »

l'esprit d'invention et d'entreprise que développent les industries forestières. Ainsi se trouve complétée la série des influences naturelles qui toutes se rattachent originairement à la mise en œuvre qu'a faite des produits et des forces naturelles de la Montagne une race laborieuse de paysans, venus du plateau.

Vivant de produits importés du dehors, les représentants de cette race sont plus détachés des conditions locales, et bien autrement préparés à modifier leurs habitudes, à étendre leur manière de vivre que le paysan vivant dans le cadre resserré du village et invinciblement attaché aux moyens et aux modes d'existence imposés par la nature du sol et par ses productions. Aussi de la foule des petits ateliers familiaux de la montagne où se tissait la toile, où se façonnaient mille menus objets usuels de hêtre et de sapin, est sortie dans la seconde moitié du XIXe siècle une élite d'hommes d'initiative et d'hommes d'affaires prêts à saisir la chance et à réussir dans les entreprises de l'industrie machiniste.

A vrai dire, l'outillage nécessaire au travail du bois se prête beaucoup moins aux inventions machinistes que les autres industries pratiquées ultérieurement dans les vallées vosgiennes. C'est aux anciens tisserands à la main, moins dépendants de la forêt et plus entendus en affaires que le machinisme a suggéré les entreprises plus grandes ou plus variées qui ont développé les grandes industries vosgiennes.

Mais il convient de remarquer que l'initiative est restée le privilège d'une élite trop peu nombreuse pour se répandre au loin. C'est que, si certaines conditions l'ont développée, d'autres tendaient à la restreindre et à la modérer.

Avec la lenteur de sa croissance, avec le fractionnement de son territoire en coupes annuelles, qui se proportionnent inversement, comme étendue, au chiffre d'affaires de son plein rendement, la forêt interdit toute surproduction, elle arrête dans son essor vers la grande entreprise toute industrie dont elle fournit la matière première; elle n'est pas comme la mine de houille, cette gigantesque assimilation de forêts fossilisées, un inépuisable réservoir où de hardis lanceurs d'affaires peuvent aller toujours avant, puiser toujours davantage, sans l'amoindrir sensiblement. S'agit-il des cultures industrielles du sol, le lin, le chanvre, elles sont encore plus limitées par les conditions naturelles, par l'exiguité de leur domaine en pays de montagne, et la fabrication qu'elles alimentent ne se développera que du jour où l'importation exotique du coton viendra la féconder.

L'origine même des habitants est une cause modératrice de leur initiative. Sortis des communautés de la Plaine, ils en ont conservé dans une large mesure le caractère et les mœurs. Ils s'accommodent d'une vie simple, frugale, qui ne les pousse nullement à étendre indéfiniment leurs ressources. Sans doute, leur personnalité est plus marquée : « habitués à vivre dans des habitations isolées, ils ont les mœurs un peu rudes; accoutumés à une grande liberté, ils sont fiers et susceptibles » (D. 107). Mais ils n'en subissent pas moins l'influence de leur voisinage immédiat qui, sans avoir aucune organisation analogue à celle de la Plaine, forme cependant une sorte de communauté dont l'influence est impérative et respectée. Il en résulte que si le Montagnard est porté à l'invention, il ne s'engoue pas des innovations, il ne va pas de l'avant sous sa seule impulsion personnelle et sans circonspection; et si son esprit d'entreprise l'engage dans des travaux industriels, il y déploiera un curieux mélange de timidité qui observe et essaie et d'initiative qui agit. Il aura plus de prudence que de hardiesse.

Aussi n'a-t-il pu s'émanciper de la forêt et redescendre dans la Plaine pour y développer ses entreprises que grâce au concours d'une élite voisine, plus ancienne, plus puissante et plus agissante, celle de l'industrie alsacienne.

CHAPITRE V

LES FORÊTS A LA VEILLE DE LA RÉVOLUTION

Peut-être en essayant de retracer le rôle que la forêt a joué dans la formation et le développement de la vie lorraine, nous sommes-nous laissé entraîner bien loin de notre sujet final. Il est temps d'y arriver.

Encore, conviendrait-il avant d'exposer la situation que présentent les *Mémoires statistiques*, de rappeler ce qu'elle était peu auparavant, à la veille même de la Révolution.

La forêt avait bien changé depuis l'origine. Ce n'était plus cette propriété sans grande valeur où chacun venait puiser à volonté, ou du moins sans mesure déterminée, sans nul souci de préserver la végétation. C'était maintenant un domaine bien délimité et soumis à une exploitation régulière. Sans doute, la forêt avait reculé devant le progrès de la culture, mais elle était retranchée sur la superficie que lui a réservée la nature. Sans doute, elle était grevée de nombreux usages, mais ces usages étaient strictement limités. Sans doute, enfin, l'administration qui la gérait avait ses défauts, d'aucuns disent ses défaillances, mais déjà elle comptait dans ses rangs d'habiles praticiens, qui défendaient ses richesses contre les errements d'une exploitation abusive et épuisante, et autant qu'ils le pouvaient, la géraient en vue d'une production intensive.

Et pourtant, la question des forêts était du nombre de celles qui agitaient alors les esprits, en Lorraine plus encore que dans le reste du royaume. On se plaignait de plus en plus vivement du renchérissement des bois et du « dépérissement des forêts ». En 1789, il n'est guère de cahiers de doléances qui n'aient demandé la réforme de l'administration et la réduction de la consommation faite par les usines, double objet des griefs qui depuis un quart de siècle excitaient l'opinion.

Depuis 1747, l'administration ducale, avec l'ancien système des grueries, avait fait place à une administration semblable à celle du royaume. Les forêts lorraines étaient réparties en quinze maîtrises, dont chacune était administrée par un maître particulier, assisté d'un lieutenant, d'un garde-marteau, d'arpenteurs, avec un personnel inférieur constitué par les gardes chargés de la surveillance. Puis, comme ces officiers formaient des tribunaux chargés de la répression des délits, chaque siège était complété par un procureur du roi, un greffier et des huissiers : autant de charges vénales dont les titulaires joignaient à des émoluments fixes, les profits d'un casuel variant suivant l'importance des exploitations (3 livres 10 sous par arpent d'affouage, 2 sous par livre du prix des ventes et adjudications, 1 sou pour chaque pied d'arbre vendu ou livré, des vacations pour opérations extraordinaires), en sorte que plus les ventes et les délivrances se multipliaient, plus le casuel augmentait. Un tel système exposait les bénéficiaires à se voir accuser de pousser à l'exploitation des forêts plutôt qu'à leur conservation. L'accusation de vénalité qui poursuivait l'administration des forêts était générale et bien ancienne, mais en réalité fort exagérée. On l'accusait encore d'être à tout le moins trop nombreuse et fort dispendieuse, paperassière et tracassière : aussi beaucoup de cahiers des doléances réclamaient-ils sa suppression, ou du moins une réorganisation complète, qui notamment transférerait ses attributions judiciaires aux tribunaux de droit commun. Et pourtant il apparaît bien que si le système avait ses points faibles, si son fonctionnement faisait retomber sur les populations toutes les charges de l'administration, il n'était pas aussi préjudiciable aux forêts que le laisseraient croire les plaintes dont il était l'objet. La vénalité des offices elle-même avait formé « des dynasties de magistrats, de comptables, de forestiers, dans lesquelles l'amour du métier et l'esprit de corps étaient portés à un haut degré, tandis que l'obligation de fournir des preuves de capacité servait à écarter les indignes (1) ».

C'était aux pratiques abusives de l'administration des maîtrises qu'on attribuait en partie l'état d'épuisement auquel étaient arrivées les forêts du pays, alors qu'en réalité elle s'était appliquée à établir des aménagements judicieux et prudents. Le mal était réel, mais ses causes étaient autres. C'était la pénurie du Trésor et les ordres du Gouvernement central qui avaient fait multiplier, depuis cinquante ans, les coupes extraordinaires et provoqué ainsi d'irréparables désastres. Mais surtout au cours du XVIIIe

(1) Ch. Guyot, *op. cit.*, page 278.

siècle les usines s'étaient multipliées. Les forges, les faïenceries, les verreries exigeaient des approvisionnements considérables. Vers 1785, les salines à elles seules dévoraient 60.000 cordes sur les 260.000 qu'exigeaient chaque année les fourneaux des usines. A la même époque, de Diétrich, « commissaire à la visite des usines, bouches à feu et forêts de France » évaluait à 560.000 cordes la consommation de toute la Lorraine.

La quantité demandée comme matière première par les fabrications ligneuses étant trop peu importante pour entrer en ligne de compte : tout le surplus, soit 300.000 cordes était destiné au chauffage domestique, et il était facile à tous ceux qui avaient quelque accointance avec l'administration de répondre aux ennemis des salines et des usines que la multiplication des foyers dans les habitations, et l'accroissement de consommation qui en était la conséquence, étaient plus rapides encore que l'augmentation des usines.

Quoi qu'il en soit, le prix des bois ne cessait de s'élever. En dix ans, de 1773 à 1783, ils avaient doublé, et Diétrich constatait que les forêts ne suffisaient plus aux exigeances de la consommation. « Les bouches à feu, écrivait-il, se sont multipliées en Lorraine à un point infini. Elles y absorbent le produit de plus de 500.000 arpents de bois. Les futaies maintenant détruites ne leur offrent plus comme autrefois de grandes ressources. A l'origine, ces établissements se trouvaient proportionnés à l'établissement des futaies. Aujourd'hui qu'ils ne trouvent plus la moitié de leur aliment dans les taillis, ils sont forcés de s'étendre, et dévastent des cantons que l'administration jugeait hors de leur atteinte, lorsqu'elle leur permit de se former. » Il y avait bien d'autres causes qui se conjuraient pour menacer les forêts dans leur existence même. C'était encore, suivant le même auteur : « les défrichements engagés par le Conseil, la coupe des quarts en réserve accordée avant le temps aux gens de mainmorte, les ventes que faisaient les particuliers pressés de jouir de leur taillis encore en bas âge, l'intérêt qu'avaient les maîtrises de favoriser les gens de mainmorte, et par suite de la multiplication « infinie » des coupes, l'extension de la dépaiscence qui abroutissait une grande quantité de recrute, enfin avec l'accroissement de la population et « du luxe », l'incessante augmentation des foyers domestiques.

On s'explique les alarmes dont l'abbé de Dombasle se faisait l'interprète lorsque, prenant la parole à l'Assemblée provinciale de Lorraine en 1787, il s'écriait : « La Lorraine était autrefois renommée pour ses grandes et belles forêts. Le bois était si commun qu'il n'avait aucun prix... » Mais « les défrichements se sont succédé avec rapidité; les forêts mal peuplées ne contiennent plus ces arbres antiques qui faisaient leur richesse et leur beauté. Depuis trente ans le prix des bois est doublé, depuis quelques années surtout cette progression est incessante, et on ne peut prévoir quel terme elle aura. »

CHAPITRE VI

LES FORÊTS AU LENDEMAIN DE LA RÉVOLUTION

La Révolution opéra de profonds changements dans la répartition de la propriété forestière, en faisant disparaître la propriété seigneuriale et la propriété ecclésiastique. Cette dernière était fort répandue en Lorraine. Durival lui assignait pour les seules forêts, une étendue de 230.000 arpents d'ordonnance, soit 117.500 hectares (nous donnons ce chiffre, comme tous les autres, pour ce qu'il vaut), auxquels s'ajoutaient les forêts possédées également pour le clergé dans les Trois-Évêchés.

Le domaine de la couronne devint domaine national et s'augmenta bientôt des biens du clergé, des hospices, des collèges et des émigrés. Il est vrai que les forêts des émigrés n'y furent réunies que temporairement et retournèrent par la suite à leurs anciens propriétaires. Elles avaient été protégées par le principe de l'inaliénabilité, posé dès 1789 pour les forêts du domaine de la couronne, et renouvelé par le décret des 6-23 août 1790 et la loi du 2 nivôse an IV, qui exceptaient de la vente des domaines nationaux les grandes masses de forêts. Seuls pouvaient être vendus les bois de moins de 150 hectares, éloignés de plus d'un kilomètre des autres forêts.

C'est sur ces bois seulement que portèrent les défrichements dont parlent les préfets, et qui en réalité ne durent pas entraîner une bien grande diminution de la superficie boisée.

De plus, les décrets des 22 novembre et 1er décembre 1790 déclarèrent révocables toutes les concessions et distractions de biens de l'ancien domaine royal postérieures à 1566, or les forêts « engagées » étaient nombreuses en Lorraine. Ces engagements furent même déclarés définitivement révoqués par la loi du 10 frimaire an VII.

Par la loi du 14 septembre 1792, les communes furent admises à revendiquer les biens et les droits d'usage quelconques dont elles avaient pu être dépuillées par les ci-devant seigneurs, à moins qu'un titre authentique n'en constatât l'aliénation légitime. Elles conservèrent d'autre part les bois qu'elles possédaient auparavant, ceux-ci ayant été expressément exceptés du partage des biens communaux ordonné par la loi du 10 juin 1793.

Les revendications de droits d'usage s'étendaient aussi aux anciennes forêts de la couronne devenues forêts nationales. Elles furent soumises à l'arbitrage par le décret de 1793. Cette juridiction arbitrale devint la source d'énormes abus : trop souvent et trop facilement elle attribua aux communes des droits excessifs dans les forêts nationales, et notamment dans celles provenant du clergé ou des émigrés. L'extension des droits d'usage, la suppression des redevances féodales, la disparition des titres, amenèrent en bien des cas à leur profit une confusion complète entre la jouissance et la propriété. Il y eut un grand nombre de sentences mal fondées, iniques : dans la tourmente qui amenait le bouleversement général de la propriété, chacun cherchait sa part. A peine soulagés des charges féodales, les habitants des communes arguaient des prétextes les plus futiles, de la moindre apparence de légalité, pour reprendre à la nation une portion des biens de leurs anciens seigneurs, et entre leurs mains les forêts domaniales furent traitées sans ménagement.

D'une façon générale la commune est incapable d'avoir la prévoyance qu'exige la conservation des forêts. Abandonnés à eux-mêmes, les habitants tirent d'elles le plus possible, au risque de la détruire ! Sous la Révolution ils ne s'en firent pas faute. Les préfets nous représentent les bois communaux comme très mal gardés, exposés au maraudage, abîmés par les délits à la hache et par l'abroutissement (M. 22; C. 125, D. 40). Ils demandent que la surveillance et la gestion en soient confiées à l'administration forestière. Un arrêté des Consuls, du 19 ventôse an X allait leur donner d'ailleurs prompte satisfaction.

Quant aux bois particuliers, ils réclament l'interdiction de les défricher sans autorisation. Marquis va même jusqu'à demander qu'ils soient « soumis aux règlements généraux et administrés par des conservateurs ». Il serait digne de la sagesse du Gouvernement, ajoute-t-il, d'examiner jusqu'à quel point le droit de propriété se concilie avec cet ordre de ch-ses. (M. 22). Au surplus, il ne semble pas qu'en raison de l'inaliénabilité prescrite par les lois révolutionnaires, la propriété particulière aît pu beaucoup s'étendre alors sur les forêts.

En Lorraine comme ailleurs, elle s'accrut par la suite, avec les aliénations que l'État fit de ses forêts, de 1814 à 1870, pour se procurer des ressources, mais non pas en proportion de ces aliénations, car, pour vendre plus cher, l'État accorda presque partout aux acquéreurs la faculté de défricher.

Il serait assurément très intéressant de suivre dans notre région les variations successives de la propriété forestière, en la prenant à la veille de la Révolution, puis au lendemain, et de comparer l'étendue des forêts domaniales, communales et particulières, avec la surface qu'elles occupent aujourd'hui.

Mais une telle statistique serait bien difficile, surtout pour l'époque antérieure à la Révolution; les données qu'elle fournirait et les comparaisons qu'elle appellerait ne mériteraient qu'une confiance bien limitée.

Avant la Révolution, la région était divisée entre la province de Lorraine et celle des Trois-Évêchés, dont les limites ne correspondaient nullement avec celles de nos quatre départements. En 1800, l'application du système métrique était encore à ses débuts; les contenances prises sur les plans en usage à cette époque, dont beaucoup levés sans précision et fort anciens, étaient obtenues, par la transformation des anciens arpents en hectares. Quoi qu'il en soit, Diétrich après Durival attribue dans l'ensemble de la Lorraine et du Barrois, 640.000 arpents (326.900 hectares) au domaine ducal, 230.000 au clergé (117.500 hectares) et 700.000 (357.500 hectares) aux villes, aux seigneurs et aux communautés. Voici d'autre part, rapprochés des chiffres actuels, les chiffres qu'on peut établir pour l'an IX, les uns d'après les Mémoires statistiques, les autres d'après les documents contemporains.

	Meurthe	Moselle	Meuse	Vosges
Forêts domaniales . . .	95.045	68.030	39.837	75.767
Forêts communales . .	65.708	50.513	65.796	100.622
Forêts particulières . .	68.100	32.821	10.639	33.585
An IX : (1).	228.853	151.364	116.272	209.974
1910 :	136.924	160.498	184.944	216.640

Apparemment, les chiffres de l'an IX ne peuvent être donnés qu'à titre de pure curiosité. D'après ceux qui furent postérieurement établis, le total pour la Meuse est bien trop faible, et celui de la Meurthe bien trop fort. Une statistique de 1806 ramena celui-ci plus justement à 190.964 hectares.

Entre 1789 et l'an IX, la situation aurait à peine varié, et pourtant Marquis, qui nous donne des chiffres identiques pour ces deux dates (M. 185) n'est pas le moins ardent à se plaindre des défrichements qui l'auraient modifiée au détriment de la forêt. La diminution aurait été à peine d'un pour cent, si on accepte les chiffres donnés par Desgouttes pour les Vosges : 211.199 et 209.974 hectares. On l'évaluait communément de deux à trois pour cent, ce qui nous paraît mieux en rapport avec la réalité.

(1) Le total pour l'an IX est celui de l'ancien département de la Meurthe, tandis que la superficie indiquée pour 1910 se rapporte, bien entendu, à l'actuel département de Meurthe-et-Moselle : il n'y a donc aucun rapprochement à faire entre ces deux chiffres.

Mais si la Révolution n'avait pas été pour les forêts lorraines comme pour d'autres une période de dévastation générale et de destruction, elles n'en avaient pas moins subi dans leur richesse même le contre-coup des événements, et même au dire des préfets, des causes multiples qu'avaient aggravées les circonstances les menaçaient d'une ruine prochaine (D. 39 M. 21).

L'ancienne administration avec ses charges vénales, avait été supprimée par la loi du 15 octobre 1791, et celle qui la remplaçait ne s'organisait que lentement et incomplètement au milieu des troubles de la Révolution. L'arrêté du 6 pluviôse an IX venait seulement de lui donner sa forme définitive. La surveillance s'était relâchée, elle s'était même parfois effacée devant le flot populaire; entraînés par la licence du temps, et voulant se dédommager de la contrainte qu'ils avaient trop longtemps subie, les habitants pillaient sans scrupule les bois du voisinage. C'est surtout les bois dépendant des propriétés nobles ou écclésiastiques, devenus bien nationaux, qui avaient souffert, et dans une mesure moindre, les bois communaux. Les forêts domaniales, on disait alors forêts nationales, avaient été plus respectées (M. 21). En l'an IX encore les délits forestiers étaient toujours nombreux; en Moselle on n'en comptait pas moins de 1730, dont 901 pour le seul arrondissement de Sarreguemines, avec les nombreux maraudeurs de la forêt de Bitche (C. 96). Si les massifs avaient résisté, bien des bois épars avaient disparu, anéantis par la cupidité des acquéreurs qui les défrichaient et revendaient ensuite les fonds (1). Ceux-ci trouvaient avantage à cultiver ces sols neufs : une ou deux récoltes de navette ou de colza suffisaient à les faire rentrer amplement dans leur prix, mais aussi à épuiser la richesse de la terre. « Presque toutes ces terres, dit Colchen, descen-

(1) Néanmoins il ne faudrait pas croire que toutes les forêts pour lesquelles avait été donnée la faculté de défricher l'aient été effectivement. Beaucoup de propriétaires, en obtenant cette faculté, pensaient assurer ainsi à leurs forêts une plus-value considérable, pour le cas où ils viendraient à les revendre. Maintenant encore, lorsqu'une forêt est mise en vente, on a soin de faire connaître que le défrichement peut être fait sans opposition de l'administration.

dront au rang des médiocres, et même des mauvaises » (C. 22). Tel est le cas, on le sait, de bien des défrichements : ils enrichissent l'acquéreur, mais ils ruinent irrémédiablement l'avenir du fonds. Dans les Vosges les habitants, nous l'avons vu, tiraient profit des branchages et de l'écorce de sapins ou des bruyères des Vosges en les réduisant en salins. Mais au cours de la Révolution, toutes les précautions avaient été négligées; les feux allumés pour cette opération avaient causé de multiples incendies, qui avaient éclairci pour longtemps de vastes cantons (D. 45), car, remarque Colchen, « si les dégâts se font en quelques jours, il faut parfois des siècles pour les réparer ». (C. 25).

Aux dévastations imputables aux habitants s'étaient jointes celles qu'entraînaient la guerre, les exploitations extraordinaires pour la fabrication des poudres et salpêtres, pour les forges qui fournissaient les arsenaux, enfin, dans la Moselle et dans la Meuse, les dégâts causés par les armées, amies ou ennemies.

La vaine pâture. — Si ces dommages n'étaient que des dommages occasionnels qui bientôt allaient cesser avec les causes qui les avaient fait naître, il en était d'autres plus dangereux parce qu'ils se produisaient alors constamment et partout.

C'était surtout la vaine pâture en forêt : tous les préfets s'élèvent contre les excès auxquels cet usage donnait lieu. Sans doute depuis 1707, la vaine pâture n'était plus permise que dans les taillis *défensables*, là où les arbres avaient une croissance suffisante pour se défendre contre la dent du bétail. Mais depuis la Révolution, les habitants s'étaient remis à conduire leur bétail en tout temps, dans toute l'étendue des forêts, et c'est à grand'peine qu'on s'efforçait de les ramener à l'ancienne réglementation. « Il faudrait, dit Marquis, une armée de gardes pour prévenir l'abroutissement et pour constater les délits de ce genre. » (M. 22). On ne voyait d'autre solution que la suppression pure et simple de cet usage, et dès sa première cession le Conseil général de la Meurthe la réclamait avec insistance.

Les droits d'usage. — Dans les Vosges, les droits d'usage pour les bois de chauffage et de construction étaient devenus beaucoup trop lourds pour les ressources des forêts depuis qu'au cours du XVIIIe siècle la popualtion s'était considérablement augmentée. On estimait qu'ils s'étendaient à peu près aux trois quarts de la superficie et portaient sur un quart du rendement. Si leur suppression complète n'était pas possible en raison du grand préjudice qu'elle eût causé aux habitants, du moins leur réduction par le procédé du cantonnement s'imposait. « Cette mesure, disait Desgouttes, est une des plus urgents à adopter. Sans elle, toutes les autres resteraient à peu près sans effet. »

La consommation des usines. — Enfin on retrouve dans les Mémoires le grand grief qui, dans la seconde moitié du XVIIIe siècle, avait soulevé les esprits contre l'industrie du temps : c'est l'excessive consommation que faisaient les bouches à feu, les usines qui s'alimentaient au bois. « Leur nombre, dit Colchen, a doublé depuis cent ans, et la reproduction des bois ne peut être assez rapide pour subvenir à leurs besoins. Celles qui n'ont pas d'affectations se pourvoient au hasard et ont ainsi essarté et fait disparaître plusieurs masses de forêts ou causé l'épuisement de beaucoup d'autres. » (C. 21). L'exploitation faite par les usines était d'autant plus forte qu'au cours des années difficiles qu'elles traversaient, certaines de ces entreprises s'étaient créé une source nouvelle de profit en faisant commerce de bois, en vendant les bois que des prescriptions anciennes et jusqu'alors rigoureusement observées réservaient à leur seule consommation. Le prix des bois avait encore augmenté depuis la Révolution : cette cherté croissante d'un produit de consommation courante et universelle était, d'après Marquis, la cause première des déprédations qui, en se renouvelant de plus en plus, allaient jusqu'à menacer l'existence des forêts.

Dans les Vosges, c'est aux scieries qu'on s'en prenait, à celles surtout qui, faute d'affectations pour les alimenter, ne pouvaient assurer leur travail qu'en surexcitant la concurrence entre les amateurs de coupes, en forçant les prix, sinon même en recourant aux « bois de délit ». Sans doute les unes et les autres procuraient à bien des habitants de la Montagne un travail utile, sinon nécessaire à leur subsistance, et elles entretenaient une branche de commerce qui s'étendait à l'étranger, mais on s'alarmait des dangers d'une exploitation trop intensive. Aussi de 1790 à l'an IX, l'administration était-elle arrivée à réduire leur nombre de 147 à 126 dans ce département (D. 52-57).

C'est une semblable mesure qu'on réclamait vis-à-vis des autres exploitations industrielles; on ne voyait d'autre ressource que de limiter le développement même de l'industrie, en renouvelant de la façon la plus rigoureuse les dispositions de l'arrêt du Conseil du 9 août 1723, qui soumettait à l'autorisation du pouvoir l'établissement de toute usine s'alimentant au bois, ainsi que toute modification ou addition qui pourrait influer sur sa consommation. C'est le vœu que fit dès l'an VIII le Conseil général de la Meurthe, à peine établi, et qu'il renouvela plusieurs fois par la suite.

On réclamait encore bien d'autres mesures, plus nécessaires ou plus utiles les unes que les autres, pour assurer la préservation des forêts, leur restauration ou leur amélioration. C'était d'abord la revision et l'unification des aménagements, qui étaient alors extrêmement variables, sans être pourtant adaptés aux ressources variées du sol. La révolution était en général beaucoup trop courte : de vingt à vingt-cinq ans pour les forêts provenant du clergé, de vingt-cinq à trente ans pour celles des émigrés et pour les quarts en réserve des communes, enfin de trente, trente-cinq et quarante ans pour les forêts de l'ancien domaine ducal (M. 20). Dans le reste des bois communaux aménagés, elle variait de dix à vingt ans. Les hautes futaies, de cent à deux cents ans étaient devenues très rares depuis la Révolution. La Meuse, pour laquelle seule les Mémoires nous renseignent à ce sujet, n'en aurait plus eu que 157 h. 51 sur 116.000. Celles de la forêt de Bitshe avaient disparu déjà à partir de 1787 (C. 20). Le vaste massif de la forêt de Dabo, séquestré sur le Comté de Linauge, n'était soumis à aucun ordre régulier d'exploitation (M. 21).

Parmi les mesures réclamées par les Mémoires, figuraient également la revision des abornements, en raison des anticipations dont avaient souffert les forêts domaniales; le repeuplement des forêts, dans les cantons ou éclarcis brûlés, au moyen de recépages, de semis et de plantations (D. 50); la suppression des scieries non autorisées; une surveillance rigoureuse sur les entreprises qui bénéficiaient encore d'affectations, de façon à les réduire aux seuls bois strictement nécessaires à leur consommation; enfin la réforme de l'administration forestière à réaliser notamment en lui assurant un meilleur recrutement, surtout pour le personnel subalterne. « Les places de garde, dit le préfet des Vosges, ne sont plus recherchées que par ceux qui veulent en tirer profit, soit par des pactisations avec les délinquants, soit par le produit des bois qu'ils se permettent de vendre. Ainsi loin d'être conservateurs des forêts, ils en deviennent le fléau. » (D. 47) (1). Il n'en allait guère mieux du personnel supérieur : trop souvent, depuis le début de la Révolution, on donnait les places de conservateurs à de vieux militaires, dont l'instruction forestière était nulle, et il en devait être encore ainsi pendant tout le premier Empire (2). Le reproche de vénalité, de complaisances intéressées à l'égard des usagers et des adjudicataires, ne fut au cours de cette période que trop souvent justifié, et ce fut pour y remédier, pour préparer un personnel, non seulement instruit, mais intègre, que fut établi en 1825 le recrutement par l'École forestière de Nancy.

Quoi qu'il en soit, tous ces vœux devaient être un jour

(1) Comment en aurait-il été autrement! L'entretien des 219 gardes de la Meuse en l'an IX ne coûtait à l'État que 51.230 francs, soit moins de 235 francs pour chacun d'eux, et aucune retraite ne leur était encore assurée. Quant aux agents, ils avaient continué jusqu'à la réorganisation définitive de l'an IX à être rétribués principalement par les francs-vins, c'est-à-dire par les prélèvements proportionnels sur les sommes perçues pour l'exploitation ou par pied d'arbre, et Desgouttes se plaint encore vivement de ce mode de rétribution (D. 46).

(2) Ajoutons qu'aujourd'hui on voit les mêmes errements produire des effets analogues, de moins pour le personnel de surveillance : les postes de garde sont réservés, à peu près exclusivement, à d'anciens militaires de la Grande Guerre, et ce recrutement aboutit à créer un corps de fonctionnaires très inférieurs, à tous égards, à celui d'autrefois.

exaucés, toutes ces réformes allaient être poursuivies et menées à bonne fin. Ce fut l'œuvre de notre administration forestière au cours du XIXe siècle, tout d'abord de rétablir la situation, de ramener l'ordre dans l'assiette, la marche et la surveillance des exploitations, puis d'ouvrir des réseaux de viabilité donnant partout un accès facile, d'éteindre les droits d'usage par rachat ou cantonnement, avec défense d'en concéder à l'avenir sous aucun prétexte, enfin et surtout de protéger la forêt, de la développer et de l'enrichir, en appliquant à son aménagement et à son exploitation des règles méthodiques et des procédés scientifiques.

L'évolution du régime forestier est aujourd'hui accomplie, beaucoup plus complètement que celle de la propriété rurale dans notre région. Tandis que celle-ci, faute d'avoir été remembrée, s'attarde encore généralement dans les errements de l'assolement triennal et de la culture communautaire, la forêt, qu'elle soit domaniale, communale ou particulière, est aujourd'hui libérée presque partout des servitudes et des charges qui pesaient sur elle. Elle est aménagée en vue d'une exploitation intensive et purement commerciale : toute sa production tend de plus en plus à se résumer dans les seules adjudications de coupes de bois livrées au commerce.

Le commerce des bois. — C'est depuis deux siècles, depuis le jour où le commerce des bois a fait son apparition, que la destination de la forêt a commencé à changer, et que son rôle s'est transformé.

A vrai dire, en l'an IX encore, le commerce ne portait que sur une faible partie de la production ligneuse. Le bois de chauffage, bien que la houille commençât à lui faire concurrence à Metz et dans la Moselle (M. 22), l'emportait de beaucoup (55 % de la production) sur les autres usages (usines 20 % : fabrication 10 %, charpente 10 %; menuiserie 3 %, instruments aratoires et charronnage 2 %), et il était généralement consommé sur place ou livré directement au consommateur. Seules ou presque seules les planches et les bois de construction faisaient l'objet du trafic.

Comme bien d'autres, ce trafic avait langui sous la Révolution, il était même à certains moments tombé à rien. Un instant, en l'an V, il s'était réveillé avec l'espoir du rétablissement de l'ordre, pour retomber bientôt après. Mais on était maintenant au lendemain du 18 brumaire : la confiance avait reparu, ranimant aussitôt le mouvement des affaires et l'activité de la construction, activité d'autant plus grande que pendant dix années les besoins s'étaient accumulés. Saulnier cite comme un chiffre remarquable celui de 500.000 planches expédiées sur Paris au cours de l'an VIII.

Le transport par charrois eût été prohibitif; aussi le commerce ne se faisait que par flottage et il s'étendait dans toutes les directions (1). Vers Paris, c'était Bar-le-Duc qui servait d'entrepôt aux planches, qu'on réunissait en *brelles*, et qu'on envoyait ainsi à peu de frais à destination par le cours de l'Ornain, de la Marne et enfin de la Seine. Ces brelles fournissaient également un moyen de transport économique pour les fers du département (S. 16).

Les bois de marnage (bois de service) venant des Vosges étaient entreposés également à Verdun, d'où on les expédiait dans la Marne, dans les Ardennes, et plus loin, vers le pays de Liége (S. 44).

Dans la Meurthe par les ruisseaux du Mad et de l'Ache descendaient annuellement du plateau de Haye vers la Moselle 35.000 stères, qui servaient à l'approvisionnement de Metz en bois de chauffage. De même, sur le versant oriental des Vosges, dans le canton de Schirmeck, on abandonnait aux eaux de la Bruche jusqu'à Carrière (Bas-Rhin) les bois qui approvisionnaient Strasbourg (D. 18).

Raon l'Étape était déjà un centre considérable pour le commerce des planches, qui lui arrivaient par petites flottes sur le ruisseau de la Plaine (D. 17).

A Monthureux, c'était des *merrains* (mariens, marins, bois de service) qu'on abandonnait au cours de la

---

(1) Le flottage a duré en Lorraine pendant presque tout le XIXe siècle Nous l'avons vu disparaître vers 1890. Sur le flottage, voir MOREAU, *Histoire du flottage* (1843).

Saône : réunis en trains ou « coupons » à Jonville (Haute-Saône) ils descendaient jusqu'à Lyon (D. 16) (1).

Au nord par la Meuse et le Rhin, le commerce s'étendait plus loin encore, jusqu'en Hollande (C. 20). Les Hollandais étaient de gros acheteurs : on leur reprochait même d'avoir, au cours de la Révolution, profité de la défaillance de l'administration et des exploitations inconsidérées qui en résultaient pour dépouiller le pays des superbes futaies qui le couvraient (C. 20 et D. 57). A vrai dire cet abus, qui affectait surtout la forêt de Bitche, était beaucoup plus ancien : il y avait longtemps qu'on reprochait aux Hollandais de tirer trop librement de Lorraine des bois de construction (2).

Le commerce des bois ne devait pas cesser de se développer au cours du XIXe siècle, non sans vicissitudes. La disparition des usines au bois modifia profondément l'exploitation forestière, tandis que l'outillage mécanique appliqué au façonnage du bois d'œuvre et de menuiserie fit naître des besoins qui contribuèrent à la développer largement.

Le rôle purement économique et industriel de la forêt va donc grandissant. Mais son rôle social, le rôle qu'elle exerçait par l'abondance de ses subventions naturelles va diminuant et tend à disparaître. Cette évolution fatale n'est pas nécessairement un progrès, ou du moins ce progrès n'est pas sans inconvénient. Sans doute on a prétendu compenser la suppression des usages au bois par l'attribution de cantons de forêts qui viennent augmenter l'étendue des forêts communales et les ressources de l'affouage, mais le droit à l'affouage dépend du bon plaisir des municipalités, qui ne se font pas faute de le supprimer, en tout ou en partie, en vendant les produits forestiers au profit de la caisse communale ou en établissant des taxes à peu près équivalentes à la valeur des lots affouagers.

---

(1) Cf. P. Boyé, *Les eaux et forêts en Lorraine au* XVIIIe *siècle*, p. 25 et 36.

(2) Cf. P. Boyé, *La Lorraine industrielle et commerçante sous le règne nominal de Stanislas.*

Le bénéfice de l'affouage devient ainsi de plus en plus minime. Sans doute aussi la richesse de la forêt a augmenté, mais la forêt elle-même a cessé d'être la richesse du pauvre, et le lien qui partout en Lorraine l'attachait au sol. Peut-être faut-il voir là une cause, entre bien d'autres, de la dépopulation de nos campagnes : l'arbre ne maintient pas seulement les terres par ses racines, il n'entretient pas seulement la végétation, il retient aussi l'habitant. C'est là une vérité essentielle et de haute portée sociale, qu'on a trop souvent peut-être méconnue pour des vues trop étroitement utilitaires, et qu'il importe de ne pas oublier.

SUR
DEUX FRESQUES DE GIOTTO
A ASSISE

Par M. le D[r] Ed. IMBEAUX

ANCIEN MEMBRE TITULAIRE

La vie merveilleuse de saint François d'Assise a inspiré, peu de temps après, un grand poète, Dante Alighieri, et un grand peintre, Giotto. Ce dernier s'est nettement laissé guider par le Dante au moins pour deux des fresques dont il a décoré l'église inférieure et l'église supérieure d'Assise : le Mariage de François avec la Pauvreté, et les Stigmates.

L'idée du mariage mystique n'est pas précisément du Dante, car il l'a trouvée dans un opuscule franciscain du XIIIe siècle, écrit en latin, et intitulé : *Sacrum commercium beati Francisci cum domina Paupertate.* Mais le Dante a développé cette pensée en des vers immortels, dont je donne ci-après une pâle traduction :

« A Assise, qu'il faudrait appeler Orient, cet astre n'était pas encore très loin de son lever quand il commença à faire sentir à la terre quelques bienfaits de sa grande vertu. C'est pour l'amour de cette femme — à qui, comme à la Mort, nul n'ouvre la porte avec plaisir — qu'il résista à son père : devant sa cour spirituelle, *et coram patri*, il s'unit à elle, et, de jour en jour, l'aima plus vivement. Elle, veuve depuis onze cents ans et plus de son premier mari, délaissée, obscure et méprisée de tous, avait attendu cet homme : il ne lui avait servi de rien d'avoir été trouvée sans peur chez Amyclas par celui qui faisait trembler le monde au son de sa voix (1), ni d'avoir été assez fidèle et assez hardie pour monter avec le Christ sur sa croix, pendant que Marie restait au pied.

« Mais pour ne pas continuer trop longtemps dans le mystère, c'est François et la Pauvrèté qui sont les deux amants que signalent mes paroles diffuses. Leur concorde, la joie de leurs visages, leur amour, leur admiration et leurs doux regards engendrent de saintes pensées. Aussi, le vénérable Bernard (2) se déchaussa le premier pour courir après tant de paix, et même il trouva qu'en courant il n'allait pas assez vite. O richesse ignorée ! O bien véritable ! Egidius et Sylvestre se déchaussent aussi pour suivre l'époux, tant l'épouse leur agrée. Puis ce père et ce maître s'en va avec Elle, et avec cette famille qui ceignait déjà l'humble cordon... »

Et, plus loin, voici encore les sujets de deux autres fresques, l'entrevue avec le Soudan et les stigmates ; puis, le Dante revient de nouveau à la Pauvreté à la mort du saint :

« Après que par soif du martyre il eut annoncé le Christ et les apôtres devant l'orgueilleux Soudan, voyant les peuples encore trop rebelles à la conversion et ne voulant pas rester oisif, il revint en Italie pour y moissonner ce qu'il avait semé. Dans un âpre rocher, entre le Tibre et l'Arno, il reçut du Christ les derniers stigmates, et ses membres les portèrent durant deux années. Quand il plut à Celui qui l'avait choisi pour un si grand bien de l'appeler à la récompense de son humilité, il recommanda à ses frères, comme à ses héritiers légitimes, l'épouse qu'il avait tant aimée et leur ordonna de l'aimer aussi fidèlement. Et son âme sainte, pour retourner dans son royaume,

---

(1) Jules César, qui arrivant en Égypte vint frapper de nuit à la cabane du pauvre pêcheur Amyclas (épisode de la *Pharsale*, de LUCAIN).

(2) Bernard de Quintavalle, premier disciple de saint François. Gilles ou Egidius et Sylvestre, déjà prêtre, furent le second et le troisième.

voulut se détacher du sein même de la Pauvreté, et ne voulut que la plus pauvre bière pour son corps. »

Or Dante Alighieri était ami d'Angioletto Bondone, dit Giotto, l'élève de Cimabué (1), qui fut à la fois peintre, sculpteur, mosaïste et architecte, et qui eut aussi la gloire d'être loué à la fois par le Dante, par Pétrarque et par Boccace : il n'est donc pas étonnant que le peintre se soit inspiré des vers du poète.

À Assise, il y a des fresques de Giotto dans l'église inférieure (édifice commencé en 1228), notamment les quatre grandes fresques (2) aux quatre pendentifs de la voûte au-dessus du maître-autel (érigé à l'endroit où était inhumé saint François) ; il y en a aussi dans la grande nef de l'église supérieure, au nombre de vingt-huit, toutes relatives à la vie de saint François et à ses miracles, mais on pense que Giotto fut aidé pour celles-ci par ses élèves.

Parmi ces fresques, mon attention s'est portée sur les deux qui, ai-je dit plus haut, s'inspirent plus spécialement des vers du Dante, et (*anch' io son' pittor*) j'ai voulu à mon tour les reproduire, non en peinture, mais avec des mots, — ces mots de la langue française que le poète trouve parfois si pauvres et parfois si merveilleusement beaux. Ai-je réussi et dans quelle mesure? J'en laisse juge le lecteur. Toutefois, je l'avertis que je n'ai pas cru devoir copier servilement les deux fresques de Giotto : il y a dans les œuvres de l'artiste certaines naïvetés — qu'on ne trouve pas d'ailleurs dans la Divine Comédie — qui détonnent avec notre mentalité actuelle.

Ainsi, dans le mariage mystique de François et de la Pauvreté, l'Espérance, qui remet l'anneau à la fiancée, est accompagnée de l'Amour : c'est là une réminiscence du paganisme vraiment bizarre, et nous ne concevons plus ce que l'Eros des Grecs ou le Cupidon des Latins

---

(1) On sait que Cinabué découvrit la vocation du jeune Giotto en le voyant dessiner une brebis sur une pierre à l'aide d'un caillou pointu, alors qu'il gardait le troupeau de son père aux environs de Vespignano : Cimabué emmena à Florence le jeune pâtre, qui ne tarda pas à dépasser son maître.

(2) Ces fresques sont malheureusement très mal éclairées.

vient faire dans une scène si exclusivement chrétienne. J'ai donc supprimé l'Amour, et ai fait simplement tendre par la Vertu d'Espérance l'anneau nuptial à Jésus, qui le met au doigt de la fiancée.

Dans la seconde fresque, l'imposition des stigmates, Giotto suppose, suivant sans doute une tradition orale, que le Christ pour donner au saint ce baiser divin qui lui laissera les empreintes de la Passion prend la forme d'un séraphin aux six ailes de lumière, ailes qui ne l'empêchent pas d'avoir les pieds et les mains attachés à une croix. Je ne vois pas qu'il soit besoin au Dieu crucifié de passer par la forme d'un séraphin; la Croix toute seule est plus grandiose que les ailes, fussent-elles de lumière ou d'or, de même qu'en cette scène le silence me paraît plus éloquent qu'une musique, fût-elle céleste, ou que toute parole... d'ailleurs introuvable pour la traduire...

LE MARIAGE DE SAINT FRANÇOIS ET DE LA PAUVRETÉ

D'après la fresque de Giotto, à l'église inférieure d'Assise, fresque inspirée elle-même par le Dante : Le **Paradis**, *chant XI.*

Questa privata del primo marito,
Mille e cent anni, e piu di dispetta e scura,
Fino a costui si stette senza invito...

. . . .

Francesco e Poverta per questi amanti
Prendi oramai nel mio parlar diffuso.

Cette nuit-là, Jésus apparut à François.
Et François aussitôt : « Maître, afin que je sois
Aussi semblable à Vous qu'un homme peut prétendre,
Donnez-moi la Vertu, — qu'Elle soit rude ou tendre,
Qu'Elle charme mon cœur ou torture ma chair,
Qu'Elle me soit facile ou me coûte très cher,
Donnez-moi la Vertu, qui me fera mieux Vôtre ! »
— « Voici la Pauvreté, dont tu seras l'apôtre »,
Dit Jésus... Et voilà qu'auprès de notre Saint,
Personnifiant son séraphique dessein,
Paraît agenouillée une forme adorable,
Une femme, n'ayant qu'un haillon misérable
Autour du corps, le front d'épines couronné,
Sanglant, mais vers le ciel incessamment tourné,
Les yeux étincelants d'une divine flamme...
Et Jésus, ayant pris la main de cette femme,
La posa doucement dans celle de François :
« Sois unie à cet homme, ô Vierge, et le reçois
Comme tu m'as reçu moi-même ! » Et l'Espérance,
Autre Vertu céleste et sœur de la Souffrance,
Lui tendit l'anneau d'or, qu'Il mit au doigt voulu.
Et l'Épouse mystique enfin dit à l'Élu :
« Sois béni, toi qui viens terminer mon épreuve :
Depuis la mort du Juste, hélas, je restais veuve... »

. . . .

Puis, l'apparition entière s'effaça.
Mais au cerveau du Saint elle se retraça
Chaque nuit, et dès lors, il vécut sur la terre,
Soit au couvent, soit à la Verna (1) solitaire,
Sans posséder plus rien, rien que le pain et l'eau...
Et l'on ne l'appela plus qu'*Il poverello*...

LES STIGMATES DE SAINT FRANÇOIS

D'après la fresque de Giotto à l'église supérieure d'Assise, inspirée elle-même par le Dante : Le Paradis, *chant XI.*

> Nel crudo sasso, intra Tevere ed Arno,
> Da Cristo prese l'ultimo sigillo,
> Che le sue membra due anni portarno.

Le Christ une autre nuit, une heure avant l'aurore,
A François endormi réapparut encore.
C'était à la Verna, sous un âpre rocher (2)
Dont naguère les loups osaient seuls approcher,
Et qui trembla, dit-on, à cette heure sévère
Où Jésus expira pour nous sur le Calvaire.
Or le Saint sommeillait sur la pierre étendu,
Lorsque Notre Sauveur, à son gibet pendu,
Tout sanglant, se montra : « Je voudrais davantage
Vous ressembler, Seigneur! Vos douleurs, en partage,
Faites-les moi sentir, que je meure avec Vous! »
Ainsi parla François. — Et le Sauveur très doux,
Soudain se détachant de la haute potence,
Vint sur l'homme allongé s'imposer en silence,

---

(1) La Verna, forêt sauvage où saint François se retirait pour prier et méditer.

(2) Le *Sasso spico* qu'on montre encore : une vision aurait appris à saint François que les rochers de la montagne s'étaient disjoints à la mort de N.-S., et ainsi se serait formée une grotte.

Corps contre corps, pieds contre pieds, mains dans les [mains,
Les clous sacrés trouant quatre membres humains,
Et la lance au côté perforant la poitrine
D'où coule abondamment la liqueur purpurine
Qui rajeunit le monde. — Et quand le sang jaillit,
Sous l'atroce douleur Saint François défaillit...
Puis, du baiser d'un Dieu conservant les stigmates,
Sa chair fut sigillée à cinq trous écarlates,
Et, sainte associée au supplice divin,
Ne cessa d'en souffrir que quand la Mort survint...

. . . .

Mais durant ces deux ans de passion visible,
François eut le cœur plein d'un bonheur indicible,
Car il voyait déjà de ses yeux éblouis
Le trône qu'il allait rejoindre au Paradis (1)...

(1) Une autre fresque de Giotto montre le Saint ayant cette vision de son trône futur.

SOUS LES POMMIERS EN FLEUR

(SONNETS)

Par M. Edmond RENARD

MEMBRE TITULAIRE

I

Sous les pommiers en fleur j'attends l'été divin,
L'été lourd qui fera les roses frémissantes
Et mêlera, le soir, dans l'ombre du jardin
Les hauts lis orgueilleux aux pivoines ardentes.

Se couchant sur la terre et fécondant son sein,
Il en arrachera les richesses vivantes;
C'est lui qui va gonfler sur les ceps le raisin
Et donner les épis aux moissons jaunissantes.

Ah! puisse-t-il aussi m'apporter la douceur
De voir enfin mûrir sous sa lente chaleur
Dans mon verger secret des fruits sans amertume

Vous êtes la promesse où je lis l'avenir,
O fleurs de ce printemps dont le ciel se parfume,
Et déjà mes deux mains se tendent pour cueillir...

II

Dans l'ombre pâlissante un merle fait sa cour
Au beau soleil lointain qui lentement s'avance
Et, dans la nuit encore, il'annonce le jour
De sa voix solitaire au cœur du long silence.

Ainsi l'âme qui souffre, espérant le retour
De la joie infidèle, attend sans défaillance
Que son chagrin lui laisse entrevoir le contour
De ce bonheur nouveau dont elle a l'assurance.

Ainsi toujours notre œil est-il pour l'avenir.
Ainsi toujours un chant est-il prêt à jaillir
D'un pauvre cœur étreint et de lèvres pâlies.

Nous savons, quand sur nous le ciel refait les soirs,
Qu'un matin nous rendra la lumière enfuie...
Seule la mort tarit la source des espoirs.

III

Les tilleuls ont fleuri. Les rameaux embaumés
Suspendent les fleurs d'or à l'ombre des feuillages.
Dessous, je vois s'étendre, en moi-même enfermés,
De beaux jardins profonds aux secrets paysages

Où, quand le jour a fui des cieux inanimés,
J'aime descendre seul et cueillir au passage
Pour en faire un bouquet les souvenirs aimés
Dont l'arome enchanteur lentement se dégage.

O le beau jardin clos où nul ne peut entrer,
Où les roses en fleur ne peuvent se faner
Et dont les longs sentiers s'emplissent de cantiques,

Car mes anciens bonheurs s'y retrouvent vivants
Et m'y donnent encore de doux frémissements..!
Les tilleuls ont fleuri sur mon jardin mystique!

IV

Dans la glaise le soc entre de la charrue.
Les chevaux attelés que stimulent les cris
Aigus des laboureurs tirent. Le jour est gris.
L'ombre du ciel éteint dort sur la terre nue.

Un vol d'oiseaux légers s'élève dans la nue
Et disparaît. En vain dans l'air je cherche un bruit.
Tout est silence. Tout s'offre à la vaste nuit,
A l'hiver, à la mort et la morne étendue

Des bois encore en feu sous les feuillages roux
Porte déjà sur soi le signe triste et doux
Du long dépouillement qui les rendra funèbres.

Leur beauté qui me blesse et convient aux tombeaux
Abrite en son secret le fantôme des maux
Qu'amèneront les jours couronnés de ténèbres.

V

La ténébreuse brume enfonce sa tristesse
Jusqu'au fond de mon âme où meurt le doux été.
L'hiver, les courts matins et les longs soirs glacés
S'annoncent. Veuve et pâle et pleine de détresse,

La terre ouvre déjà la porte sans promesse
Des cimetières nus et, sous le ciel fermé,
Conduit le lent cortège humide et désolé
Des jours auxquels les fleurs retirent leur tendresse.

Humbles et dépouillés, les arbres se sont tus :
Comme un voile de deuil leur silence est tendu
De l'un à l'autre. En vain portent-ils dans leurs branches

Des nids encore vivants où les oiseaux sans voix
Ont cessé de s'aimer dans la lumière blanche.
Seul le vent douloureux parle dans leurs hauts bois.

VI

Sous le soleil mourant on voyait les choucas
Sombres et lourds, monter en une large bande
Des prés vides et froids pour former des guirlandes
De deuil sur l'horizon rose et vert sans éclat.

Quelques-uns se juchant, en haut de saules bas
Figurèrent les fleurs de funèbres offrandes.
Les autres, tournoyants, revinrent sur la lande
Où séchaient les pavots et se posèrent là.

Puis, de nouveau, leur vol repartit et, les ailes
Bruissant comme un feuillage où le vent s'entremêle,
Tout le noir escadron disparut au couchant.

Dans le soir dénudé, sur la pâle étendue,
Seuls remuaient encore les oiseaux ronronnants
Par lesquels surgit l'homme au sein profond des nues.

VII

Jours affreux. Jours trop brefs. Cieux languissants et vides
L'hiver, le morne hiver, sans lumière et sans voix,
Sur le sol ravagé, sur la ville et les bois
Répand sa rude horreur et ses beautés livides.

Où sont tous les oiseaux? Sur les arbres rigides
Les-nids abandonnés frissonnent dans le froid,
Et dans les rameaux nus et sur l'angle des toits
Voici les longs sanglots des ouragans humides.

Où sont les chauds rayons du soleil plein d'ardeur?
Où sont les chants? Où sont les jeux? Où sont les fleurs?
La terre à bout d'efforts s'enferme en sa détresse.

Où sont les rêves doux et les projets charmants?
Le monde est tout rempli de sourds gémissements
Et mon cœur lentement descend dans la tristesse.

VIII

Troubles longs et profonds au fond des horizons.
Grondements secs. Il pleut. Et le vent redoublant
Ses assauts furieux se brise sur les monts.
L'éclair s'allume et brûle où le noir ciel se fend.

Fracas rapide. Alors sur les basses maisons
Passe un torrent. L'averse, effrayante et sortant
Comme un flot du nuage, emplit l'air de frissons
Et d'humides vapeurs entourent le soir lent.

Nouveaux déchirements de foudre au sein des nues.
La pluie en nappe étreint la moindre roche nue
Et partout retentit son crépitement lourd.

La vie est une chose immense abandonnée
Et tandis qu'inquiet s'arrache au loin le jour
La terre se résigne à mourir, désolée.

IX

L'obscur manteau de l'ombre éteint des diamants
Sur la terre où la nuit, alors qu'un peu d'eau lisse
Semble aux derniers rayons sur les prés qui brunissent
Un feu d'herbes, confond les limites des champs.

Nuit profonde, nuit tendre où les grands arbres blancs
Aux phares de l'auto, qui sur le chemin glisse
Entre leurs rangs parfaits, soudainement surgissent
Et s'effacent, blafards, dans notre mouvement.

Tout passe et dans le ciel n'apparaît nulle étoile.
La trouble nuit partout a déployé son voile
Et même a mis du noir dans le cœur inquiet.

La plaine inconsolable, étreinte par la bise
Se tait. Chaque village, où la route conquise
S'enfonce comme un coin, semble un rêve muet.

X

O morts que convoitait le ciel, morts désirés,
Qu'il nous a pris et mis dans l'humble et dure terre,
Dans l'ombre sans rayon des tristes cimetières
Où s'échappe leur forme à nos bras désolés.

O mes morts douloureux, vous que j'ai tant pleurés,
Vous que le soir j'appelle à l'heure sans lumière,
Que je poursuis, plaintif, de mes sombres prières,
Quand le vide plus grand creuse mon cœur brisé,

Impassibles vivants dont les traits immobiles
Fixent mon souvenir, dont les pas dans la ville
Illuminent mes pas, compagnons purs et droits

Qui pensez en mon âme et riez dans mon rire,
Inaccessibles dont le nom m'est doux à dire,
Vous m'êtes moins lointains que jadis, sous vos croix.

XI

Seigneur, loin de maudire ici ta main qui frappe,
Devant ce lieu profond, impénétrable, obscur,
Où la mort met nos morts, devant ce sombre mur
Qui ferme nos tombeaux, je consens cette étape

Que ta force m'impose et veux être la grappe
Dont on prend chaque grain pour goûter au fruit mûr.
Si mon cœur, en butant sur le rocher si dur
De tes sentences, croit se rompre et s'il m'échappe

Un sourd gémissement, ce n'est pas que je veuille
Douter de ton amour. L'arbre aussi perd ses feuilles
Dans l'ombre de l'automne et rien n'est absolu,

Mais le très doux printemps les rend à sa détresse.
Seigneur, j'espère au fond de ma pâle faiblesse
Le retour éternel de ceux qui ne sont plus.

XII

L'ardeur de ta puissance, ô Feu, qui me consume,
Dont je sens la morsure et qui n'a point pitié,
Dit le bois à la flamme au sein du blond foyer,
M'enivre et je m'unis dans l'acte qui m'allume

Par elle à ton essence et le fer sur l'enclume
Reçoit du lourd marteau sa forme et sa beauté
Moins que moi de toi seul la mienne, ô Feu lié
Plus à moi désormais que le froid à la brume.

Brûle-moi, si tu peux, plus encore et, martyr
Offert à ta splendeur, que je fasse grandir
Ta gloire où se détruit le meilleur de mon être.

Abeille qui se donne et qui livre son miel,
Ainsi parle le cœur, aspirant tout le ciel
Par besoin de sentir en lui l'absolu naître.

XIII

La fraîcheur et la nuit ont passé sur la ville,
Sur ses lourdes maisons, sur ses pavés brûlants,
Sur les rails agités de ses tramways bruyants :
Tout est silencieux et le sommeil facile.

En suivant sa lanterne au fond de l'ombre vile
Le chiffonnier remue un monde répugnant
Dont chaque affreuse odeur s'entremêle aux relents
Qu'ont laissés les humains dans l'air souple et tranquille.

Au bord des durs toits noirs, du rose sur la nuit...
Alors l'épais dormeur, s'éveillant à demi
Fouille avec indolence en ses étranges rêves,

Sans voir dans leur chaos les traits de son destin,
Sans entendre ses pas sur les intimes grèves
Où le mènent muet ses enfouis instincts.

XIV

Dans les troubles détours de la vie incertaine
Je cherche mon chemin au secret de l'esprit.
Je médite et l'idée indécise, sans bruit,
Affleure à l'horizon de ces plages lointaines

Où bat l'océan noir au fond des ombres vaines
Dont l'être, monstre obscur, se forme et s'agrandit.
A peine ce rayon de lumière a surgi
Que sur tout se répand une clarté sereine.

Dans l'univers plus vaste où reluit le contour
Des choses, je saisis par un élan d'amour
L'invisible que meut sa forme délivrée.

Le jour n'est pas plus beau naissant au creux des monts,
Sur le fil des torrents et sur les rochers blonds
Qu'en mon âme cette aube où nouvelle est l'idée.

XV

Quand, bien las, je parviens au terme calme et grave
D'un jour et que mon être à l'esprit s'est offert
Pour les féconds efforts dont le travail se grave
En des mots dont le prix est d'être ce qui sert

A faire pénétrer l'humble pensée esclave
Des sens, obscurs et vils serviteurs de la chair,
Dans l'orbe de cet ordre éternel où s'enclave
L'inflexible raison qui règle l'univers,

Je me sens envahi par la clarté des choses,
La nuit pour moi n'est plus une obscurité close
Et des rayons dorés éclairent mon caveau.

Je suis heureux. Le ciel semble, près de mes lèvres,
Comme une coupe immense où je puis boire l'eau,
L'eau meilleure, l'eau pure où s'apaisent les fièvres.

XVI

Allons, vite, allons, ô mon gai troupeau,
Tirelire, lire, ah! ah! tirelire!
O mes chèvres, vite, au son des pipeaux
Suivez dans mes pas, je vais vous conduire.

Nous irons ensemble où sont les sureaux,
Tirelire, ah! ah! Et puis sans rien dire
Je vous mènerai près du clair ruisseau
Où j'entends toujours le vent qui soupire.

Vous pourrez vous voir dans l'eau qui s'en va,
Vos grands yeux gourmands et vos barbichettes
Vous amuseront, mes filles, ah! ah!

Puis, faisant sonner vos douces clochettes,
Alors, tirelire, en longeant les pins,
Vous retournerez en file au chemin.

DEUX

GRANDS LORRAINS D'ÉGYPTE

LES GAILLARDOT

Par M. G. GUÉMARD

ASSOCIÉ-CORRESPONDANT

Le Dr Contenau, dans son *Histoire de la Phénicie*, vient de rendre hommage au concours éclairé apporté à Renan, pendant ses fouilles de 1860-1861, par le Dr Gaillardot, alors en résidence à Saïda, l'antique Sidon.

Le professeur Le Breton vient de publier, dans la *Revue des Deux-Mondes*, cent seize lettres du grand historien, qui témoignent de l'affection qu'il avait vouée à son collaborateur.

L'éloge du médecin de Saïda ne saurait être prononcé dans un milieu plus autorisé que l'Académie de Stanislas. En effet, Gaillardot (Joseph-Arnaud-Charles) naquit à Lunéville en 1814. Sa mère était une demoiselle de Schaken. Son père (Charles-Antoine), chirurgien militaire et géologue distingué, suivant une tradition de famille, aurait reçu la croix de la Légion, sur le champ de Wagram, des mains mêmes de l'Empereur. Son aïeul paternel était médecin aux gendarmes rouges de la Reine. Un aïeul de sa mère, qui fut aussi son parrain, le baron Henry, premier président à la Cour de Nancy, a laissé une haute renommée d'intégrité et de science juridique.

Gaillardot fut un enfant prodige. Son père avait pris sa retraite à Lunéville, où il avait réuni, dans sa propre maison, d'importantes collections d'histoire naturelle. Le vieux chirurgien, atteint d'hémiplégie, ne pouvait lui-même en faire les honneurs. Dès l'âge de dix ans, le petit Joseph-Charles désignait, en latin, les plantes et les minéraux paternels, à l'émerveillement des visiteurs.

En 1835, à peine reçu docteur, Gaillardot, sur la recommandation du savant géographe Jomard, directeur de la mission scolaire égyptienne en France, fut nommé professeur d'histoire naturelle à l'École de Médecine, fondée en 1827, à Abou-Zabal, par le célèbre Dr Clot Bey et alors, depuis peu, transférée au Caire. Mais le jeune médecin — il n'avait que vingt et un ans — était trop actif pour se confiner dans une chaire. Il voulait voyager, herboriser, manier le pic du géologue, découvrir des antiquités, déchiffrer des inscriptions. Aussi se fit-il attacher à l'État-major d'Ibrahim Pacha et put ainsi parcourir, avec l'armée égyptienne, le Liban et la Syrie et, en particulier, le Hauran, cette région sauvage, repaire des Druses, dont il leva la première carte. Cette carte, on l'utilise encore, mais en oubliant d'en nommer l'auteur.

Le 1er avril 1839, il écrivait à l'un de ses amis, M. Maire, avocat à Lunéville, une lettre des plus instructives, qui nous a été conservée par miracle, où il décrit ses pérégrinations militaires ou scientifiques et se range aux vues du maréchal Marmont sur les affaires de Syrie.

Notons en passant que la relation du duc de Raguse, qui venait alors de paraître, comme aussi les mémoires dictés à Bertrand par Napoléon et le livre du consul Henri Guys — pour ne citer que les auteurs les mieux qualifiés — contiennent sur la Syrie des aperçus et des enseignements dont nous pourrions encore profiter, les pays d'Orient ne se transforment qu'avec une extrême lenteur : les coutumes antiques y ont conservé leur empire, dans la montagne comme au désert, et les grandes familles féodales, toujours les mêmes, maintiennent jalousement leur influence séculaire.

Comme le disaient Marmont et Gaillardot, les conscriptions forcées de Méhémet-Ali, peut-être de mise en Égypte, pays unifié et au surplus asservi depuis des millénaires, devaient échouer en Syrie, contrée morcelée entre des sectes rivales, et, en partie, habitée par des nomades, épris de liberté.

Gaillardot tint un journal de campagne, pendant les opérations d'Ibrahim en Syrie et en Asie Mineure, journal qui a été publié, en 1896, dans la *Revue d'Égypte*, fondation de son fils, M. Gaillardot Bey. Le jeune médecin militaire assista à la bataille de Nézib. Comme Henri Guys, il attribua la défaite des Turcs, pourtant dirigés par de Moltke, non pas au petit-fils de Méhémet-Ali, qui commandait l'armée égyptienne, mais au créateur de cette armée, au vétéran de l'Empire, Sève, devenu Soliman Pacha.

Soliman avait pris en vive sympathie le jeune médecin-major. Il lui fit épouser la fille d'un notable syrien, le comte Catafago. Sa femme ayant succombé prématurément, Gaillardot se remaria avec une petite-fille du comte, Mlle Bertrand. C'est de cette seconde union qu'il eut des enfants.

Jomard, qui avait conservé de l'expédition française la nostalgie du Nil, écrivait souvent à Gaillardot, pour lui demander des nouvelles de ses anciens élèves de la mission scolaire, devenus, au service du vice-roi, les uns officiers, les autres médecins ou ingénieurs. Le rédacteur de la *Description* aimait à suivre, pas à pas, la carrière de ceux qu'il avait formés à notre culture et Gaillardot, reconnaissant, s'empressait de satisfaire son savant protecteur.

Après le traité de Londres, qui — on le sait — arrachait ses conquêtes au grand pacha, mais lui assurait l'hérédité de l'Égypte, Gaillardot, dont le contrat était venu à expiration, fut attaché à l'armée ottomane, sur la proposition du *seraskier*, qu'il avait eu l'habileté de guérir, dans un cas considéré comme désespéré. Nommé médecin en chef de l'hôpital et de la garnison de Saïda, il fut, en outre, chargé de nombreuses tournées d'inspection dans toute l'étendue de la Syrie. C'est là qu'en 1860, il fit échapper aux égorgeurs fanatisés beaucoup de chrétiens de la montagne, qui se réfugièrent dans sa maison, comme dans un asile inviolable. C'est là encore que Renan, débarqué à la suite du détachement du général de

Beaufort d'Hautpoul, utilisa sa merveilleuse connaissance du pays, pendant ses fouilles célèbres, qui ont marqué un progrès décisif pour l'étude de l'antique Phénicie.

Déjà, les services du naturaliste-archéologue étaient officiellement reconnus par l'octroi de la Légion d'honneur. En outre, Gaillardot se voyait élu membre de la Société d'Anthropologie de Paris.

En 1863, il prêtait sa précieuse collaboration à la mission de Palestine, dirigée par de Sauley. La même année, il était nommé médecin sanitaire de France à Alexandrie. En cette qualité, à diverses reprises, il prit des mesures efficaces pour préserver l'Égypte de l'invasion du choléra. Il obtenait aussi la direction de l'École de Médecine du Caire et entrait à l'Institut égyptien, fondé en 1858, juste à temps pour que Jomard en fît partie. Le vénérable géographe, un des derniers survivants de la Commission des Sciences et Arts de 1798, reliait ainsi le présent au passé, l'épopée du *Sultan Kébir* et les travaux de Monge, Berthollet, Geoffroy Saint-Hilaire, Dolomieu, Larrey, au règne de Saïd Pacha et à l'entreprise gigantesque du canal des Deux-Mers, laquelle, d'ailleurs, n'est que la réalisation d'un rêve de jeunesse de Bonaparte.

Soliman Pacha mourait en 1860. Son palais si hospitalier du Vieux-Caire, qu'avaient fréquenté tant de voyageurs notoires, depuis Ida Saint-Elme, dite *La Contemporaine*, jusqu'au comte de Pardieu, en passant par Marmont, Léon Roches, le duc de Luynes et J.-J Ampère, avait clos sa porte massive, où se lit encore son nom inscrit dans un cartouche. Dès la mort de Méhémet-Ali, Clot bey avait quitté l'Égypte; son successeur, Perron, l'imitait bientôt, pour publier à Alger, en 1858, son livre demeuré classique : *Femmes arabes avant et depuis l'islamisme.* Mais de Lesseps et son collaborateur technique, Linant Pacha, l'ingénieur du barrage du Nil, Mougel bey, un Lorrain encore, celui-là, le saint-simonien Lambert, fondateur de l'École polytechnique, les secrétaire de Saïd, Koenig Bey, pour ne citer que les plus grands, formaient une pléiade intellectuelle, au sein de la « nation française » du Caire.

Depuis longtemps, Gaillardot avait conquis leur amitié

et, ce qui est mieux, leur estime, de par ses hautes qualités morales et son étonnante érudition orientale.

Plusieurs fois, il était appelé à la présidence de la nouvelle société savante : notons que, depuis peu, pour marquer le lien traditionnel qui la rattache à l'histoire scientifique de l'expédition française, elle a repris le nom glorieux d'*Institut d'Égypte*, inventé pour l'illustre compagnie fondée par Bonaparte.

Renan, depuis la fin des fouilles de Phénicie, écrivait régulièrement à son collaborateur de Saïda, ne cessant de le mettre à contribution, en vue de la rédaction, puis de l'impression, du grand ouvrage de la mission. Je citerai quelques lignes d'une de ses lettres, adressée de Paris à Alexandrie, au lendemain de la guerre de 1870, et précisément le 12 mars 1871:

« L'impression de la Mission a fort avancé pendant le siège (de Paris). Presque tout le livre concernant Saïda est tiré. Il ne reste plus que le livre de Tyr, dont le manuscrit est achevé. Plus que jamais, *nous* devons tenir à ce que ce grand travail s'achève dignement... Vous me proposez aussi un catalogue des objets du musée du Khan à Saïda. Envoyez-le moi... On grave en ce moment *votre* plan de Saïda. En voulez-vous une épreuve? »

Gaillardot fut un des premiers à s'intéresser à cette préhistoire égyptienne, à laquelle ne voulait pas croire son grand ami Mariette, et dont les travaux récents de Morgan, d'Amelineau, de Legrain, des Flinders Petrie, de Quibell — que vient de coordonner Moret — non seulement ont démontré l'existence, mais ont permis de renouveler les idées, encore reçues il y a vingt-cinq ans, sur l'immuabilité de la civilisation égyptienne, qui semblait surgir du néant, en pleine floraison, au temps de Menès, comme Minerve, naissant toute armée du cerveau de Jupiter.

Gaillardot constitua un herbier des plantes endémiques et cultivées de la Syrie et de l'Égypte, précieuse collection de 29.000 espèces, qui fait aujourd'hui l'ornement de l'Université de Weimar.

Pour compléter cette biographie sommaire d'un savant, qui fut en même temps un homme de bien, je crois devoir donner quelques extraits d'un rapport adressé, le 28 août 1883 sous le n° 11, au lendemain de sa mort, au ministre français du Commerce, par le Dr Suquet, son collègue et son ami intime, qui fut de longues années médecin sanitaire de France à Beyrouth :

« J'ai profité de la levée du cordon sanitaire pour me rendre à 25 kilomètres de Beyrouth, au village de Bhandoum, auprès du Dr Gaillardot, que je savais à la dernière extrémité...

« Ayant le goût des choses militaires, il les mêlait à la science. Durant ses campagnes, il mettait, dans son sac de soldat-médecin, des plantes, des minéraux, des levés de terrains, des plans de villes et même des cartes de provinces.

« Il aurait fait un excellent officier d'état-major. Il regrettait quelquefois de ne pas avoir suivi la carrière militaire, qui était, disait-il, sa vocation première...

« Jamais, avec lui, une demande de renseignements sur la Syrie ne restait sans réponse... Il vidait, pour ainsi dire, son sac à tout venant, laissant prendre ce qu'on voulait. Plusieurs en ont profité et abusé.

« ... Il avait une probité à toute épreuve... Il avait passé à travers le milieu, moralement un peu bourbeux, qui entourait Ibrahim Pacha, sans recevoir une tache... Il était d'une modestie aussi excessive que sa probité...

« Pourtant, trop bon observateur pour être un naïf, dans le meilleur sens du mot, comme ont pu le croire ceux qui l'ont exploité...

« Ainsi, il m'écrivait dernièrement, du Caire, après avoir reçu sa pension de retraite : « *On ne vient plus me voir, n'ayant plus besoin de moi; on m'abandonne, on m'oublie. Je suis comme ces vieux drapeaux qu'on laisse pourrir dans les musées ou dans les églises. Mais ils ont été au combat ; c'est assez pour eux.* »

En un mot, « il a longtemps, utilement et toujours, combattu pour la France et son influence en Orient. »

***

Le Dr Gaillardot a laissé deux fils : l'aîné, ancien directeur du secrétariat du ministère égyptien de la Justice, le cadet consul de France en retraite.

Je ne puis passer sous silence l'œuvre accomplie par le premier, M. Charles Gaillardot Bey. Né en 1849, il se destinait, comme ses aïeux, à la médecine, quand éclata la guerre de 1870. Il s'engagea, à Épinal, comme simple volontaire, fit les dures campagnes de la Loire et de l'Est et y contracta la fièvre typhoïde, qui le mit à deux doigts de la tombe. A peine convalescent, rappelé par son père en Égypte, il entra au service du Khédive Ismaël. Bientôt, il s'intéressait à l'histoire moderne de l'Orient et, en particulier, à cette étonnante expédition française qui, suivant le mot de Napoléon, captive comme un roman. En 1894, il fondait la *Revue d'Égypte*, où il publiait une foule de documents inédits, dont bon nombre extraits des Archives françaises, notamment les notes d'Égypte, de Kléber, à la capricieuse orthographe. Mais, victime d'intrigues, il fut mis prématurément à la retraite en 1897. Il se consacra alors entièrement à ses études favorites, recueillant des milliers de livres, établissant de sa main des centaines de dossiers, ne négligeant aucun détail, suivant la méthode chère à Frédéric Masson; car un incident, en apparence insignifiant, donne parfois la clef d'un problème historique. Il constitua ainsi, peu à peu, par un labeur inlassable, une bibliothèque et une collection de gravures et d'objets divers, uniques en leur genre, sur l'Égypte contemporaine. Ce fut le *Musée-Bibliothèque Bonaparte*.

Ce musée offre un caractère original. Il n'a pas été installé dans une construction vulgaire, mais bien dans le dernier palais de mameluck, encore debout, parmi ceux qui furent réquisitionnés par la Commission scientifique de Bonaparte. C'est la belle demeure d'un lieutenant du grand Ibrahim Bey, le *Kathoda* Ibrahim El Sennari, qui fut assassiné, avec plusieurs de ses compagnons, dans un guet-apens tendu par le capitan-pacha, après le départ de l'armée française.

Cette maison était toute neuve, nous disent les contemporains, quand notre armée entra au Caire. Elle faisait partie, à la limite des quartiers de Nasrich et de Sayeda

Zeinab, d'un bloc d'élégants édifices, enclos de jardins ombragés, appartenant à des beys en fuite. L'Institut d'Égypte adopta les palais de Hassan Kachef et de Kassem Bey. Il eut une haute et vaste salle pour ses séances et une autre, non moins spacieuse, pour sa bibliothèque, dont les livres excitèrent l'admiration du fameux chroniqueur Djabarti. Geoffroy Saint-Hilaire exposa sa ménagerie dans un des jardins. Tout auprès, Berthollet établit son laboratoire. On organisa aussi un observatoire, une pharmacie, des ateliers d'horlogerie et d'instruments de précision.

Dans la maison même du Sennari, le grand salon du harem, qui existe encore au premier étage, avec son lanterneau tarabiscoté, sa délicate moucharabych en dentelle, son plafond aux caissons évidés et réchampis d'or patiné, et sa noble vasque de marbre blanc, au jet d'eau jaseur, était tout indiqué pour servir de « studio » au dessinateur Dutertre et à son collègue, le peintre Rigo.

C'est dans cette pièce, meublée, selon l'usage, d'un sofa circulaire, encombré de coussins, que ce dernier peignait les portraits de plusieurs cheikhs du grand divan, portraits conservés au Musée de Versailles. Le travail de l'artiste fut troublé par plus d'un incident grotesque. J'en relaterai un, vraiment caractéristique, de l'ignorance des indigènes, rapporté par le prote Galland, de l'*Imprimerie Nationale du Kaire*, et reproduit dans l'*État moderne* de la *Description.*

Un jour, un cheikh nubien, conducteur d'une caravane, circonvenu par Rigo, laissa esquisser ses traits sur la toile. Tout était *taïeb* (bien), disait-il. Mais, quand les couleurs précisèrent son image, il s'enfuit, en hurlant qu'il avait été « découpé vivant par un sorcier ».

Les ingénieurs de la Commission, Jollois et Fèvre, habitèrent aussi la maison du Sennari, dont la façade, due à leur crayon, figure parmi les planches de la *Description.* L'orientaliste J.-J. Marcel a fait réimprimer leur dessin dans son *Histoire de l'Égypte.*

Dans une autre salle du palais mameluck, trône, à la place d'honneur, entouré d'ancêtres à perruque et de vieilles faïences de Strasbourg, un portrait à l'huile du roi Stanislas, en armure de parade, barrée du cordon bleu, présent vénérable de ce prince au bisaïeul de Gaillardot Bey, le médecin des gendarmes rouges.

C'est grâce aux précieuses amitiés, que lui ont acquises, dans les milieux indigènes, ses qualités morales, son érudition jamais prise en défaut, et sa connaissance parfaite de la langue arabe, que Gaillardot Bey a pu obtenir, du Comité de Conservation des Monuments, le classement et la restauration de la maison de Sennari, avec l'autorisation d'y installer ses collections. Chaque année, pendant la saison d'hiver, c'est, par la ruelle qui, à sa requête, a reçu le beau nom de *Haret Monge*, une procession ininterrompue de touristes de marque, dans le vieil atelier des artistes de Bonaparte.

Quelques jours avant sa mort soudaine, le duc d'Orléans tenait à signer sur le livre d'or du Musée-Bibliothèque et laissait sa photographie, avec dédicace, en témoignage de sa haute satisfaction.

Des hommes, comme le Dr Gaillardot et son fils Charles, honorent la France et la font aimer. J'ai cru de mon devoir de Français et de Lorrain, tout d'abord, de ressusciter la mémoire du premier, quand les collaborateurs de M. René Dussaud, en exhumant l'histoire prestigieuse de Tyr et de Sidon, le réclament, auprès de Renan, comme leur précurseur; ensuite, d'attirer l'attention sur le second qui, sans fortune ni subvention, a créé, de toutes pièces, une œuvre éminemment patriotique, car elle perpétue le souvenir de nos aïeux, qui furent en Égypte les ardents pionniers de la civilisation — immense effort, dont d'autres hélas! moins laborieux, mais plus pratiques, ont pu recueillir les fruits, mais ne sauraient nous dérober la gloire!

BOTANISTES LORRAINS

d'après les lettres de Soyer-Willemet au Dr Mougeot

1851-1853

Par M. Charles GUYOT

MEMBRE TITULAIRE

La correspondance de Soyer-Willemet avec le Dr Mougeot, dont un hasard heureux nous a permis de disposer (1), se compose de 150 lettres, comprenant chacune trois ou quatre pages bien remplies, et s'étendant sur une durée de trois années, du 11 juin 1851 au 25 décembre 1853. Trois ans, dira-t-on, c'est bien peu pour qu'on puisse en tirer les éléments d'une notice sur les personnes qui apparaissent dans cette correspondance. Toutefois, même sans parler de la partie scientifique qui en est le principal objet, on y trouve des renseignements curieux sur l'activité intellectuelle de cette époque déjà éloignée; on y voit vivre et agir des hommes qui, à des degrés divers, ont marqué dans l'histoire de leur cité, et dont la plupart ont rempli un rôle plus ou moins considérable à l'Académie de Stanislas; aussi voulons-nous espérer que le tableau dont nous allons essayer de tracer quelques traits pourra présenter de l'intérêt, à trois quarts de siècle de distance, notamment aux membres de cette Compagnie.

Tout d'abord, ces lettres présentent cette particularité

---

(1) Mme P. Fliche a bien voulu mettre à notre disposition la correspondance scientifique de notre regretté confrère, dans laquelle se trouvaient ces lettres de Soyer-Willemet.

qu'elles ne désignent pas par leurs noms la personne qui les a écrites ni celle à qui elles sont adressées : c'est « le Bibliothécaire » qui les envoie à l' « ami de Bruyères », au « savant docteur de Bruyères ». Mais il n'est pas difficile d'identifier les deux personnages : le destinataire ne peut être que le Dr J.-B. Mougeot, le grand botaniste vosgien qui, le premier, fit connaître aux naturalistes le Hohneck, jusqu'alors aussi ignoré d'eux que tel pic des Andes ou de l'Himalaya. Quant à son correspondant, il n'est autre que Soyer-Willemet, qui fut pendant quarante-trois ans le bibliothécaire en chef de la Bibliothèque publique de la Ville de Nancy. Mougeot voyageait peu; il ne sortait guère de Bruyères que pour herboriser dans la montagne et pour assister à Épinal aux séances du Conseil général des Vosges : les lettres de Soyer-Willemet, en outre des discussions scientifiques qu'elles contiennent et sur lesquelles nous reviendrons, le renseignent sur les principaux événements de la capitale lorraine.

De ces deux personnages, le Dr Mougeot est le mieux connu : on se souvient que M. Fliche a pris, en 1879, comme sujet de son discours de réception à l'Académie de Stanislas, la vie et les œuvres du naturaliste vosgien. Soyer-Willemet n'a pas eu jusqu'ici la notoriété qu'il mérite. A sa mort, son éloge funèbre a été prononcé par le professeur Léon Parisot, alors président de notre Académie, et, dans les *Mémoires* de 1867, le secrétaire annuel, Leupol, a rappelé en quelques lignes la féconde carrière de celui qui était alors le doyen d'âge de la Compagnie. Enfin, dans une notice plus développée, Édouard Bécus, membre de la Société centrale d'Agriculture de Nancy, a donné des détails circonstanciés sur Soyer-Willemet botaniste, académicien, bibliothécaire, rédacteur du journal *Le Bon Cultivateur ;* toutefois, nous ne trouvons pas suffisamment dans cette notice les éléments d'une biographie complète dont nous voudrions rassembler les principaux traits.

Et d'abord, quelles étaient ses origines. De son père, J.-B. Soyer, nous savons seulement qu'il s'occupait de peinture et qu'il était un bon miniaturiste. Mais il ne paraît pas avoir eu beaucoup d'influence sur la formation intellectuelle de son fils. C'est le grand-père, Remi Willemet, qui a dû diriger les études de son petit-fils; c'est lui certainement qui donna au jeune Félix le goût de la botanique, qui devait dominer toute sa vie. En reconnaissance, sans doute, de ce qu'il devait à son aïeul, il joignit son nom au sien, avant même la mort de son père. Remi Willemet gérait une pharmacie à Nancy, au n° 115 de la rue J.-J. Rousseau (aujourd'hui n° 29 de la rue des Dominicains); en outre de ses occupations professionnelles, il cultivait les sciences naturelles; il publia notamment une *Phytographie encyclopédique*, œuvre qui nous paraît aujourd'hui bien rudimentaire, mais qui était l'expression des connaissances botaniques de ce temps. Il fut membre de l'Académie de Stanislas, qu'il présida en 1805. C'est très probablement Remi Willemet qui décida l'envoi de son petit-fils Félix à Paris, où il fit ses études à l'École de pharmacie. En septembre 1811, Hubert-Félix Soyer-Willemet soutenait à Nancy ses thèses, devant un jury que présidait Rochard, professeur à l'École de médecine de Strasbourg, et où nous voyons figurer comme membres : Serrières, docteur en médecine, médecin-chef de l'hôpital civil; le Dr Haldat, professeur de physiologie et de chimie; Mandel, doyen et ancien professeur de pharmacie, puis trois pharmaciens exerçant à Nancy. A cette époque, Soyer-Willemet avait repris l'officine de son grand-père, qu'il conserva probablement jusqu'à sa nomination, le 27 décembre 1824, comme bibliothécaire en chef de la Ville de Nancy. Antérieurement déjà, des travaux sur la flore des environs de Nancy lui avaient valu son élection de membre titulaire à l'Académie de Stanislas, le 7 février 1822.

En 1825, pour des motifs qui nous sont inconnus, la famille Soyer quitta Nancy pour aller habiter Saint-Nicolas-de-Port. Après la mort de son mari, qui survint en 1828, Mme Soyer continua à demeurer dans cette ville, avec ses deux filles, jusqu'à son décès en 1855. Comment Félix consentit à demeurer seul, bien qu'il fût tendrement attaché à sa mère, qu'il venait souvent visiter, on ne peut l'expliquer que par son besoin de continuer à Nancy ses études scientifiques, dans un milieu qui lui permettait de se livrer de plus en plus complètement à la botanique. « L'aimable science » allait être sa grande consolatrice dans la disgrâce imméritée que lui infligeait une maladie dont il eut à souffrir pendant presque toute son existence. Dès sa première jeunesse (douze ans, nous dit-on), il fut atteint d'une sorte de dartre qui envahit peu à peu son visage et qui finit par le défigurer cruellement. Il n'en était pas moins très actif, si l'on en juge par les nombreux déplacements dont il aimait plus tard à rappeler le souvenir, et au cours desquels il put successivement étendre ses excursions botaniques, commencées dans les Vosges, alors qu'il montait au Hohneck avec son ami le Dr Mougeot : c'est ainsi qu'il fit, en 1849, un grand voyage dans les Pyrénées; un peu plus tard, un séjour dans le Grand-Duché de Bade; en 1853, nous le voyons encore descendre le Rhin jusqu'à Cologne, séjourner en Belgique et revenir par Paris. Ce fut sans doute la dernière fois qu'il se permit de quitter la Lorraine. Ses lettres de cette époque nous le montrent décidé à devenir tout à fait sédentaire. Il avait dépassé la soixantaine; il ne s'éloignera plus de Nancy que pour aller en voiture à Saint-Nicolas, avec toutes sortes de précautions contre le froid, la chaleur ou l'humidité. Un croquis de cette époque, dont nous ignorons l'auteur, le représente avec une figure toute couturée de cicatrices, qu'abrite la grande visière d'une vaste casquette qui ne le quittait jamais (1).

Malgré l'éloignement des siens, sa vie de célibataire ne fut pas triste et isolée comme il pouvait le redouter. Un ami de ses parents, Hilbert, qui avait repris l'exploitation de la pharmacie Willemet, offrit à Félix de venir partager son intérieur familial. Le pauvre bibliothécaire put trouver ainsi un refuge sympathique, dans lequel il était entouré d'une affectueuse sollicitude. Chez Hilbert, il était traité comme un membre de la famille; à l'égard des enfants de son hôte, il se considérait en quelque sorte comme un oncle, attentif et dévoué. C'est sans doute

(1) Ce croquis, représentant Soyer coiffé de la légendaire casquette se trouve dans le dossier conservé à la Bibliothèque publique de Nancy, dont son successeur, M. Pellerin, a bien voulu nous donner communication.

en qualité de parrain de la plus jeune des deux filles de M. et de Mme Hilbert, Félicie, que nous le voyons, en 1851, accompagner cette « grande fille » tantôt chez Mme Soyer, à Saint-Nicolas, tantôt à Pont-à-Mousson chez des amis de la famille. C'est très probablement pour elle qu'au cours du dernier grand voyage qu'il fit « en caravane » au mois de septembre 1853, il consentit à s'arrêter huit jours à Blankenberghe, malgré le peu d'intérêt que lui offraient pour ses herborisations les dunes de Belgique; mais c'était pour que Félicie pût y prendre des bains de mer (1).

Quelle qu'ait été l'étroite intimité qui jusqu'à la fin unissait Soyer-Willemet à la famille Hilbert, il ne quitta pas la maison paternelle de la rue des Dominicains pour aller habiter chez Hilbert, qui demeurait rue Saint-Dizier, non loin du Marché. Il y prenait probablement ses repas, mais il conservait son ancien domicile, ne pouvant se séparer de son herbier, qui y était logé et qu'il eût été difficile de transporter ailleurs. Du moins, en 1851 nous le voyons, au mois de mai, s'installer avec les Hilbert à la campagne, dans une propriété où l'on passait l'été jusqu'en octobre, au milieu d'un jardin où l'on se trouvait au bon air, loin des poussières de la ville. C'était au no 104 de la rue du Montet; tous les jours, après son déjeuner, Soyer-Willemet descendait à Nancy pour prendre son service à la Bibliothèque, et il éprouvait un grand plaisir de cette petite promenade matinale. Le soir, un omnibus le conduisait à la porte Saint-Nicolas, d'où il pouvait regagner le jardin en quelques minutes (2).

Lorsque commencent les lettres qui nous ont été conservées, les relations de Soyer-Willemet avec le Dr Mougeot étaient certainement fort anciennes : c'est probablement dès son installation à Nancy, en 1811, que le jeune

(1) Félicie Hilbert mourut célibataire à une date qui nous est inconnue. Elle avait une sœur, qui épousa M. Poirot, notaire à Nancy.

(2) Tous ces détails sur l'existence de Soyer-Willemet, notamment sur ses relations avec la famille Hilbert, nous ont été obligeamment fournis par M. le colonel Henry de Conigliano, petit-neveu d'Hubert-Félix, actuellement en retraite à Lunéville. Nous lui en exprimons notre vive reconnaissance.

pharmacien a dû se rencontrer pour la première fois avec le botaniste vosgien, au cours de ses herborisations en montagne. Ces excursions dans la région de Bruyères durent ensuite se succéder fréquemment pendant la belle saison; elles furent l'origine de cette fervente amitié, de cette sorte de culte respectueux que vouait Soyer au « cher docteur de Bruyères ». Ils avaient depuis longtemps l'habitude d'une correspondance régulière, destinée à assurer leur collaboration sur les divers sujets de la science botanique; c'était en même temps pour eux le moyen de compléter leurs collections, qu'ils ne pouvaient se lasser d'agrandir. Toutes les semaines, partait de Bruyères un paquet de plantes desséchées, avec des notes plus ou moins développées du Dr Mougeot, à l'adresse des membres de la petite société de botanistes qui se réunissait chaque dimanche à Nancy. De cette « Conférence dominicale » Soyer-Willemet dressait une sorte de procès-verbal qu'il renvoyait à « l'ami de Bruyères » avec des observations, des demandes, et un lot plus ou moins important d'échantillons déterminés. Ce sont ces réponses du « Bibliothécaire », régulièrement espacées à sept jours d'intervalle, que nous nous proposons d'analyser pendant la courte période de 1851-1853.

A cette époque, le transport des paquets, aller et retour, s'opérait par une voie bien originale, qui nous reporte au temps lointain des diligences : c'était un commissionnaire de la petite ville des Vosges, le « Coquetier de Bruyères », qui apportait et remportait lettres et paquets, moyennant une rétribution fixée, à cette époque, à 60 centimes par voyage (1).

En 1851, la correspondance de Bruyères n'arrivait pas directement à Soyer-Willemet, mais par l'intermédiaire d'un ami commun, J.-B. Lamoureux, contemporain du

(1) Si nous voyons Soyer-Willemet donner à sa correspondance par le « Coquetier de Bruyères » une forme impersonnelle, c'est qu'il supposait sans doute qu'on ne pourrait ainsi l'obliger à payer la taxe frappant les lettres proprement dites : précaution assez vaine, qui sans doute n'eût pas été reconnue valable en cas de difficultés avec l'administration des Postes; son journal hebdomadaire constituait bien en effet une correspondance postale.

Dr Mougeot, qui fut probablement le premier organisateur des réunions de botanistes dont nous constatons la persistante régularité. Né en 1766, docteur en médecine, professeur de langues anciennes à l'École centrale du département, à laquelle succéda le lycée de Nancy, Lamoureux avait ensuite professé l'histoire naturelle à l'École forestière, de 1826 à 1838. Membre de l'Académie de Stanislas en 1802, il y remplit en 1818 les fonctions de président. Des relations intimes s'étaient depuis longtemps établies entre la famille Lamoureux et celle de Soyer-Willemet; lorsque les sœurs du « Bibliothécaire » venaient de Saint-Nicolas passer quelques jours à Nancy, c'était le plus souvent chez la sœur du docteur, « la bonne Sophie Lamoureux », qu'elles descendaient. J.-B. Lamoureux est bien le représentant de la science encyclopédique telle qu'on la concevait à cette époque : médecine, botanique, littératures anciennes, il a tout pratiqué; il était également versé dans l'étude des langues vivantes, et nous le voyons, à cette date de 1852, âgé de quatre-vingt-deux ans, donner des leçons d'allemand à son petit-fils. Soyer-Willemet ne parle de lui qu'avec une profonde vénération. Le 27 mars 1852, il annonce à Mougeot la mort de l'excellent homme : «...depuis une chute qu'il avait faite dans sa chambre, il s'est affaibli graduellement...; il avait conservé toute sa lucidité d'esprit quand il s'est éteint, sans agonie et sans douleur ». Dorénavant, c'est au « Bibliothécaire » que le « Coquetier des Vosges » devra directement apporter le courrier de Bruyères.

Grâce à cette combinaison, réalisée après de longs pourparlers entre les intéressés, la réunion dominicale des « amis de l'aimable science » était assurée. C'était ordinairement chez Soyer-Willemet que s'assemblaient les botanistes de Nancy, ainsi que ceux qui étaient de passage dans cette ville; là, ils pouvaient facilement se référer à l'herbier qui servait de base à leurs études. Toutefois, en été, ils se donnaient aussi rendez-vous au Jardin botanique, et même, certains jours, à la Bibliothèque publique, lorsqu'il s'agissait de consulter des livres qui n'étaient pas facilement transportables et que le « Bibliothécaire » mettait à leur disposition. Les discussions auxquelles ils se livraient alors, et dont la note hebdomadaire rendait compte à « l'ami de Bruyères », peuvent paraître à des profanes singulièrement longues et monotones, leur objet nous semble parfois bien peu important pour mériter de telles pertes de temps et le concours de tant d'intelligences. Mais nous ne pouvons qu'admirer avec quelle conscience ces braves gens exposent leurs doutes, proposent leurs solutions, traitent ces questions de genres, d'espèces et de variétés avec autant de soin que s'il s'agissait de graves affaires d'État.

Ainsi, dès le début de la correspondance, et presque jusqu'à la fin, un problème se pose pour Soyer-Willemet, qu'il ne parvient pas à résoudre, et pour lequel il réclame le concours de tous ses amis : comment doivent être classés les exemplaires d'*Hieracium* qu'il étudie, qu'il compare, qu'il analyse? C'est pour lui une cruelle incertitude de décider si *H. murorum* et *H. sylvaticum* sont ou non deux espèces distinctes. Qu'on veuille bien lui recueillir toutes les formes d'*Hieracium* que l'on pourra trouver, surtout en montagne et dans les forêts de sapins! Ne seraient-ce pas deux races d'une espèce unique? Plus on examine d'échantillons, plus ce genre des *Hieracium* paraît difficile. Parfois, en voyant les caractères s'affaiblir dans une série, on se dit qu'il ne faut pas trop multiplier les espèces, parfois au contraire on se défend d'augmenter indéfiniment le nombre des variétés... Et de pareilles difficultés se présentent pour tant d'autres genres! pour tant d'autres espèces! Voici les *Saxifraga*, qui donnent lieu à des doutes aussi angoissants : *S. decipiens* se trouve-t-il naturalisé au Hohneck? Combien il serait nécessaire d'avoir des échantillons complets de *S. planifolia!*... La conclusion qui s'impose, c'est que le botaniste digne de ce nom ne saurait trop augmenter son herbier, multiplier le nombre de ses correspondants, afin de s'assurer des moyens de comparaison pour la solution de tous les problèmes de la science.

Augmenter son herbier! telle était depuis longtemps, telle fut toujours la grande préoccupation du « Bibliothécaire ». Quelles belles récoltes il faisait autrefois, du temps de sa jeunesse, avec ses amis! On partait avec une bonne boîte de fer-blanc qu'on rapportait remplie de bottes de foin. On ne craignait pas de rentrer ainsi en ville; tandis que ceux qui ont un décorum à garder en sont réduits à herboriser dans leurs chapeaux (1)... Ils ne sont pas dignes du nom de botanistes. Mais en 1851, Soyer n'herborise plus au dehors : sa santé ne lui permet plus les courses dans la campagne. C'est au moyen d'acquisitions successives qu'il enrichit constamment ses collections. Les espèces remarquables qu'on lui signale, il ne peut se dispenser de les acheter, quel qu'en soit le prix. « Il n'y a pas de milieu : quand on veut se livrer à une connaissance exacte d'une science quelconque, il faut en posséder les éléments (2). » Il faut pourtant savoir se borner : « Si on se laissait aller, ces diables de plantes vous prendraient plus d'argent qu'on ne voudrait y mettre (3). » Ce qui ne l'empêche pas d'acheter toujours : ainsi deux nouvelles collections, l'une du Groenland, l'autre du Labrador. « On ne résiste pas au plaisir d'ajouter à l'herbier des contrées nouvelles, pour avoir au moins une idée de leur végétation. Ce sont là des folies bien innocentes; que les hommes n'en ont-ils que comme cela! (4). » Mais à force d'accumuler des richesses, c'est la place qui fait défaut; il faut faire venir le menuisier, remanier les layettes, afin de pouvoir ajouter une soixantaine de cartons de plus. On pourra ainsi faire tenir tout l'herbier dans le même cabinet, et il restera de quoi caser les accroissements, à la condition d'être plus raisonnable à l'avenir (5).

Les réunions, organisées par les soins de Soyer-Willemet, se tenaient alors chez lui; pendant longtemps encore elles devaient se continuer ainsi, après les trois

(1) 13 décembre 1851.

(2) 21 février 1852.

(3) 16 octobre 1852.

(4) 12 décembre 1852.

(5) 25 septembre-9 octobre 1852.

Ces arrangements, Soyer les faisait « dans son cabinet » qui se trouvait certainement, à cette date, dans son appartement de la rue des Dominicains. Il devait y rester jusqu'à la mort du « Bibliothécaire » Alors, l'herbier ne fut pas vendu; il fut donné à la Faculté des Sciences (P. Fliche, *Notice sur Godron*).

années dont nous analysons la correspondance. Nous ne croyons pas nous tromper en admettant qu'elles ont dû commencer lorsque Godron, chargé du cours de matière médicale et d'histoire naturelle à l'École secondaire de médecine de Nancy (1836), membre de la Commission de surveillance du Jardin botanique (1840), entreprit la publication de ses premiers ouvrages, pour lesquels la collaboration de Soyer-Willemet et de Mougeot, quelque discrète et peu apprente qu'elle se révélait alors, n'en fut pas moins très utile et très importante. Dans son étude sur la vie et les œuvres de Godron (1), P. Fliche a très justement apprécié le caractère des relations de Soyer avec le grand botaniste lorrain. Dès son installation à Nancy, « il trouvait auprès de quelques hommes plus âgés que lui, qui se livraient avec ardeur à l'étude des sciences naturelles, un accueil fort agréable et fort utile. Au premier rang, Soyer-Willemet, homme d'une vaste érudition botanique... Godron trouvait chez Soyer un esprit critique, désireux de précision... L'amitié de Soyer-Willemet et de Mougeot ne tardait pas à pousser Godron dans la voie de la publicité. Ils ont joué vis-à-vis de lui le rôle d'inspirateurs... ». Ces appréciations de P. Fliche se justifient amplement par de nombreux passages de la correspondance du « Bibliothécaire » avec « l'ami de Bruyères ». S'il ne faut plus parler, dans la période que nous envisageons, de la *Flore de Lorraine*, déjà publiée dès 1843, du moins nous assistons dans ces lettres de 1851-1853 à l'enfantement de la *Flore de France*, et nous y constatons la part très considérable que prit Soyer-Willemet dans l'élaboration de cette œuvre capitale du professeur de Nancy (2). On sait que ce grand ouvrage, dont l'idée première était venue à deux naturalistes parisiens, Decaisne et Lemaout, finit par être réalisé par la collaboration de Godron et de Grenier (3), professeur à Besançon,

(1) *Mémoires de l'Académie de Stanislas*, 1886, p. 148.

(2) Godron (Dominique-Alexandre), né à Hayange en 1807, mort à Nancy en 1880, membre de l'Académie de Stanislas depuis 1839, président en 1846.

(3) Grenier (Jean-Charles-Marie), associé français de l'Académie de Stanislas, mort en 1875.

qui s'en partagèrent la rédaction. Or il résulte des lettres de Soyer au Dr Mougeot que tous les manuscrits de la *Flore de France*, avant d'être livrés à l'impression, étaient étudiés et critiqués par les botanistes lorrains, dans ces conférences de Nancy dont Soyer-Willemet était alors l'organisateur.

Au moment où commence notre série de lettres au Dr Mougeot, Godron n'était plus à Nancy : depuis 1850, il était recteur départemental à Montpellier. C'est de là qu'il envoie à ses amis lorrains des échantillons de plantes pyrénéennes et languedociennes. C'est de là aussi qu'arrivent à Soyer-Willemet les épreuves de la *Flore de France*, très régulièrement pour les parties rédigées par Godron, toujours en retard pour celles de Grenier, que Soyer ne se fait pas faute de gourmander pour sa négligence et son étourderie. Ainsi Monnier, un des amis de Nancy, avait bien voulu lui envoyer une partie de son herbier; le Dr Mougeot avait fait de même. Et voilà que cet étourdi a mélangé les deux collections en faisant du tout une seule suite, sans s'inquiéter de savoir à qui appartenaient les échantillons. « C'est un désastre irréparable, dit Soyer, qui doit vous servir de leçon. J'admire, sans avoir le courage de l'imiter, le zèle du botaniste qui communique ainsi une partie de son herbier... C'est bien beau de rendre service à la science, mais se détacher de quelques parcelles de ces collections auxquelles on tient tant, qui font votre consolation de tous les instants, je ne m'en sens pas capable (1). » Un peu plus tard, « ce nigaud de Grenier » risque de se faire destituer, on ne nous dit pas pour quel motif : Grenier, qui semble avoir la tête chaude, s'est sans doute fourvoyé dans quelque affaire politique. Mais ne devait-il pas craindre, dit Soyer-Willemet, de compromettre l'avenir d'un livre comme le sien !... Heureusement, le Conseil académique a intercédé en sa faveur; il est finalement réintégré, et il pourra de nouveau « s'enfoncer dans les herbes françaises » (2). En attendant, les feuilles du 2e volume n'arrivent que bien lentement. Ainsi, on lui a

(1) 10 août 1851.
(2) 6 mars 1852.

envoyé des observations sur la 20e feuille, et on n'en reçoit point de nouvelles. Ensuite, Godron est peut-être préoccupé par la réforme qui va s'opérer : suppression des recteurs de département; mais il ne paraît pas possible que le rectorat de Montpellier puisse être supprimé! Effectivement, il n'y a pas lieu de s'inquiéter. Voici la 33e feuille, qui commence par la part de Godron et traite des Borraginées... Plus tard, Soyer-Willemet raconte à Mougeot les difficultés qu'éprouve Godron à Montpellier; ce sont autant d'entraves pour ses travaux. Il voudrait bien en sortir; aussi c'est avec une vive satisfaction que l'on apprend ensuite sa nomination à Besançon : le voilà placé près de Grenier, il pourra stimuler la paresse de son collaborateur et l'aider plus fructueusement (1). Lorsque Godron revint à Nancy, en 1855, doyen de la nouvelle Faculté des Sciences de cette ville, il fut heureux de reprendre sa place dans les réunions de botanistes que Soyer-Willemet avait pu maintenir et qu'il devait présider jusqu'à sa fin (2).

Les lettres au Dr Mougeot ne sont pas seulement, avons-nous dit, un compte rendu des travaux de la « réunion dominicale ». Elles constituent de plus une sorte de journal, destiné à tenir au courant « le cher ami de Bruyères » de tous les événements concernant la Botanique, de tous les bruits qui courent à Nancy et qui peuvent intéresser « l'aimable science ». De cette masse de détails, parfois insignifiants, nous voyons émerger quelques épisodes curieux qui méritent d'être mentionnés ici.

Ainsi, la grande affaire du Jardin botanique : elle a causé dans la vie ordinairement paisible de Soyer-Willemet une période de crise qui pendant longtemps s'est prolongée à l'état aigu, et au cours de laquelle évoluent des personnages dont le souvenir, bien que déjà lointain, n'est pas entièrement effacé.

---

(1) 25 septembre 1853.

(2) A cette date du retour de Godron à Nancy (1855), P. Fliche, dans sa Notice, est très affirmatif sur la maison où se tenaient alors les réunions dominicales : c'était encore au n° 29 de la rue des Dominicains.

Le Jardin botanique (1), considéré comme une dépendance de l'École secondaire de médecine, est une propriété de la Ville; le maire nomme le directeur, le directeur adjoint, ainsi que la Commission de surveillance. En 1851, lorsque débute notre correspondance, le directeur du Jardin est le chimiste Braconnot, que l'on peut s'étonner de voir à cette place, et qui, remarque Soyer-Willemet, ne fait guère que toucher les émoluments attachés à son titre. Il a comme adjoint Suard, qui fait toute la besogne. Or Godron vient d'écrire de Montpellier à Edmond Simonin, directeur de l'École de médecine, qu'il connaît un jeune homme, le Dr Planchon, de Gand, qui consentirait volontiers à prendre la place de professeur de botanique à cette école, le titulaire actuel, Dr Laurens, ayant l'intention de renoncer à l'étude de la botanique, dans laquelle il est encore novice. Seulement, comme Planchon n'est pas fortuné, il faudrait lui assurer des émoluments convenables, afin de l'attacher à Nancy : on pourrait donc suggérer à Braconnot de céder au nouveau professeur sa place au Jardin botanique, qui ne l'intéresse que médiocrement, ainsi que ses émoluments. On prend des renseignements sur Planchon, « cet illustre inconnu »; ils sont très satisfaisants. Alors, Ed. Simonin se hasarde à présenter à Braconnot la suggestion relative au Jardin : mais « il a été repoussé avec perte », dit Soyer-Willemet (2). Cela n'empêche pas que Planchon, devant qui s'est très galamment effacé le Dr Laurens, est présenté par les professeurs de l'École, et, le 27 août, on annonce sa nomination à l'École de médecine de Nancy

Planchon arrive vers la fin d'octobre, et tout de suite le « Bibliothécaire » se sent pour lui la plus vive sympa-

---

(1) Le Jardin botanique ou « Jardin des Plantes », peu connu de la plupart des Nancéiens, a l'une de ses entrées rue Sainte-Catherine en face des casernes, et l'autre rue Godron, l'ancienne rue des Champs. En 1826, une partie en fut détachée pour former le jardin de l'École forestière. Le Jardin botanique est actuellement en voie de transformation; ses serres viennent d'être transportées au parc Olry, rue de Strasbourg.

(2) 15 juin 1851.

« Il a manqué d'être étranglé par la *cousine*, qui n'est pas la moins tenace de la maison. *Auri sacra fames !* »

thie. « C'est un excellent jeune homme, qui s'est fait aimer de tous dès les premiers jours... Il est occupé à une Flore de la Colombie, pour laquelle le Gouvernement belge vient de lui accorder une subvention de 10.000 francs... Si, comme il y a apparence, ce travail peut se faire avec son devoir de professeur, ce sera pour lui une augmentation d'aisance qui lui permettra de nous rester. Car je crains toujours qu'un homme de son mérite ne trouve pas la position assez rétribuée et ne cherche à se caser ailleurs... Demain matin, on va beaucoup causer avec lui de « l'aimable science ». Pourquoi le bon docteur n'est-il pas avec nous ! (1). »

Et en effet, à peine a-t-on pu apprécier les mérites du jeune professeur qu'il veut déjà s'en aller : une chaire d'histoire naturelle est vacante à la Faculté de Grenoble; s'il y était nommé, son traitement serait doublé; on ne peut lui en vouloir de quitter Nancy, lui qui n'a rien et qui soutient cependant son frère et sa famille. Il s'agit seulement pour lui de se faire présenter par la Faculté. Soyer-Willemet demande au Dr Mougeot de s'employer pour lui procurer cette présentation : ne connaît-il pas à Grenoble M. de Miribel, qui doit avoir de l'influence? « Faites cela pour lui, et malgré mon chagrin de le voir partir, je vous en remercierai aussi (2). » Le bon docteur Mougeot écrit très chaleureusement à Miribel en faveur de Planchon, mais sans succès. Un projet qui avait été formé de dédoubler la chaire de Grenoble, qui comprend la Botanique, la Minéralogie et la Géologie, ne peut aboutir (3). Le 27 décembre, on apprend que l'affaire est terminée, Planchon n'a même pas été présenté en second rang... Du reste, le jeune professeur est tout consolé,... il prend gaiement son parti. « Nous allons faire avec lui de la botanique à force — conclut le « Bibliothécaire »... — Il a le feu sacré, et il le communiquera à nos jeunes médecins qui deviendront botanistes : il en restera toujours quelque chose... (4). »

(1) 8 novembre 1851.
(2) 14 novembre 1851.
(3) 29 novembre 1852.
(4) 27 décembre 1851.

Voilà donc Planchon installé. Soyer-Willemet l'apprécie de plus en plus; il veut lui procurer toutes les satisfactions possibles, lui créer des relations agréables dans le monde savant de Nancy : par ses soins, Planchon est reçu membre titulaire de l'Académie de Stanislas (1). Le jeune professeur va commencer son cours de matière médicale à la Faculté. « C'est une assez forte besogne, — dit Soyer-Willemet, — que la première année d'un enseignement. Le « Bibliothécaire » en sait quelque chose, lui qui a enseigné pendant une année au collège les trois parties de l'histoire naturelle (2)... Mais, quand cette première année est passée, le professeur n'a plus qu'à revoir légèrement son cours. » Les deux amis travaillent avec ardeur : le dernier dimanche, on a fait de la Botanique chez le « Bibliothécaire » de onze heures à cinq heures du soir. Planchon s'occupe beaucoup de plantes exotiques; le prince Demidoff, qui a des serres magnifiques à Florence, a fait demander à Paris un botaniste capable d'en dresser le catalogue : « Tous les professeurs du Muséum ont désigné notre ami. » Mais, pour aller en Italie, il faut attendre la fin de son cours (3). Auparavant il désire vivement aller à Bruyères pour faire la connaissance de Mougeot : que le cher docteur n'hésite pas, en attendant, à lui envoyer des espèces nouvelles à déterminer; il sera toujours prêt. « Quand on lui présente des plantes exotiques, dit Soyer, il me fait l'effet d'un cheval de guerre qui lève la tête au son de la trompette (4). » La visite de Planchon à Bruyères a eu lieu seulement le 15 août; les deux botanistes ont été très satisfaits l'un de l'autre. « J'étais sûr, dit Soyer-Willemet, que le Dr Planchon plairait à Bruyères; c'est un excellent jeune homme (5)... »

A peu près à la même époque, l'affaire du Jardin botanique recevait une solution depuis longtemps désirée : Braconnot se décidait enfin à donner sa démission (6).

(1) 3 avril 1852.
(2) 24 avril 1852.
(3) 6 juin 1852.
(4) 20 juin 1852.
(5) 21 août 1852.
(6) 7 août 1852.

Cette grande résolution a été prise, — annonce Soyer-Willemet, — à la suite d'un vote de la Commission de surveillance, qui a exprimé le vœu que M. le Maire soit prié de changer le jardinier : les mécontentements contre ce personnage se sont tellement accumulés qu'il n'était plus possible de les tolérer. « Braconnot, qui s'était fait une douce habitude de ne rien faire et de se laisser conduire par son jardinier, s'est effrayé d'avoir affaire avec un nouveau venu : il s'est donc déterminé à quitter la partie. » En conséquence, Planchon est nommé directeur en remplacement de Braconnot; Suard, le sous-directeur, d'abord assez peiné de voir un nouveau venu lui passer sur le corps, a fini par se contenter de sa position, rendue plus supportable au moyen d'une rétribution un peu plus élevée. Quant au jardinier, un nommé Pierrot, qui était à peu près maître du Jardin par la faiblesse du directeur, c'est un grossier personnage qui éloignait tous les botanistes; il était impossible de faire une expérience quelconque, car le gars était capable de la déranger par malice. « Heureusement, cela ne durera plus longtemps : bientôt le *tyran* sera renversé... » Son successeur va être un jeune homme choisi par Planchon; il vient de Belgique où il a fait d'excellentes études, et il remplacera avec avantage le « fou vaniteux » qui occupait la place.

Mais voici un autre incident. Suard, que l'on pensait avoir décidé à rester, revient sur sa promesse et donne sa démission. On le remplace par un botaniste dont Soyer-Willemet a depuis longtemps apprécié la valeur : le Dr Vincent — « l'ami Vincent », — à qui son amour de l'aimable science rendra cette tâche agréable. Il a de l'activité, et sans se vanter autant que « maître Suard », il fera plus de besogne que lui (1).

Tout était donc ainsi parfaitement réglé à l'entière satisfaction du « Bibliothécaire ». Le nouveau jardinier, Ingelrest, s'acquittait très bien de son service; « outre des connaissances assez étendues, il a fait preuve d'un bon caractère et de beaucoup de délicatesse ». Planchon, après avoir travaillé à Florence, dans les serres du prince

(1) 6 novembre 1852.

Demidoff, était allé passer quelque temps à Ganges, dans les Cévennes, son pays d'origine; on attendait d'un jour à l'autre son retour à Nancy. Mais l'organisation du Jardin botanique, si péniblement obtenue, allait être complètement bouleversée. Dans sa lettre à Mougeot du 3 avril 1853, Soyer-Willemet annonce une bien mauvaise nouvelle : « Planchon nous quitte! » Et c'était cette fois pour tout de bon. « Il faut en prendre son parti (1) : l'éminent professeur que Nancy n'a fait qu'entrevoir a reçu du ministre sa nomination comme suppléant de Dunal, à Montpellier. Le voilà débarrassé des cours de zoologie, de géologie et de minéralogie, qui ne lui plaisaient guère. Il n'aura plus à faire qu'un cours de botanique, deux fois par semaine, ce qui lui laissera le temps pour d'autres travaux. » On ne peut s'étonner de le voir, dans ces conditions, préférer à Nancy son pays d'origine. Il est fort bien accueilli à Montpellier, où il a immédiatement commencé ses leçons (2).

Et le Jardin botanique? « Puisque vous désirez savoir — dit Soyer-Willemet à Mougeot — toutes les péripéties de la direction du Jardin, la majorité de la Commission s'est prononcée en faveur de Vincent, qui, en effet, en a déjà plus fait en trois mois que tous ses prédécesseurs en dix ans. » Seulement, on redoute une opposition, d'une part du côté de l'École de médecine, de l'autre en faveur de Suard. Mais Suard s'est mal conduit : il ne vaut pas la dixième partie de ce que vaut Vincent. Quant à l'École, qui craint de voir la direction du Jardin en d'autres mains que celles du professeur de Botanique, il convient de ne pas la contrarier, pour le moment. En attendant, on demande à Vincent de faire cette année le cours de Botanique; il y consent : ce sera une garantie de plus en sa faveur (3). Le « Bibliothécaire » lui donne ses notes, dont il s'est servi autrefois pour les leçons qu'il a faites au Lycée, « alors qu'il était dans une pharmacie ». Vincent fera son cours de mémoire, excellente méthode. Effectivement (4), le

(1) 16 avril 1853.
(2) 15 mai 1853.
(3) 15 mai 1853.
(4) 12 juin 1853.

cours que fait « notre ami » a un grand succès. Il a gagné le cœur de vingt dames qui suivent ses leçons, en leur donnant un jour par semaine pour les conduire au Jardin et leur expliquer sur place les principes de l'aimable science. La salle de l'Orangerie, où se fait le cours de Vincent, est pleine d'auditeurs « mâles et femelles », qui voient la différence qu'il y a entre des leçons vraiment pratiques et la lecture d'un cahier endormant... »

« La Commission va s'assembler le dernier jeudi du mois. L'École de médecine se contentera de la place de directeur adjoint pour son professeur actuel, le Dr Laurens; la Commission présente Vincent pour la direction, et l'on sait que le maire n'hésitera pas à accepter sa proposition. » Ainsi fut fait (1) : « L'École de médecine est satisfaite, et le « Bibliothécaire » aussi; il croit que l'aimable science s'en trouvera bien. » Ainsi se termine, dans notre correspondance, l'histoire du Jardin botanique, qui ressemble de loin à quelque épopée héroï-comique, quelque chose comme le Lutrin, transposé dans le cénacle des botanistes de Nancy. Lorsqu'on lit sur le mur de la rue Sainte-Catherine, voué sans doute à une destruction prochaine, la longue liste des savants anciens et modernes, français et étrangers, qui ont illustré la Botanique, on voit inscrits, tout à la fin, les noms de quatre Lorrains que l'on a cru personnifier à Nancy « l'aimable science » : Soyer-Willemet, J.-B. Mougeot, Braconnot, Godron. Il est certain que, sur cette liste, Braconnot est de trop. Il a illustré la chimie, c'est entendu; on a donné son nom à une rue, il a son buste au Palais de l'Académie; cela suffit. Si jamais on revise l'inscription du Jardin, il sera plus juste de mettre à sa place « le bon Dr Vincent », qui, plus que lui, a mérité cet honneur (2).

---

(1) 26 juin 1853.

(2) Dans l'allocution qu'il prononça sur la tombe de Soyer-Willemet, le Dr Léon Parisot, alors président de l'Académie de Stanislas, mentionne les services rendus par le regretté défunt « à notre Musée d'histoire naturelle et à notre Jardin des plantes ».

Il est en effet plusieurs fois question, dans les lettres au Dr Mougeot, du « Cabinet d'histoire naturelle », nom que portait alors ce Musée. Mais il ne paraît pas que Soyer-Willemet s'y soit intéressé aussi directement qu'au Jardin botanique. C'est qu'il s'agissait alors de compléter

Le Dr Vincent, dont le nom apparaît dans ce récit au sujet du Jardin botanique, fut l'un des plus actifs collaborateurs de Soyer-Willemet, notamment pour la formation de son herbier. Nous devons à sa mémoire de nous arrêter ici pour constater la part très grande qu'il prit aux travaux des botanistes de Nancy. « Ancien chirurgien militaire, il était, dit P. Fliche (1), un de ces hommes rares qui se font volontiers les auxiliaires infatigables et dévoués de qui leur inspire confiance et amitié. » Or, surtout après le départ de Planchon, nous voyons Soyer-Willemet reporter sur lui non seulement l'estime, mais la vive affection qu'il témoignait au professeur trop tôt disparu. Son souvenir nous permettra d'évoquer d'autres aspects de la vie du « Bibliothécaire », le rôle très important qu'il remplit à la Société d'agriculture et à la section d'horticulture qui autrefois en dépendait.

La première fois qu'il est question de lui dans notre correspondance (2), c'est au sujet de cette question des *Hieracium* qui préoccupait tant Soyer-Willemet : Vincent fait pour lui la chasse de toutes les formes existant aux environs de Nancy; il lui rapporte aussi un paquet d'échantillons récoltés au Hohneck. Nous le voyons très actif, partageant son temps entre Nancy et Saint-Mihiel,

---

la collection de Minéralogie, alors que le « Bibliothécaire » s'occupe surtout de Botanique. Nous le voyons demander au Dr Mougeot, pour le cabinet d'histoire naturelle de Nancy, de la part du conservateur adjoint, des roches des Vosges, qu'il a promis de compléter. « Quand Godron est parti et que son adjoint M. Léon Parisot a pris sa place au Cabinet, nous avons nommé conservateur adjoint M. Vaultrin, un professeur de mathématiques qui s'est mis à l'Histoire naturelle. Il s'occupe à étiqueter les objets et à dresser le catalogue... » (11-17 octobre 1851). Et plus loin (4 septembre 1852) : « Le Conseil général de la Meurthe devrait bien suivre l'exemple de celui des Vosges relativement au Cabinet d'histoire naturelle; celui de Nancy prendrait meilleure figure. Ce ne sont pas les objets qui manquent, mais en ce moment c'est un véritable fouillis. Voilà encore la collection du vénérable Dr de Haldat qu'on vient d'y transporter... Mais c'est la place qui fait défaut... Nos conseillers généraux ne veulent pas concevoir que ce qu'ils feraient à Nancy profiterait à tout le département. Non! c'est à la Ville à faire ces dépenses, et la Ville est hors d'état d'entrer dans cette voie... »

(1) P. Fliche, *Notice sur la vie et les œuvres de Godron.*

(2) 6 juillet 1851.

où il a des propriétés. A l'un de ces voyages, il s'est arrêté à Pont-à-Mousson ; il en rapporte à Soyer-Willemet de mauvaises nouvelles d'un de leurs collaborateurs communs : « Le pauvre Salle se meurt : on ne pense pas qu'il puisse partir pour Nice, où il comptait se rétablir (1). » Quelques mois plus tard, lorsque « le pauvre Salle » a quitté ce monde, c'est sur Vincent que compte le « Bibliothécaire » pour négocier avec son beau-frère Guillemin, alors recteur à Nancy, l'acquisition de l'herbier du botaniste de Pont-à-Mousson. Mais il n'est pas toujours facile de rencontrer Vincent; il est souvent absorbé par les travaux de deux sociétés auxquelles il appartient : la Section d'horticulture et la Société de Saint-Vincent-de-Paul, au moyen de laquelle il fait avec ses confrères « quantité de bonnes œuvres » (2). C'est fort bien employer ses loisirs; mais pourtant, il ne faudrait pas que cela l'empêchât d'herboriser... Sur les entrefaites, le recteur Guillemin a quitté Nancy pour aller à Rennes, mais on a pu traiter avant son départ l'acquisition de l'herbier de Salle. Le « Bibliothécaire » est fort content du marché, quoiqu'il ne sache pas encore ce qu'il trouvera dans son lot (3). Il s'agit maintenant de débrouiller ce que contiennent ces *Reliquiæ*, et l'ami Vincent s'y emploie très obligeamment Vérification faite, des doubles de cet herbier on ne pourra tirer que peu de choses, parce que Salle n'a pas toujours eu soin d'y joindre les étiquettes indiquant leur provenance. Mais on y trouve aussi des collections assez complètes provenant de dons faits par divers savants; cela suffit pour indemniser largement les acquéreurs de ce qu'ils ont déboursé : 100 francs pour le « Bibliothécaire », 200 francs

(1) 27 septembre 1851.

(2) Plus tard encore (25 décembre 1853), Soyer-Willemet se plaindra de le voir entraîné hors de l'aimable science. « Sous le prétexte qu'il n'a rien à faire, le maire l'a fourré dans la Commission des Secours, et la Société de Saint-Vincent-de-Paul, le traitant en ancien pharmacien, l'a mis à la cuisine qu'elle vient d'ouvrir, et où, pour 1 franc par jour, on obtient une bonne assiette de légumes secs ou de riz très bien préparés. Chaque jour on en distribue 1.500 portions... » Ce fut l'origine lointaine de nos restaurants économiques de Nancy.

(3) On est convenu de 300 francs, et Guillemin est enchanté d'être débarrassé de ces cartons.

pour Vincent, qui doit pour moitié de ce prix composer un bel herbier de France destiné au pensionnat de la Malgrange, et pour le reste enrichir ses collections de beaucoup de bonnes plantes.

Là ne s'est pas bornée la collaboration du « bon Vincent ». Très aimablement il est venu en aide au Dr Mougeot, qui voulait créer dans les Vosges une sorte de corporation de guides, comme on en trouve dans les Pyrénées et dans les Alpes. « Parmi les individus qui exercent cette industrie, dit Soyer-Willemet (1), il y en a qui deviennent de bons botanistes et qui rendent service à la science. Ils sont plus propres que d'autres à remarquer certaines formes de plantes qu'ils n'ont pas l'habitude de voir, et on leur doit souvent de précieuses découvertes. » En attendant, Mougeot a dressé, à Retournemer, un certain nombre de chercheurs, qu'il emploie à recueillir les plantes les plus intéressantes. « Nous collaborerons avec empressement, lui écrit Soyer-Willemet (2), à l'instruction de ces braves gens; ils peuvent être fort utiles à tous ceux qui voudront enrichir leurs herbiers de la flore des Vosges. » On va donc leur envoyer des ouvrages élémentaires pour faciliter leurs études, et en même temps un petit herbier qui leur permettra des comparaisons utiles. On pourra facilement trouver, dans les doubles de Salle, que Vincent s'occupe à déblayer, les éléments nécessaires.

Enfin, à la Société d'agriculture, les deux amis collaborent tous les ans pour assurer le succès de l'exposition d'horticulture. « Depuis une quinzaine d'années, dit Soyer-Willemet, je répète à nos horticulteurs qu'il leur serait avantageux de bien connaître les espèces qu'ils vendent, et cependant nous n'avons pu encore parvenir à faire un catalogue de chaque exposition, j'entends un catalogue exact, exempt de toute erreur... (3). » Il veut faire de ces marchands des botanistes, qui tireront profit pour leur négoce de leurs connaissances scienti-

---

(1) 10 août 1851.
(2) 12 décembre 1852.
(3) 26 octobre 1851.

fiques. « Déjà, nous avons à Nancy de bons praticiens, entre autres Rendatler, qui a longtemps travaillé à Berlin, et qui sait bien son affaire... Il va fréquenter, avec le nouveau jardinier, le Jardin botanique, où il nous donnera de ces belles plantes qu'il multiplie à ravir (1). Dans ce Jardin, depuis qu'il en est le directeur, Vincent a eu la satisfaction de compléter sa collection grâce à un envoi inespéré qui lui vient de Belgique. Au cours de son voyage dans cette région, en septembre 1853, Soyer-Willemet avait vu à Gand le célèbre horticulteur Vanhoutte, que Planchon connaissait intimement. C'est par Vanhoutte qu'on s'était procuré le bon jardinier Ingelrest, dont les services étaient déjà très appréciés, et Vanhoutte avait promis qu'une fois ses ventes de l'année terminées, il lui enverrait les espèces dont il pourrait disposer. Et le 16 octobre 1853, Vincent recevait de Gand deux énormes caisses contenant 132 espèces rares, dont quelques-unes sont cotées 50 francs au Catalogue. « C'est là un présent princier, dit Soyer-Willemet, et voilà nos serres remontées richement. »

C'est ainsi que dans cette branche intéressante du commerce nancéien qu'est l'horticulture, Soyer-Willemet et Vincent ont été des initiateurs. Ils ont donné une impulsoin féconde, et les successeurs des praticiens de 1853 sont devenus des hommes instruits, des émules des horticulteurs belges ou hollandais, tel Lemoine, dont le monument vient d'être élevé non loin des jardins d'où sont sorties tant de belles créations florales.

Soyer-Willemet était, depuis 1822, membre de la Société centrale d'Agriculture de la Meurthe, où, sur son initiative, fut créée la section d'horticulture. Il devint en 1824 secrétaire-archiviste et trésorier de cette Société, fonctions qu'il conserva jusqu'à sa mort. C'est à lui qu'incombait la publication du journal mensuel *Le Bon Cultivateur*, dont on peut dire qu'il fut pendant quarante-cinq ans à peu près le seul rédacteur (2). Il était en même temps chargé d'organiser les réunions et les concours du

(1) 25 septembre 1852.

(2) Ed. Bécus, *Notice biographique sur Soyer-Willemet*, 1877.

Comice agricole, tâches auxquelles nous le verrons chaque année très dévoué, bien qu'elles fussent assez étrangères à ses occupations habituelles. Dans cette compagnie d'agriculteurs, il avait pu connaître lors de ses débuts l'illustre Mathieu de Dombasle; il y rencontrait un botaniste qui était également son confrère à l'Académie de Stanislas, Auguste Monnier, avec qui nous l'avons vu déjà en relations fréquentes au sujet de leurs herbiers.

Les mentions répétées que nous relevons dans sa correspondance avec Mougeot nous montrent combien était lourde parfois la charge assumée par Soyer-Willemet, dont la santé souvent précaire s'accordait mal avec les déplacements que lui imposait périodiquement le Comice agricole de Nancy. Il lui arrivait même de ne pouvoir, à sa grande contrariété, s'acquitter de son service au moment voulu. Ainsi, en 1851, « il devrait être le 7 septembre à Tantonville, pour la réunion du Comice; il a dû se contenter de tout préparer et de remettre à de zélés commissaires le soin de diriger les différentes phases de cette solennité ». L'année suivante (1), c'est par une pluie battante qu'a eu lieu l'exposition des juments poulinières; puis la distribution des prix pour les animaux, ainsi que l'exposition d'horticulture « où nos jardiniers nous ont apporté de si belles choses, tant en légumes qu'en fleurs et fruits ». Le dimanche suivant, le temps est plus favorable pour le Comice agricole : 23 charrues se sont trouvées assemblées sur le champ du concours. Le « Bibliothécaire » est tout heureux de constater qu'il a pu rester jusqu'à la fin, et qu'il a pu proclamer lui-même les lauréats. Enfin, mêmes cérémonies en 1853 : le Comice agricole s'est tenu à Atton, près de Pont-à-Mousson; Soyer-Willemet a pu y prendre part. « J'écris cette note, dit-il à Mougeot (2), au milieu des préparatifs de notre fête de demain. L'absence de Monnier, de Scitivaux, me forcent d'y aller... » Entre temps, c'est le *Bon Cultivateur* dont on doit s'occuper, alors qu'on aimerait bien mieux consacrer ses loisirs à des discussions botaniques. Il

(1) 2 septembre 1852.
(2) 17 septembre 1853.

faut tous les jours lire et corriger une feuille in-8°; il faut aussi achever la table alphabétique du journal pour l'année écoulée... (1).

Au milieu de tant d'occupations diverses, on peut admirer qu'il fût possible à Soyer-Willemet de remplir par surcroît les fonctions très absorbantes de Bibliothécaire en chef de la ville de Nancy. Tel était son titre officiel; c'était là le métier, avec ses obligations étroites auxquelles il entendait bien ne pas se soustraire. Tous les jours de la semaine, sauf le jeudi, à moins que des indispositions trop fréquentes (2) ne le retinssent à la maison, il arrivait ponctuel pour s'acquitter de son service, qui était réglé de telle sorte qu'il ne lui restait guère de temps pour ses autres travaux. A la fin d'août, la bibliothèque fermait jusqu'au 3 novembre; toutefois, pendant cette période des vacances, il fallait être là le mercredi, pour satisfaire aux recherches des travailleurs. Dans l'exercice de ses fonctions, ceux qui ne connaissaient pas le Bibliothécaire étaient tout d'abord tentés de le redouter « pareil à un gardien jaloux, tel que celui du Jardin des Hespérides » (3). Il était au contraire complaisant et affable pour ceux qui s'adressaient à lui, et comme sa mémoire était prodigieuse, il savait apporter très vite à chacun les livres correpondant au sujet étudié (4).

---

(1) 31 juillet 1852.

(2) Bien que le « Bibliothécaire » se considérât comme guéri de la grave maladie dont il était autrefois sorti défiguré, les années 1852 et 1853 paraissent avoir été pour lui assez pénibles : catarrhes bronchiques, grippes accompagnées de fièvre, sans compter des retours partiels de ces éruptions faciales dont il ne parvenait pas à se débarrasser entièrement. Dans sa correspondance, il affecte de plaisanter de ces petits « bobos », qui cependant l'empêchent de sortir jusqu'à cicatrisation complète (Ainsi : 4 janvier 1852, 8 mai, 11 juillet; 2 janvier 1853, 27 février, 4 avril...).

(3) Ed. Bécus, *Notice biographique.*

(4) Il semble que, dans ces temps très lointains, le « Bibliothécaire en chef » ne devait pas avoir sous ses ordres un grand nombre de commis. Dans une lettre du 25 septembre 1852, il constate avec une certaine tristesse que ses forces ont bien diminué : il avait à remuer un assez grand nombre de livres; il n'a pu aller jusqu'au bout. « L'eau découlait de son front, ses vêtements étaient tout mouillés; il a bien changé trois fois de gilets de finette pendant les six heures qu'il a pas-

Sa grande préoccupation était de toujours enrichir cette bibliothèque qu'il voulait rendre digne de la ville de Nancy et capable de fournir à tous les étudiants les ressources intellectuelles qui leur sont nécessaires. Souvent il se lamente de ne pas disposer de crédits suffisants; il critique vivement parfois les tendances de la Commission administrative, ainsi au sujet d'un livre d'histoire naturelle qu'on lui a refusé d'acheter. « Je l'ai dit aux membres de la Commission (1) : il est déplorable que dans un temps où les sciences devraient prévaloir, elle ne soit presque exclusivement composée que de littérateurs; quelque sages et instruits que soient ces hommes, ils ont toujours un penchant exclusif pour ce qui fait l'objet de leurs études. » Il faudrait leur adjoindre au moins un naturaliste, Monnier, par exemple...

Dans ses lettres à Mougeot, Soyer-Willemet fait souvent appel à l'intervention du bon docteur, à qui sa situation de conseiller général donne à Épinal une certaine influence, pour qu'il obtienne du préfet la carte du département des Vosges qui va être publiée, de même la carte géologique de ce département. C'est avec une vive satisfaction qu'il possède enfin ces cartes collées sur toile : « Notre collection géographique est souvent consultée par les officiers de Metz, qui ne trouvent rien de semblable dans leur ville (2). » Toutes les fois que l'on annonce des ventes de livres à Nancy, le « Bibliothécaire » s'inquiète de savoir s'il pourra acheter les ouvrages qui manquent à son établissement. Ainsi, lors de la vente du Dr Lamoureux; ainsi surtout pour celle du Dr de Haldat.

Avec une vive émotion, il a fait part à Mougeot de la mort du grand savant qui, en 1811, avait été l'un des membres du jury pour ses thèses de pharmacie : « Nous venons de perdre notre excellent Dr Haldat (3)... Il a

---

sées à la Bibliothèque. » Le pauvre « Bibliothécaire » n'avait donc personne pour l'aider dans cette besogne de manœuvre? Il voudrait cependant achever le plus rapidement possible l'impression du *Catalogue ;* ses trente ans de service expirent en 1854, et il s'est promis de ne pas prendre sa retraite avant d'avoir achevé ce travail.

(1) 23 juin 1853.

(2) 19 décembre 1852.

(3) 27 novembre 1852.

continué ses travaux presque jusqu'à ses derniers moments, car il y a jeudi huit jours il nous a envoyé des exemplaires de son mémoire sur le magnétisme. Mais il y a deux jours, voyant ses idées s'obscurcir, nous en avons eu un triste pressentiment. Comme il avait pris son parti, il trouvait le temps long de n'être pas encore dans l'autre monde... Il a remis au « Bibliothécaire » les livres qu'il donnait à la Bibliothèque de Nancy, ceux qu'il destinait à lui-même et à quelques amis. Enfin, il a pensé à tout... » Lors de la vente (1), le Dr Vincent avait été chargé d'acheter la collection du *Journal de Physique et de Chimie*. « Elle nous a échappé; toutefois, il n'y a pas grand mal, car Braconnot nous a déclaré vendredi à l'Académie que son intention est de donner à la ville son exemplaire, qui est bien complet. »

Quoique Soyer-Willemet s'intéressât ainsi principalement aux ouvrages scientifiques, cependant il n'était point exclusif. C'est, par exemple, avec quelque surprise que nous le voyons, dans sa correspondance, très curieux de questions historiques et archéologiques (2). Ainsi, nous relevons des demandes de documents et de livres que Soyer voudrait se procurer, pour sa bibliothèque, par l'intermédiaire du Dr Mangeot. Il s'agit de se faire envoyer par le « confrère Richard », de Remiremont, « des brochures et des lithographies concernant sa localité ». Et lorsqu'il les a obtenues : « Grâces soient rendues aux Vosgiens qui n'oublient pas leur ancienne capitale (3). » Un peu plus tard (4), Mougeot a envoyé un manuscrit sur « les antiquités de Bruyères », qui va être copié et qu sera placé dans les collections de la bibliothèque. Plus tard encore, répondant à une demande du cher docteur, Soyer lui envoie la statistique de la Meurthe ainsi que celle des Vosges, de Lepage, puis les « *Communes de la Meurthe*, que publie en ce moment cet homme très labo-

(1) 20 novembre 1853.

(2) Cette diversité d'aptitudes lui était commune avec plusieurs de ses amis : le botaniste Monnier était un savant numismate; un autre botaniste, le Dr Vincent, n'avait-il pas été chirurgien militaire?

(3) 13 novembre 1852.

(4) 5 juin 1853.

rieux, qui fait connaître tous les documents importants des Archives dont il a la garde ». Dans la liste des travaux dont Soyer-Willemet fait hommage à l'Académie de Stanislas, on lit une dissertation historique : « Quand et comment le comté de Guise échut à la maison de Lorraine » (1852), et une « Note sur les anciens plans de la ville de Nancy » (1865). Enfin, dans le dossier de Soyer-Willemet conservé à l'Académie, se trouve une « Note sur le nom du maître d'hôtel du duc René II, et sur la famille de Suffren de Baschi, gentilhomme provençal ». C'est le « bon Chiffron » de la Chronique de Lorraine que les Bourguignons ont capturé pendant le second siège de Nancy en 1476, alors qu'il tentait de pénétrer dans la ville, et que Charles le Téméraire a fait pendre, au mépris du droit des gens.

Dans les très brefs renseignements biographiques qui nous sont parvenus sur Soyer-Willemet, on a trop insisté, croyons-nous, sur sa disgrâce physique qui l'aurait obligé à se renfermer dans le cercle étroit de sa famille et l'aurait privé des « agréments de la vie sociale » (1). Nous croyons, du moins, qu'il ne craignait pas de prendre sa part des réunions artistiques auxquelles était convié le public nancéien. Dès sa jeunesse, il avait éprouvé pour la musique un goût très prononcé; il avait même publié des « Observations sur la gamme mineure ». Il chantait agréablement; il jouait délicatement du flageolet (2)... Même dans son âge mûr, il conservait pour les concerts une grande attraction; ses lettres au Dr Mougeot relatent assez fréquemment des soirées ainsi passées au dehors, qui ne lui ont pas permis de travailler pour la correspondance hebdomadaire. Il fait partie de l' « Union des Artistes musiciens de Nancy », sorte de société de secours mutuels, dont les membres donnent de temps en temps des concerts pour alimenter leur caisse. A ces concerts, Soyer-Willemet ne manque pas d'assister. Ainsi, celui du 16 novembre 1851 était fort bien; la salle était bien garnie, la société était choisie; une autre fois il y aura plus de

(1) L. Parisot, *Allocution prononcée sur la tombe de Soyer-Willemet.*
(2) Ed. Bécus, *Notice biographique sur Soyer-Willemet.*

monde encore... Il se rend également, même pendant la mauvaise saison, aux concerts de la Société philarmonique : « On est allé en voiture à l'Hôtel de Ville et on en est revenu de même, bien enveloppé, sans qu'il en soit résulté aucun inconvénient... Le camarade Just Géraldy a enchanté toute l'assistance (1). » Le 21 mars, concert médiocre; on aurait aussi bien fait de ne pas quitter ces bonnes plantes qui donnent toujours de la satisfaction. Le 6 juin, on a passé la soirée, et fort tard, à un concert de la Société philarmonique, où nous avons entendu des Italiens... Enfin, le 29 mars 1853 : « On a entendu hier la voix la plus extraordinaire. Lorsque à Bade, en 1850, on a assisté au dernier concert donné par Jenny Lind avant son départ pour l'Amérique, on croyait qu'on avait ouï le *nec plus ultra* de la voix humaine. Mais Mme Anna de Lagrange est mille fois plus remarquable. C'est en même temps le contralto le plus bas et le soprano le plus élevé, et cela avec une facilité, une justesse... On est rentré tard, on s'est levé tard, et l'on n'a pas répondu à la note hebdomadaire. »

Les lettres au Dr Mougeot font parfois mention de bals, de soirées dansantes; non pas que Soyer-Willemet ait pris part à ces sortes de réunions, mais il était chargé d'y conduire et de ramener à la maison sa filleule, Félicie Hilbert. Ainsi, pendant l'été de 1852, on est installé à la campagne; Soyer est allé à Nancy pour y chercher « la grande fille », qui a passé une partie de la nuit au bal du Président (Il s'agit du Président de la République, Louis Napoléon) (2). » Le bal a été fort brillant; le Prince va quitter Nancy, il se dirige sur Strasbourg, où l'attendent de grandes fêtes... » (3). A cette époque, tout était tranquille; les agitations politiques de 1851 étaient calmées;

(1) 17 janvier 1852.

(2) La correspondance de décembre 1851 contient des détails curieux sur la crise politique qui sévissait alors : « La semaine s'est passée assez tranquillement à Nancy... J'espère qu'on aura pareillement été sage à Bruyères... (6 décembre 1851). Heureusement nous n'avons pas la tête chaude comme les méridionaux... Dieu nous garde de tomber sous le pouvoir des frères et amis... Puisse le pays donner au Président une belle majorité (13 décembre 1851). »

(3) 18 juillet 1852.

Soyer-Willemet se déclare très satisfait du nouvel ordre de choses.

Pour achever cette enquête biographique, — qui paraîtra peut-être trop longue, trop minutieuse, — sur Soyer-Willemet, il nous reste à marquer la place qu'il occupa, pendant presque un demi-siècle, à l'Académie de Stanislas. La correspondance avec Mougeot ne nous donne à cet égard que peu de renseignements. Ce sont, presque uniquement, de brèves mentions concernant les séances, les amis qu'y a rencontrés le « Bibliothécaire », les nouveaux membres qui viennent d'y être admis. En somme, presque tous les amateurs de « l'aimable science », les collaborateurs des réunions dominicales, faisaient partie de la Compagnie. Ainsi, Lamoureux, Monnier, Godron, Planchon... Si nous n'y voyons pas entrer le « bon Vincent », c'est que sans doute sa modestie extrême l'a empêché de briguer cet honneur. De 1822 à 1867, Soyer-Willemet y a rempli avec une ponctualité, un zèle ininterrompus, un rôle important. Il assumait à la fois les fonctions de bibliothécaire-archiviste et de trésorier-questeur. Mais, de plus, il était, nous dit-on (1), la cheville ouvrière, l'âme du mécanisme intellectuel à Nancy. Il paraît bien avoir ainsi exercé discrètement une partie de la charge dévolue par le règlement au secrétaire perpétuel. Des hommes tels que le professeur Alexandre de Haldat, le professeur Edmond Simonin, représentaient certainement très dignement, très solennellement, l'Académie au dehors; mais ils planaient de trop haut sans doute pour s'inquiéter des menus détails de leur emploi, et c'est alors Soyer-Willemet qui était heureux de leur rendre service, en serviteur respectueux et dévoué. Là comme auprès de Mougeot, comme auprès de Godron, nous le trouvons entièrement désintéressé, satisfait d'être utile. Rien qu'à ce titre, il a bien mérité qu'après avoir apprécié la bonté, la délicatesse de son caractère, nous rappellions une dernière fois son souvenir.

(*Juin 1926.*)

(1) Leupol, secrétaire annuel, *Compte rendu de l'année 1867.*

LES

RÉCENTS TRAVAUX OCÉANOGRAPHIQUES

DE M. THOULET

ASSOCIÉ-CORRESPONDANT, ANCIEN MEMBRE TITULAIRE

Par C. MILLOT

MEMBRE TITULAIRE

Je voudrais, en quelques pages dépourvues de toute technicité rébarbative, exposer ce qu'ont de vraiment merveilleux les derniers résultats obtenus par notre infatigable et vénéré confrère, M. Thoulet, dans ses recherches océanographiques. Il faut entendre par là les derniers en date, car il ne s'agit pas d'un testament scientifique, puisque, Dieu merci, malgré ses quatre-vingt-cinq ans, il est encore en pleine activité intellectuelle.

On admire souvent l'astronome qui, sans sortir de son observatoire, arrive à connaître ce qui se passe dans les plus lointaines profondeurs des cieux; mais, à l'aide d'instruments spécialisés, au moins voit-il les astres, objets de ses études, et peut-il mesurer leurs déplacements. Thoulet, lui, fait mieux : sans quitter son laboratoire de l'Institut océanographique de Paris, fondé et entretenu par S. A. S. le Prince de Monaco, il découvre ce qui se passe dans les eaux les plus profondes de l'océan Pacifique, absolument inaccessibles à l'homme, aussi bien par la vue que par lui-même et par n'importe quel autre de ses sens. Cependant la logique, comme la rigueur de la méthode qu'il a imaginée sont une garantie de la valeur des résultats.

Jusqu'ici, on croyait fermement et l'on enseignait qu'au-dessous de la couche, relativement peu épaisse, des eaux superficielles, énergiquement brassées par la météorologie aérienne, c'est-à-dire par les variations de l'action solaire, toute la masse des eaux océaniques, depuis la disparition des dernières traces affaiblies de l'agitation de la surface, évaluée à une profondeur d'environ 400 mètres, jusqu'aux abîmes de 9.000 mètres, était absolument immobile et uniformément froide. On avait même donné le nom de *fossiles* à ces eaux profondes, estimant qu'elles étaient restées immuables depuis leur rassemblement dans les cuvettes laissées par la surrection des continents, au début des âges géologiques.

Une telle assertion devait sembler étrange à un cerveau sans cesse en travail comme celui de notre confrère. L'immobilité absolue, pensait-il, est impossible dans la nature où tout vibre, tout oscille, la molécule comme l'océan. Ces eaux réputées immobiles doivent donc, elles aussi, être affectées de mouvements, mais sans doute d'une extrême lenteur, ne rappelant en aucune façon la fougue des courants de surface, et pouvant être comparés à l'invisible progression d'un glacier vis-à-vis de l'écoulement d'un fleuve. Thoulet s'est donc mis à la recherche des preuves de ces lents mouvements de l'eau profonde. Je dirai tout à l'heure où il les a trouvées. Alors, étudiant la question de plus près, dans ses détails, et s'attachant à l'océan Pacifique, il est arrivé à prouver qu'il existe, dans les eaux abyssales, une circulation formée de colonnes d'eau ascendante, de colonnes d'eau descendante, reliées entre elles par des courants horizontaux, dits de *convection*, pour fermer le circuit. Il a aussi découvert la présence de nuages d'eau se formant, se déformant, se dissolvant, se déplaçant, montant et descendant dans l'eau ambiante comme le font les nuages qui animent le ciel; le tout avec une extrême lenteur. Cette lenteur de mouvement est due à la lenteur de diffusion thermique et à la lenteur de diffusion saline des eaux de température ou de salure différentes mises en contact les unes avec les autres, à l'abri de toute agitation. Ce fait a été prouvé, il y a longtemps déjà, par M. Thoulet lui-même, à l'aide d'expériences minutieuses entreprises dans son laboratoire de la Faculté des Sciences de Nancy. La lenteur de diffusion entretient la lenteur de mouvement, et celle-ci entretient la première : c'est d'ailleurs ce qui arrive si souvent dans la nature, où les différents facteurs d'un phénomène sont simultanément cause et effet, en réciproque *interaction*.

Quelle est la conception première sur laquelle est basée la méthode qui a permis d'arriver à de telles découvertes? La voici.

En météorologie, dans un fluide aussi mobile et élastique, aussi fou, peut-on dire, que l'air atmosphérique, toujours mélangé de vapeur d'eau en transformation continuelle, tout aboutit au baromètre, qui est plutôt un manomètre qu'une balance. Mais, par cela même, les indications de cet instrument, étant la résultante de faits superposés dans une complication extrême, sont d'une interprétation difficile qui rend si aléatoire la prévision du temps. L'eau étant, au contraire, pratiquement incompressible, est un fluide infiniment plus sage, plus pondéré que l'air atmosphérique. Si, pour celui-ci, tout aboutit au baromètre, dans la masse de l'eau océanique, c'est la densité qui est l'aboutissant de tous les réchauffements, de tous les refroidissements, de la salure croissante ou décroissante et qui, par conséquent, commande toute la dynamique d'un fluide sans cesse à la recherche d'un équilibre qu'il n'atteint pour ainsi dire jamais. Dans la mer, tout aboutit donc au densimètre. En effet, un volume d'eau immergé, dont la densité est différente de celle du liquide ambiant, est soumis à la loi d'Archimède : il perd d'abord une partie de son poids égale à celui du liquide déplacé et, cette soustraction faite, il monte ou il descend selon que le poids restant est moindre ou plus grand que le poids d'un égal volume du liquide ambiant, suivant la définition même de la densité; la lenteur de diffusion lui conservant longtemps son individualité.

Mais où se procurer des mesures de la densité de l'eau de mer, prises en un nombre suffisant de stations et, dans chaque station, en un nombre suffisant de points échelonnés sur toute la longueur d'une ligne de sonde descendue verticalement jusqu'au fond? M. Thoulet les a trouvées dans les registres de la campagne océanographique autour du monde, faite de 1872 à 1875, par le navire anglais *Challenger*. Ces mesures de densité figuraient dans des colonnes de chiffres simultanément avec les mesures de température et de salure à différentes profondeurs, prises dans chaque station définie par sa latitude et sa longitude. Les travailleurs qui utilisaient ces tableaux donnaient, en général, la préférence aux températures et aux degrés de salure, les croyant, à beaucoup près, plus intéressants. Thoulet, lui, nous venons de dire pourquoi, a utilisé avant tout les densités, comme devant lui donner la clef de la dynamique des eaux profondes, et, pour ne pas disperser ses efforts, pour frapper tout de suite les esprits par un résultat désormais acquis, il a fait choix de certains trajets de sondages seulement, et dans l'océan Pacifique. En outre, pour mieux interpréter et rendre plus claire, tant à ses propres yeux qu'à ceux du lecteur, la signification de ces colonnes de chiffres, il s'est servi de la *nomographie*, qui consiste à les traduire en courbes sur cartes ou sur diagrammes. La vérité cesse alors d'être absconse pour apparaître dans son éclatante évidence.

Maintenant qu'il est bien établi que les eaux abyssales circulent, quelle est la cause productrice des différences de densité qui apportent du mouvement dans ces immenses masses aqueuses considérées si longtemps comme homogènes et, par conséquent, immobiles?

Pour notre savant confrère, cette cause est la volcanicité sous-marine, bien plus répandue et plus active qu'on ne le croyait jusqu'ici. Les volcans sous-marins, comme les volcans terrestres, en plus de leur émission de lave coulante, projettent de l'eau en quantité énorme qui, dans l'air, forme une imposante colonne de vapeur; mais, sous la mer, cette eau, tantôt douce, tantôt sursalée, ne pouvant être projetée bien haut, vient troubler l'équilibre des abîmes et y donner naissance à des courants et à des contre-courants si l'éruption est temporairement continue, ou à des paquets ou nuages d'eau, si l'éruption a la forme explosive. Bien entendu, l'éruption sous-marine élève aussi la température de l'eau en contact immédiat avec le fond de la région volcanique. De sorte que la méthode de recherches imaginée par M. Thoulet, non seulement fait connaître les courants des eaux profondes, elle sert encore, en remontant à la source de ces courants, à déceler les lieux d'élection de la volcanicité sous-marine. C'est ainsi qu'il a pu indiquer l'existence d'une région éminemment volcanique à 568 milles au nord d'Honolulu (îles Hawaï), à 5.395 mètres de profondeur, par 30° 20′ lat. N. et 154° 56′ long. W. J'ajoute que l'analyse chimique et minéralogique des dépôts solides reposant sur le fond vient confirmer les conclusions tirées de l'étude des courants profonds par les mesures de densité.

Voilà quels étaient, au début de cette année, les récents travaux du « patriarche de l'Océanographie », comme l'a si bien nommé S. M. le roi d'Espagne Alphonse XIII, en remettant à notre confrère la croix du Mérite naval (1).

Continuant ses études sur l'océan Pacifique, M. Thoulet a remis à l'Académie des Sciences, au mois d'avril, deux notes relatives, d'abord au courant de Humboldt, dont les eaux froides longent du sud au nord et rafraîchissent les rivages du Chili et du Pérou, ensuite sur l'histoire géologique de l'île de Pâques, terre minuscule, isolée au milieu du vaste espace de mer qui sépare la côte de l'Amérique du Sud des archipels les plus orientaux de la Polynésie.

Découverte en 1687, l'île de Pâques fut trouvée absolument déserte. Elle est de nature uniquement volcanique, bordée de hautes falaises à pic, et porte les ruines de trois grands volcans éteints. Manquant d'eau sous un climat pluvieux, à cause de l'imperméabilité de son sol, sa faune et sa flore sont des plus pauvres; point d'arbres, rien que de grandes herbes, et la pêche elle-même n'y offre que peu de ressources, les fonds marins qui l'entourent, très profonds, sont sillonnés de fosses abyssales longues, étroites et semées de mofettes. En quelque endroit que l'on creuse à une très faible profondeur le sol de l'île,

---

(1) Ces travaux ont paru dans les *Annales de l'Institut océanographique*, fascicules de juillet 1925, juillet 1926, juin et décembre 1927.

on y trouve des ossements et des crânes humains différents de ceux des diverses races qui peuplent aujourd'hui l'Océanie. En de nombreuses places et particulièrement dans le cratère de l'un des volcans éteints, se dressent de gigantesques statues dont certaines dépassent 20 mètres de hauteur, grossières imitations de la figure humaine, taillées en pleine lave, œuvre évidente d'une nombreuse population. On trouve aussi çà et là des plateformes destinées sans doute à servir de piédestaux et des tablettes portant des hiéroglyphes non encore déchiffrés. Fait intéressant, la plupart de ces œuvres d'un art primitif sont restées inachevées et comme brusquement abandonnées à la suite de quelque cataclysme volcanique du genre de ceux qui récemment encore, et tant de fois dans le passé, ont désolé le Japon.

Si l'on groupe ces diverses particularités, il semble que l'on puisse résumer de la façon suivante le passé de cette île.

Comme tant d'autres terres de la Polynésie, Pâques, jadis vaste et peuplée, devait faire partie d'un archipel qu'elle dominait de son pic le plus élevé, son *Fusi Yama*, séjour des dieux, haut-lieu vénéré et sanctuaire sacré. Grâce à la densimétrie, dit M. Thoulet, j'ai pu reconnaître qu'à travers le Pacifique, suivant une ligne allant du nord-ouest au sud-est, le volcanisme d'activité maximum dans le nord (Japon, Kouriles, Aléoutiennes), s'atténuait de plus en plus en descendant vers le sud (Hawaï, Tahiti, Tubuaï et, pour dernier terme, l'île de Pâques), passant successivement des volcans en activité aux volcans éteints, aux fumerolles et enfin aux mofettes sous-marines, par l'effet du refroidissement et des effondrements de la croûte terrestre, donnant naissance aux effroyables *tsunamis* (mot japonais adopté par la science européenne et signifiant formation d'un gouffre sous-marin par affaissement brusque du fond).

Jadis, à une époque encore inconnue, sous l'océan actuel d'où émerge l'île de Pâques, le sol s'est enfoncé plus ou moins lentement. Tandis que, les unes après les autres, les îles voisines s'enfonçaient et finissaient par disparaître sous les eaux, Pâques, la plus haute, s'enfonçait elle aussi. Sa superficie diminuait, et sa population, refoulée vers les hauteurs, ne trouvait comme dernier refuge que les hauts sommets stériles de sa montagne sacrée, que les dieux dont les images se faisaient d'autant plus nombreuses qu'on avait plus besoin de leur aide, étaient impuissants à protéger. Les derniers restes de la population mouraient de faim et de misère, tandis que ceux qui, sur de frêles pirogues, avaient tenté de s'enfuir, périssaient dans les flots. « Et l'infiniment petite solitude de l'île émergea tristement de l'immense solitude de l'Océan. »

« Cette histoire d'un hier géologique sera-t-elle l'histoire d'un demain géologique? »

Ainsi termine notre confrère, en pensant à l'avenir du Japon.

COUP D'ŒIL

SUR LES

COLLECTIONS LORRAINES

FORMÉES PAR DES BIBLIOPHILES

DE L'ACADÉMIE DE STANISLAS

Par M. le Comte A. de MAHUET

MEMBRE TITULAIRE

Le 8 mai 1751, M. d'O'Héguerty prononçait un discours dans la séance publique de l'Académie de Stanislas sur l'établissement des bibliothèques; il s'était attaché à prouver historiquement que les plus grands hommes, les souverains les plus éclairés, n'avaient pu imaginer de moyens plus efficaces que ces sortes de fondations pour faire fleurir les sciences et pour perfectionner les arts.

Les Égyptiens appelaient leur bibliothèque le Trésor des remèdes de l'âme, nous dit Jules Janin. Le livre — cet ami qui ne change jamais — fut souvent en honneur chez les membres de l'Académie.

Parmi les collections d'amateur dignes de fixer l'attention, il n'en est pas de plus intéressante que celle d'un homme de goût, d'un érudit, dirigé dans ses recherches par les exigences d'une étude favorite et déterminée, ou par le désir de s'instruire sur tout ce qui concerne sa province. Ce travailleur sait apporter à la recherche des livres qui lui seront utiles une persévérance, une passion souvent judicieuse; ils deviendront, entre ses mains, soit des instruments précieux de travail ou des objets de curiosité par la rareté des exemplaires, ou par la sévérité de leur choix, ou par leur riche reliure. En même temps que le collectionneur satisfait sa passion, il sauve de l'oubli des hommes, préserve des injures du temps ou de la destruction mille objets qui, sans lui, seraient irrémédiablement perdus. Et puis, la répartition des ouvrages d'un bibliophile nous indique dans sa vie intellectuelle la part qu'il faisait au travail professionnel ou aux délassements littéraires.

Dans la liste sommaire que je publie, il y aura bien des lacunes et des omissions, les recherches étant assez difficiles. Je me suis arrêté à l'année 1900, mentionnant les bibliophiles de l'Académie, qui en firent partie, soit en qualité de membres titulaires, honoraires ou associés-correspondants, et j'ai indiqué à la suite de leur nom, d'après les listes de la *Table alphabétique des publications de l'Académie de Stanislas* l'intervalle pendant lequel ils appartinrent à la compagnie.

Je ne me suis occupé que de leurs livres, d'indiquer sommairement la composition de leur bibliothèque et d'y rechercher les ouvrages lorrains, mentionnant seulement le genre de publications qu'il ont produits en se servant des outils qu'ils avaient rassemblés pour nous donner des travaux concernant la Lorraine.

Les biographes qui voudraient étudier plus profondément la vie particulière de certains membres de l'Académie de Stanislas trouveront ici quelques renseignements nouveaux : c'est le modeste but que je me suis proposé d'atteindre.

BALLON (Félix-Arthur). L. 1876 à 1883.

Il possédait principalement des documents sur l'histoire des Vosges qu'il utilisa pour publier, en particulier, dans les *Annales de la Société d'émulation des Vosges*, quelques études intéressantes. Il avait dépouillé, au point de vue lorrain, tous les catalogues des manuscrits des dépôts publics, il ne put terminer cet important travail qui aurait formé un recueil extrêmement utile à consulter. Le sujet du discours qu'il devait prononcer à l'Académie concernait les bibliothécaires de la ville de Nancy, il était tout qualifié pour en parler puisqu'il occupait ces fonctions depuis 1876.

A sa mort, sa veuve donna 60 volumes environ à la Bibliothèque publique de Nancy, le reste de ses livres fut conservé par sa famille.

BARDY (Henri). L. 1883 à 1909.

Fixé à Saint-Dié en 1856, où cet érudit fonda le musée et la Société philomatique vosgienne dont il fut le dévoué président, il publia dans les Annales de cette Société de nombreux travaux sur les sciences physiques et naturelles, les traditions populaires et l'histoire de la Lorraine. Il possédait une bonne bibliothèque concernant principalement la région de Saint-Dié, dont une partie fut vendue, après sa mort, à un libraire de Nancy.

BEAUPRÉ (Jean-Nicolas). L. 1840 à 1869.

Ce bibliophile éclairé, ce savant annotateur, avait rassemblé une très importante et très précieuse collection de livres, manuscrits, gravures, médailles et objets d'art ayant rapport à l'histoire lorraine. Ces richesses appartenaient à tout le monde, car tout le monde était admis à y recourir; il communiquait avec une extrême obligeance les trésors qu'il avait amassés, allant gracieusement au devant de désirs que l'on n'avait pas toujours osé manifester, il y ajoutait des conseils auxquels son érudition donnait une grande autorité.

Ses livres, choisis avec une rare intelligence, ne servaient pas simplement à garnir les rayons de sa bibliothèque, ils étaient pour lui des amis, dans l'intimité desquels il se plaisait à vivre et auxquels il savait dérober leurs secrets; ils lui fournirent les éléments d'intéressants travaux qui ont trait aux mœurs, aux gloires de notre pays. Les recherches bibliographiques auxquelles il s'était spécialement consacré ont eu pour résultat de faire connaître bien des livres ignorés. Son ouvrage le plus remarquable est entre les mains de tous les bibliophiles lorrains : *Recherches historiques et bibliographiques sur les commencements de l'imprimerie en Lorraine et ses progrès jusquà la fin du XVIIe siècle*, complété par : *Nouvelles recherches de bibliographie lorraine*, ouvrage paru dans les *Mémoires de l'Académie de Stanislas.*

M. Beaupré procura à la Bibliothèque publique de Nancy un exemplaire en très bon état de la *Cosmographiæ introductio ;* ce volume très rare, imprimé à Saint-Dié, avait été payé 50 francs en 1842, plus 5 %, pour frais, comme il est d'usage, à Paris, depuis une dizaine d'années, dit-il. En 1924, à la vente Langlard, un exemplaire fut vendu 28.000 francs sans les frais. Il fournit encore à la même bibliothèque un manuscrit du VIIIe siècle, intitulé : *Glosa de partibus orationis.*

La précieuse bibliothèque de ce lotharingiste renfermait aussi des éditions rares, des livres d'heures, de superbes reliures aux armes, etc. ; elle fut dispersée : la plus grande partie des livres lorrains qui portaient un joli ex-libris gravé par Thierry échoua chez un libraire de Nancy en 1898. A cette époque, parmi les acquisitions que fit la Bibliothèque publique de Nancy, se trouve le précieux *Journal* de Durival que M. Beaupré avait acheté, le 2 juin 1810, chez Senef, revendeur.

BENOÎT (Arthur). L. 1885 à 1897.

Fixé à Berthelming-sur-Sarre dès 1856, il consacra tout son temps aux études d'histoire et d'archéologie locales. Chercheur infatigable, collaborateur assidu de la *Revue d'Alsace*, il fit paraître de nombreux travaux dans les journaux, les mémoires des sociétés savantes dont il était membre. Dès 1846, avec son frère Louis qui devint bibliothécaire de la ville de Nancy, en 1867, et membre de l'Académie de Stanislas, ils créèrent une bibliothèque destinée à réunir à Berthelming tout ce qui concernait les pays de la Sarre. Arthur Benoît, jusqu'à sa mort, n'a cessé de continuer cette tâche et de compléter ses collections, aussi publia-t-il d'intéressants travaux sur cette région, sur les Vosges, etc. On lui doit plus de 150 publications diverses (1). Il possédait aussi des ouvrages rares concernant la Lorraine. Il avait, en particulier, réuni une importante collection de factums dont il dressa le catalogue (2); il disait qu'à toutes les époques les pièces judiciaires ont été recherchées surtout à cause des documents historiques qu'elles contiennent.

A. Benoît, ce doyen des collectionneurs d'ex-libris, avait amassé une importante collection — dispersée après sa mort — principalement riche en vignettes lorraines, ce qui lui permit de nous donner *Les Bibliophiles, les collectionneurs et les bibliothèques des Trois-Évêchés*. Il avait composé pour son usage personnel sept ex-libris.

Bonvalot (Édouard). L. 1865 à 1903.

Ce magistrat, bien connu par de nombreuses publications historiques et archéologiques se rapportant à la Lorraine et à l'Alsace, avait une importante collection d'ouvrages lorrains, il recherchait particulièrement ce qui concernait les anciennes coutumes, ces documents lui servirent à publier une remarquable *Histoire du droit et des institutions de la Lorraine et des Trois-Évêchés (833-1789)*.

Un libraire de Paris, en 1904, a fait paraître un important catalogue de vente où figuraient presque tous les livres de M. Bonvalot.

Braux (Gabriel Piat de). L. 1893 à 1903.

Ce bibliophile avait réuni une importante collection d'ouvrages lorrains, de livres, de brochures, de documents,

(1) Cf. N. Box, *Notice biographique de M. Arthur Benoît* (Mémoires de l'Académie de Metz).

(2) A. Benoit, *Description bibliographique des factums, mémoires, arrêts, etc. qui font partie de la collection de M. A. Benoît et concernant la Lorraine, le Barrois et les Trois-Evêchés.*

d'estampes, concernant Jeanne d'Arc à la famille de laquelle il se rattachait, et qu'il utilisa pour nous donner avec la collaboration de M. de Bouteillier : *La famille de Jeanne d'Arc* et *Notes iconographiques sur Jeanne d'Arc.*

BRETAGNE (Alexandre). L. 1862 à 1891.

Numismate, archéologue distingué, avait réuni un cabinet important d'objets d'art et d'antiquités : émaux, monnaies, médailles, bijoux, faïences; il possédait aussi des manuscrits anciens, des livres illustrés du XVIIIe siècle des ouvrages lorrains, en particulier, une collection fort curieuse d'almanachs lorrains, précieuse aussi pour l'historien qui y trouve les tableaux du personnel de toute l'administration du pays. Les pièces les plus rares de ce cabinet lui ont fourni la plupart de ses sujets d'étude. Cette précieuse collection fut en partie partagée par ses petits-enfants. Les monnaies, médailles furent vendues, à Paris, en 1920.

BUC'HOZ (Jean-Pierre). L. 1790 à 1793.

Cet ancien médecin du roi de Pologne, qui contribua à répandre en Lorraine le goût de la botanique, publia de nombreux travaux concernant l'histoire naturelle, etc.

Le désir d'accroître sa réputation joint à la nécessité de vendre ses compositions — plus de 300 volumes — l'obligèrent à se créer un atelier typographique, et d'imprimer lui-même les livres qu'il produisait, il prétendit que ses ouvrages lui coûtèrent 220.000 livres. Il fut obligé de vendre sa bibliothèque en 1778.

CAILLY (Charles). L. 1873 à 1881.

S'est occupé de l'histoire du Pays messin; ses travaux ont été publiés, principalement dans l'*Austrasie*, les *Mémoires de la Société archéologique et d'histoire de la Moselle*, les *Mémoires de l'Académie de Metz.* C'était surtout de sa bibliothèque que M. Cailly était fier. Il connaissait ses livres, il les appréciait et il savait en tirer parti.

CHAPELIER (abbé Charles). L. 1888 à 1923.

Bibliophile, archéologue, acheta la bibliothèque de l'abbé Deblaye (1) qu'il augmenta, il légua ses manuscrits et ses collections à la Bibliothèque du séminaire de Saint-Dié. Il a entrepris de nombreuses publications se servant des notes préparées par l'abbé Deblaye et en les complétant, sauvant ainsi de l'oubli des documents qui, sans lui, eussent été perdus.

CLOÜET (abbé Louis). L. 1847 à 1870.

L'abbé Cloüet succéda, en 1837, à M. François Cloüet, son père, comme bibliothécaire de la ville de Verdun. C'était un « érudit que l'Église compta parmi ses prêtres les plus vertueux, l'Université parmi ses meilleurs maîtres, la science historique au nombre de ses interprètes les plus dévoués et les plus judicieux » (2). Versé dans l'étude des antiquités religieuses de notre pays, l'abbé Cloüet avait de plus trouvé dans une immense collection de titres originaux commencée à l'époque de la destruction des monastères, — et dont il était le légitime propriétaire, — les ressources les plus précieuses pour publier de remarquables articles dans les *Mémoires de la Société philomatique de Verdun* et aussi de l'*Histoire ecclésiastique de la province de Trèves*, l'*Histoire de Verdun et du pays verdunois*, son œuvre de prédilection.

La plus grande partie des collections Cloüet, à l'exception des pièces sur Verdun, provenait des ventes du comte Emmery, c'est ce que nous montre l'extrait suivant d'une lettre de l'abbé Cloüet du 5 mai 1852, adressée

(1) Voir p.

(2) Henri OMONT, *Mettensia* VII.

à M. Beaupré (1) : « Grâce à la vente Emmery, j'ai beaucoup accru ma collection : quand vous l'avez vue, elle ne renfermait que Verdun; maintenant, ce sont de véritables archives messines, touloises, lorraines; et, sur bien des points, je suis plus riche que notre ami M. Noël lui-même... »

Le Comte Emmery avait formé une magnifique collection de documents sur la Lorraine et les Trois-Évêchés : « Il avait acquis la collection Lemoine, de Moyen-Vic, dont le fonds provenait de Nicolas, de Nancy, entre les mains duquel se trouvaient tous les papiers laissés par Voillot, secrétaire des ducs de Lorraine Charles III, Henri et Charles IV (2) ». En 1849, la collection fut vendue par son fils, la ville de Metz n'avait pas voulu racheter ses anciennes archives qu'on lui avait proposé d'acquérir en bloc.

Les héritiers de la famille Buvignier-Cloüet vendirent à Verdun, en 1909, des ouvrages lorrains; dans le catalogue, nous remarquons une *Nancéide*, un *Missale Virdunense* de 1509, de toute rareté, quelques manuscrits.

Au mois de décembre 1915, nous dit M. H. Omont, à la veille de l'attaque de Verdun, le département des manuscrits de la Bibliothèque nationale a pu recueillir deux importantes collections de documents relatifs à l'histoire de la Lorraine, principalement de Metz et de Verdun, collections acquises des héritiers de Mlle Buvignier (3). Il y avait 75 volumes sur l'histoire de Metz provenant de la vente Emmery. La collection Buvignier-Cloüet relative à l'histoire de Verdun et de la Lorraine se composait de 63 volumes. En dehors de ces 138 volumes, il y en avait encore 28 autres qui sont classés à la Nationale dans le fonds latin et français (4). On a commencé aussi l'ana-

(1) Collection Laprevote.

(2) *Mettensia*, VII.

(3) M. Léopold Delille voulait antérieurement acheter la collection Buvignier-Cloüet; il avait fait un rapport par lequel il prouvait que cette collection appartenait légitimement à l'abbé Cloüet et n'était pas de provenance suspecte comme on l'a supposé, il félicitait cet érudit d'avoir sauvé ces précieux documents.

(4) Cf. *Mettensia*, fascicules VIIe et suivants.

lyse des pièces de cette même collection et provenant du même achat, versées aux Archives de la Meuse, à Bar-le-Duc, il y a de tout : chartes, manuscrits, pièces imprimées, copies anciennes de pièces rares, etc. Les Archives de Meurthe-et-Moselle et celles des Vosges receuillirent, aussi, des documents intéressants.

CUNY (Albert). L. 1872 à 1904.

Possédait quelques volumes de choix, des livres provenant de la vente Chartener, l'ouvrage d'Appier, celui de Héré en bel exemplaire, des gravures de Callot; c'est ce que nous apprend le catalogue de la vente.

DEBLAYE (Abbé J.-F.). L. 1862 à 1883.

Érudit, d'un caractère difficile, consacra une partie de son existence à rassembler des objets d'art, des livres, des manuscrits intéressants pour l'histoire de notre province, notamment sur Jeanne d'Arc et des documents sur Pierre Fourier qu'il utilisa pour publier quelques travaux concernant ce saint. Un des premiers collectionneurs d'ex-libris lorrains, cette collection, comprenant 183 pièces, fut l'objet d'une étude faite par M. de Chanteau.

La bibliothèque, les documents de l'abbé Deblaye furent acquis, à sa mort, par l'abbé Chapelier (1).

DROUAS DE BOUSSEY (Mgr Claude). L. 1754.

Ce prélat modeste qui a laissé la réputation d'un orateur éloquent et d'un pasteur zélé, avait une importante bibliothèque qui fut vendue à Toul en 1780. Nous voyons dans le catalogue des livres concernant la liturgie de Toul, des ouvrages rares imprimés à Metz, à Toul concernant la théologie; il possédait l'œuvre de dom Calmet, la *Pompe funèbre de Charles III*, etc.

---

(1) Voir p. .

Dufresne (Antoine-François). L. 1873 à 1882.

S'est occupé d'histoire, de numismatique, d'archéologie; il possédait une importante collection de livres lorrains et surtout de précieux documents concernant principalement les évêchés de Toul, où il avait été avoué, et de Metz, où il remplit les fonctions de conseiller de préfecture.

Ces diplômes carolingiens, chartes, bulles, etc., avaient été réunis d'une façon peu correcte ce qui donna lieu, après sa mort, à un procès. L'État français, agissant par le préfet de Meurthe-et-Moselle, le 29 avril 1894, avait contraint M. François Dufresne, ancien notaire, son fils, à remettre aux mains de M. Duvernoy, archiviste, à titre de dépôt provisoire, seize cartons contenant de nombreuses pièces. M. Dufresne proteste et en demande la restitution.

La Cour d'appel de Nancy, les 25 et 26 mars 1894, posa en principe le bien fondé de la demande en revendication de l'État et nomme un expert, M. Giry, professeur à l'École des Chartes, à l'effet de rechercher parmi les documents ceux qui constituent des archives appartenant à l'État et quels sont ceux pouvant appartenir à M. Dufresne. On lui reprochait d'avoir fait de nombreux et précieux emprunts aux archives de la ville de Toul et de ne pas les avoir restitués, de même à Metz. Il dira qu'un grand nombre de ces pièces ont été trouvées à l'Arsenal de cette ville, où elles servaient à faire des gargousses. Un arrêt de la Cour d'appel du 16 mai 1896 confirma celui de 1894 et adjoignit à M. Giry, MM. Charavay et Pfister comme experts. Dans le procès-verbal d'expertise de 63 pages, plus un supplément, sont désignées les pièces qui doivent revenir à l'État.

Dumont (Charles-Emmanuel). L. 1844 à 1878.

Ce magistrat-historien avait une bibliothèque intéressante, vendue, en 1878, à Verdun. On y remarquait des livres rares, des factums, des autographes. Non content de fouiller les archives des greffes, d'étudier les documents de tous genres, tant manuscrits qu'imprimés qu'il utilisa pour ses savants travaux, M. Dumont avait réuni une collection d'instruments de torture et d'exécution criminelle que ses héritiers donnèrent au Musée lorrain

DURIVAL (Nicolas). L. 1760 à 1793.

L'auteur de la *Description de la Lorraine et du Barrois* avait un cabinet renfermant des objets précieux, des livres, des documents, etc.

Dans une lettre (1) datée du 25 ventôse an III, à l'abbé Grégoire, il écrit « J'ai été charmé de vos éloquentes philippiques contre les modernes Vandales et les Verrès. Hélas ! je tremble encore de leur passage à Nancy. S'ils eussent eu connaissance de mon cabinet, j'étais perdu. Tableaux, portraits, estampes, livres, tout aurait passé par leurs mains sacrilèges... » Il dira aussi à cette époque à la Convention : « J'ai déjà vendu pour vivre une maison de ferme et une vigne. J'emprunte, mais le défaut de crédit m'ôtera encore cette dangereuse ressource, et je serai obligé de vendre pièce à pièce, livres, tableaux, estampes, curiosités naturelles, enfin tout ce qui faisait le charme de ma vie... ». S'il ne fut pas réduit à cette dernière extrémité, il nous faut regretter amèrement ce qui se passa à la mort du dernier des Durival, lorsqu'on vendit sur la place du Marché, à Nancy, sa bibliothèque et ses papiers. De son vivant, il avait donné à la Bibliothèque de la ville une certaine quantité d'ouvrages précieux; le catalogue de sa bibliothèque, imprimé en 1766, et complété à la main jusqu'en 1790, renfermait des livres lorrains précieux, dont la *Nancéide*, qui servirent à ce savant désintéressé.

Son frère, Jean-Baptiste, mort à Heillecourt le 14 février 1810, légua aussi quelques ouvrages à la Bibliothèque publique de Nancy.

---

(1) Collection Laprevote.

Duval (Valentin Jamerai). L. 1753 à 1775.

Il possédait un si joli ex-libris qu'il devait avoir une bibliothèque particulière. On sait que jeune pâtre, pour se procurer des livres, il se fit braconnier en dépit des édits des ducs, les produits de sa chasse lui permirent d'acheter une géographie et des cartes.

Un généreux protecteur, le comte de Vidampierre, l'envoya étudier à l'Université de Pont-à-Mousson. Il devint célèbre astronome, professeur d'histoire et de géographie. Léopold, puis François III, lui confièrent la garde de la bibliothèque qu'ils avaient formée.

Jusqu'en 1750, il n'y avait pas en Lorraine de collections publiques de livres et de manuscrits; on n'y signalait que les collecitons particulières. Au xvie siècle, le duc Antoine avait réuni au palais, pour son usage, un grand nombre d'ouvrages précieux qui furent dispersés lors des malheurs du duché, au xviie siècle (1).

Fachot (Claude). L. 1802 à 1809.

Bibliothécaire-archiviste-trésoirer-questeur de l'Académie de Stanislas, en 1802, bibliophile distingué aussi, fut nommé ainsi que l'abbé Marquet, le 17 mai 1791, commissaire-bibliographe, chargé de faire transporter, arranger, dans la grande salle de l'Université, les livres, manuscrits des bibliothèques des maisons religieuses supprimées.

Il nous raconte (2) qu'en 1791, tous les matins, on battait la générale et que tous les citoyens qui faisaient partie de la garde étaient obligés de se rendre dans un lieu désigné pour apprendre les évolutions militaires et que, plus

(1) L'inventaire de cette bibliothèque, publié par M. de Chanteau dans les *M. S. A. L.* de 1880, a fourni à M. Albert Collignon la matière d'une savante étude bibliographique parue dans les *Mémoires de l'Académie de Stanislas*, 1906-1907.

(2) *Copie fidelle de différentes pièces authentiques qui concernent Claude Fachot*, à Nancy, 1810. Manuscrit 972 (434) de la Bibliothèque publique de Nancy.

tard, il eut la chance, en tirant au sort, d'échapper à la conscription. « J'avais près de trente-neuf ans, l'amour et mes occupations suffisaient pour me dégoûter du métier de la guerre. Je n'aurais pas troqué ma place de commissaire-bibliographe contre le grade de général; d'ailleurs, j'aimais une demoiselle qui avait su captiver mon cœur par d'excellentes qualités; je lui avais promis le mariage et j'ai effectué ma promesse dans la suite. »

Citons le passage suivant du Dr Lamoureux que nous lisons dans l'éloge qu'il fit de Fachot : « Vous vîtes entassés ignominieusement des livres du département des Vosges, transportés ici avec moins de précautions que ce bois à brûler qui croît sur ces montagnes et vendus de même à la toise ou du moins à la balance. Lorsque vous marchiez en frémissant sur les livres feuilletés autrefois par les Montfaucon, les dom Calmet et tous ces remarquables savants qui ont bien mérité des lettres et de la religion, pourriez-vous ne pas faire une comparaison flatteuse pour cette ville entre l'état florissant de notre bibliothèque et le mépris avec lequel on traitait celles de Senones, de Moyenmoutier et d'Étival? Qui de vous ne disait alors : S'il y avait eu dans ces cantons un homme tel que Fachot! A la vérité nous ne trouverions pas à vil prix tant d'excellents ouvrages, mais nous n'aurions pas la douleur de voir détruire des collections si riches... Puisque de tels brigandages ont pu se commettre impunément à côté de nous, il est probable que si nous n'avions pas eu des bibliothécaires instruits fidèles, laborieux, notre bibliothèque, loin de s'enrichir des dépouilles des autres, serait aussi devenue la proie des dilapidations et des barbares. »

Parmi les livres que possédait Claude Fachot, signalons les *Amusemens*, de Breyé, recueil rare décrit par M. Favier dans le *Trésor du bibliophile lorrain.*

François de Neufchateau (Nicolas-Louis).
L. 1766 à 1825.

Il marquait ses livres d'un ex-libris prétentieux, après seize vers où il remercie l'Empereur de l'avoir anobli, on lit les titres et qualités du possesseur. Sa bibliothèque comprenant 1.600 numéros fut vendue pour « cause de déménagement », en 1827 ; elle se composait surtout d'ouvrages concernant la jurisprudence, l'agriculture et de quelques livres lorrains.

Rappelons seulement que lorsqu'il était lieutenant général au bailliage de Mirecourt, il assistait plus souvent aux séances de l'Académie de Stanislas qu'aux audiences du présidial de cette ville.

GILLET (Nicolas-Antoine-Pascal-Modeste).
L. 1847 à 1864.

Parmi les 602 numéros du catalogue de la vente de ce collectionneur, de cet érudit distingué et de ce bibliophile émérite qui eut lieu en 1865, après son décès, en plus des manuscrits avec miniatures, des livres singuliers concernant le droit, des ouvrages curieux en divers genres, de belles reliures, nous remarquons une importante collection lorraine : *Les dévôts élancemens....* d'Alphonse de Ramberviller; les chroniques de Champier, le *Triomphe du Corbeau*, exemplaire provenant de G. de Pixerécourt; la *Nancéide*, *Les Dialogues des trois estatz...*, de du Boullay; le *Combat à la Barrière*, *Le Parnasse des poètes français modernes*, par Gilles Corrozet, sorti des presses du premier imprimeur établi à Nancy, en 1572, exemplaire qui a servi à Beaupré pour son travail.

Les principaux ouvrages possédés par M. Gillet étaient annotés et décrits avec compétence par cet ancien conseiller à la Cour de Nancy, qui utilisa les documents qu'il avait réunis pour faire paraître quelques études intéressantes dans les publications de la Société d'archéologie.

Il possédait aussi une importante collection de médailles et monnaies du pays.

GUILBERT DE PIXERÉCOURT (Charles). L. 1825 à 1843.

Dès l'enfance, il avait aimé les livres; au collège de Nancy il commence à se former une bibliothèque avec les prix qu'il a remportés et à l'aide de l'argent de ses menus plaisirs; il eut ainsi 200 volumes dont le choix attestait un véritable intérêt de bibliophile : c'étaient ces mignonnes éditions Cazin; elle disparut, un jour, pour payer une dette de jeu. Il en forma une deuxième qui eut le même sort; enfin une troisième qu'il conserva jusqu'en 1838, une des plus connues avec celles du comte d'Hoym et de Girardot de Préfond. Le plus violent tourment que puisse éprouver un homme de lettres, doublé d'un érudit, est celui de vendre ses livres, et il faut avoir d'excellentes raisons de le faire comme Guilbert de Pixerécourt lorsqu'il vendit ses magnifiques collections, après l'incendie du théâtre de la Gaîté, en 1835, dont il était le directeur, et où il perdit dans cette catastrophe la moitié de sa fortune. D'autant plus que ses livres étaient ou fort rares, sortant des presses d'Alde, d'Elzévir, etc., ou richement habillés par Du Seuil, Padeloup, Derome, Bauzonnet, Thouvenin, Simier. Connu par la délicatesse exquise de son goût, rien de médiocre ne pouvait le satisfaire.

Le catalogue de sa bibliothèque, enrichi de notes de Ch. Nodier et de Paul Lacroix, contenait 2.313 numéros. Il possédait en outre une collection curieuse concernant l'histoire de la Révolution : poésies, chansons, théâtre révolutionnaire contenant plus de 900 pièces de tous genres, il y avait en tout 160 cartons. Il mit trente ans à réunir cette collection unique sur la Révolution et malgré une offre tentante de l'Angleterre, il la céda à la Chambre des Pairs moyennant 3.000 francs.

Il est temps de parler des livres lorrains contenus dans cette bibliothèque connue dans tous les pays de l'Europe où se trouvent des amateurs de livres, et dont le total de la vente produisit 74.956f 65. Nous y remarquons des brochures curieuses sur les juifs de Metz; un livre fort rare d'Olivier de La Marche, imprimé à Metz en 1516, chez Gaspard Hochfeder, vendu 671 francs, un des prix les plus élevés de la vente. Les œuvres de Gilbert, de Saint-Lambert, la *Chronique* de Volcyre; le *Discours des choses advenues*, de N. Remy, aux armes de Louis XIII, le *Siège de Metz*, le *Triomphe du Corbeau*, etc.

Après sa mort, il y eut une deuxième vente, en 1849;

le catalogue comprenait 280 numéros; quelques livres avaient déjà figuré dans le premier soit qu'il les eût retirés, ne voulant pas s'en défaire, soit qu'il les eût rachetés. On y rencontre encore quelques livres lorrains et surtout un magnifique exemplaire de l'ouvrage de la Borde: *Essai sur la musique ancienne et nouvelle*, ayant appartenu à Grétry et annoté par ce dernier.

Ce père du mélodrame ne pouvait oublier de célébrer les faits mémorables de sa patrie. En 1814, il fit représenter sur les théâtres de Paris : *Charles le Téméraire ou le siège de Nancy*, drame héroïque en trois actes et en prose, dédié à la ville de Nancy, dont il a offert à cette dernière un superbe exemplaire avec dédicace calligraphiée en lettres d'or.

Guilbert de Pixerécourt est le fondateur de la société des Bibliophiles français.

GUILLAUME (Abbé Pierre-Étienne). L. 1843 à 1883.

Un des membres les plus actifs de la Société d'archéologie et qui a publié de nombreux travaux dans ses publications. Il possédait parmi son importante bibliothèque lorraine quelques livres rares de liturgie du XVIe siècle.

L'aumônier de la chapelle ducale devait s'intéresser d'une façon particulière à tout ce qui pouvait rappler le souvenir des évêques de Toul, dont il a été l'historiographe; aussi l'auteur de l'*Histoire du diocèse de Toul et de celui de Nancy*, exprima-t-il le désir qu'après sa mort ces témoins infaillibles d'un passé qu'il avait étudié avec tant de zèle fussent déposés au trésor de la cathédrale de Nancy. Ces livres ont été décrits minutieusement par M. Favier, le plus rare est le *Missale ad consuetudinem... ecclesiæ Tullensis*, imprimé en 1508 (1). Il n'oublia pas non plus la Société d'Archéologie, à laquelle il légua quelques tableaux et des livres intéressants.

---

(1) *J. S. A. L.*, pp. 86-88.

HALDAT DU LYS (Charles-Nicolas ALEXANDRE de).
L. 1802 à 1852.

Les productions de ce savant docteur se rapportent à des sujets divers : la médecine, la physiologie, l'histoire naturelle, la chimie, l'archéologie, l'histoire; elles ont été l'occasion d'une multitude d'écrits conservés dans les *Mémoires de l'Académie de Stanislas* dont il a été le secrétaire perpétuel pendant cinquante ans.

Sa bibliothèque fut vendue en 1853, après sa mort, dans la salle du rez-de-chaussée de l'Université, 43 rue Stanislas. Parmi les 3.121 numéros du catalogue, nous voyons des ouvrages concernant la théologie, les sciences, les arts, les belles-lettres, l'histoire et une faible partie concernant la Lorraine en regard des autres; parmi les volumes rares concernant notre province, nous remarquons : *Le premier livre des instruments mathématiques...*, d'Errard de Bar-le-Duc, imprimé à Nancy par Jean Janson en 1584, qui passa ensuite dans la collection Thiéry-Solet.

HAMONVILLE (Jean-Charles-Louis TARDIF, baron d').
L. 1830 à 1899.

Naturaliste distingué, son principal ouvrage : *La Vie des Oiseaux* lui a valu une juste notoriété; il a souvent écrit dans les bulletins ou les mémoires de la Société zoologique de France. Parmi son importante bibliothèque on remarquait quelques ouvrages lorrains; sa riche collection ornithologique était célèbre.

HYVER (Abbé Charles). L. 1874 à 1917.

Il accompagna le cardinal Lavigerie, en Afrique, puis se consacra à l'enseignement. Ce prêtre avait réuni une importante collection de livres et de documents concernant l'Université de Pont-à-Mousson, qui lui permirent de publier des études sur l'histoire religieuse de cette ville, sur son Université, qui ont paru dans les *Mémoires de la Société d'archéologie*, dans la *Semaine religieuse* du diocèse de Nancy ou dans les *Mémoires de la Société philotechnique de Pont-à-Mousson* dont il fut un des fondateurs, en 1874.

Sa bibliothèque fut vendue pendant la guerre à un libraire de Paris.

LALLEMENT (Louis). L. 1860 à 1889.

Cet avocat éloquent, cet historien savant, ce chercheur de tout ce qui se rattachait à notre pays fut un des membres les plus actifs de la Société d'archéologie; il possédait une bonne bibliothèque lorraine, — conservée encore , en partie, par sa famille, — qui lui servit à nous donner d'intéressants travaux parus principalement dans les publications de la Société d'archéologie.

LAMOUREUX (Jean-Baptiste-Justin). L. 1809 à 1859.

Ce collaborateur de la *Biographie universelle* de Michaud et du *Dictionnaire des anonymes* de Barbier vendit en 1855 sa collection d'autographes; ses livres furent dispersés après sa mort, en 1864. Le catalogue, très bien rédigé, contient beaucoup d'ouvrages lorrains; Jules Janin a fait ressortir d'une manière piquante le mérite et l'importance de cette collection qui comprenait 2231 numéros concernant la théologie, la jurisprudence, les belles-lettres, l'histoire, la Lorraine; il faut remarquer parmi ces dreniers ceux concernant les patois de notre province, son histoire, des livres sur Metz, Nancy, etc.

Reproduisons la note de Beaupré placée en tête de son exemplaire du catalogue (1) de la bibliothèque Lamoureux : « Si mon ancien collègue Justin Lamoureux revenait au monde, il serait bien surpris de trouver dans sa

(1) Collection Laprevote.

bibliothèque bon nombre de livres qu'il n'a jamais eus, que même il n'a jamais vus. Il en est un sourtout qui exciterait son étonnement, c'est le nº 1550 dont l'impression, en 1862, est postérieure de plus de deux ans à sa mort, arrivée le 25 décembre 1859. Des surprises d'un autre genre ont été ménagées par M. Téchener aux adjudicataires des livres portés ence catalogue, à ceux-là surtout qui, connaissant M. Lamoureux, savaient qu'il n'admettait dans sa bibliothèque que des exemplaires complets. »

Il aimait surtout, nous dit-on, un genre d'études auxquelles son cœur le rendait essentiellement propre : nous voulons parler des biographies où il a mis la douce équité, la bienveillance sévère, la tolérance éclairée d'un sage.

Laprevote (Charles-François). L. 1869 à 1886.

Numismate distingué, possédait une importante collection de monnaies et médailles lorraines. Curieux de notre histoire et de nos souvenirs locaux, ce secrétaire perpétuel de la Société d'archéologie avait réuni une importante collection d'autographes, de portraits lorrains, de gravures de Callot, de livres dont la plus grande partie concernait notre province.

En 1850, il acquit à la vente Emmery des manuscrits concernant les Vosges et particulièrement Mirecourt, ce qui lui permit de nous donner entre autres productions une *Notice biographqiue et historique sur la ville de Mirecourt.* Il possédait le seul exemplaire connu du premier livre imprimé dans cette ville : *Officciam beatæ mennæ Virginis*, par Ambroise, en 1616.

Ces précieuses collections sont pieusement conservées et augmentées journellement par son petit-fils, M. Paul Laprevote.

Leclerc (Laurent). L. 1864 à 1880.

Le premier président Leclerc partageait sa laborieuse existence entre ses devoirs officiels et ses études historiques locales. Il aimait les livres, il aimait son pays, aussi avait-il formé une belle bibliothèque juridique et lorraine qui lui facilita ses travaux et charma ses jours. Ses livres choisis avec soin étaient nombreux; il en possédait de rares concernant notre pays; cette collection fut dispersée il y a quelques années.

Il prononça de nombreux discours pour les audiences de rentrée dans lesquels il fit œuvre d'historien, parlant de nos anciennes institutions judiciaires. Son discours de réception à l'Académie de Stanislas : *Notice sur Nicolas Remy*, est très intéressant.

Marchal (Abbé Laurent). L. 1851 à 1870.

Cet humble et affable curé d'Heillecourt, puis de la paroisse Saint-Pierre de Nancy fut un de nos plus doctes lotharingistes. Il passa modestement sa vie à former une riche collection de livres lorrains; il n'avait qu'une ambition : l'accroître sans cesse; elle faisait son orgueil et sa joie; il avait su à force de persévérance et de privations la rendre une des plus riches de Nancy, recherchant les meilleures éditions; il ne la gardait pas pour lui seul, se faisant un plaisir de communiquer ses livres, ses manuscrits aux personnes qui allaient lui demander de les consulter.

Selon son désir, cette collection ne fut pas dispersée; elle a trouvé place dans le palais ducal : peu avant sa mort, le Comité du Musée lorrain l'acquit à un prix très modéré.

En 1869, il avait donné à la Bibliothèque municiaple des manuscrits et des notes provenant de l'abbé Grégoire. Cette riche bibliothèque renfermait de belles reliures en maroquin, aux armes, des ouvrages reliés par le nancéien Bouchard, des livres de la plus insigne rareté : 20 sur les 100 ouvrages décrits par M. Favier dans le *Trésor du bibliophile lorrain* servirent à ce savant auteur.

Ce bibliophile possédait, dit Beaupré, la 3e édition du *Discours des choses advenues*, de N. Remy, imprimé à Épinal, en 1626, seul exemplaire connu; un livret de quelques pages, imprimé à Nancy le 18 novembre 1566 par Nicolas Hiérosme, antérieur de six ans au *Parnasse des poètes français*.

L'abbé Marchal copiait, en les calligraphiant, les Manuscrits qui lui semblaient intéressants; il s'est servi des matériaux qu'il avait sous la main pour nous donner d'intéressantes productions qui eussent été encore plus nombreuses s'il n'avait eu le désir de trop bien faire; elles attestent toutes une grande sagacité; rappelons seulement un mémoire sur les *Origines de la maison de Lorraine* et une *Édition critique de la Chronique de Lorraine.*

MEAUME (Édouard). L. 1847 à 1885.

En même temps que M. Meaume partageait son temps entre ses devoirs professionnels — il fut professeur pendant trente-deux ans à l'École forestière — et les œuvres d'érudition, il rassemblait une collection unique sur la Lorraine devenue sa patrie d'adoption, et à laquelle il consacra son activité et son intelligence. Il recueillait avec passion les livres, les autographes, les estampes, les monnaies et les médailles. Dans ce collectionneur il y avait quatre ou cinq hommes de mérite : un jurisconsulte, un lettré, un historien, un critique d'art et un homme d'esprit. Heureux ceux qui ont pu pénétrer dans sa retraite de Neuilly et qui l'ont entendu faire les honneurs de ses richesses.

Le 10 avril 1885, M. Meaume terminait la notice placée en tête du *Catalogue des livres et estampes* de M. G. Chartener par ces mots : « Il y avait autrefois, en Lorraine, quatre bibliophiles intimement liés et passionnés pour les livres relatifs à l'histoire de ce petit pays. Trois ont disparu — Gillet, Beaupré, Chartener (1) — à quand la dispersion des collections du quatrième, devenu ermite

(1) Le 23 mai 1884, Meaume avait écrit à M. Laprevote : « Quant aux livres de mon vieil ami Chartener, il n'y a pas, dans cette bibliothèque, plus de 12 ou 15 articles qui me conviennent. »

à Neuilly? C'est le secret de Dieu. » Ce devait être peu après.

Cinq catalogues de ses collections furent dressés en vue de la vente : le premier contient des incunables, des livres d'heures à l'usage de Toul, des ouvrages ornés de gravures de Callot, de Sébastien Le Clerc, la *Cosmographiæ introductio*, etc.; le deuxième est la suite du premier, il comprenait les ouvrages de M. Meaume, des biographies d'artistes lorrains, etc.; le troisième est le catalogue des monnaies et médailles; le quatrième mentionne les autographes concernant la Lorraine, soit 276 numéros; enfin, le cinquième, les estampes, l'œuvre de Callot, de Claude le Lorrain, de Sébastien Leclerc, des portraits lorrains, soit 3.842 pièces.

Toutes ces richesses étaient utilisées par lui, nous dit M. Guyot (1) : « Dans l'ouvrage en préparation, dans la brochure dont il réunissait les matériaux. Aussi, résultat étrange pour bon nombre de collectionneurs sérieux, ce travail une fois achevé, il se séparait sans regret de la plupart de ses pièces rares qu'il avait eu tant de peine à recueillir, pour en rechercher d'autres, et continuer ainsi la suite de ses études. » C'est ainsi qu'il vendit successivement plusieurs parties de ses collections : des livres en 1861, et des estampes en 1874 et en 1879, les deux derniers catalogues sont précédés de préfaces curieuses dont l'auteur est évidemment M. Meaume.

Il consacra ses veilles à faire revivre nos grands artistes lorrains, à énumérer et à bien décrire leurs œuvres, ces monographies de peintres, de graveurs, accompagnées de notices ont paru en grande partie dans les *Mémoires de l'Académie de Stanislas*. Là aussi, furent publiées les *Recherches sur la vie et les ouvrages de Jacques Callot*; après sept années consacrées au grand artiste, il produisit ce livre qui fait encore autorité. C'était le sujet de son discours de réception; la publication de ce travail n'en a pas permis la lecture en séance publique. Au nom de Callot doit être associé celui de Meaume.

---

(1) Ch. Guyot, *M. Édouard Meaume, sa vie et ses œuvres*. Nancy, Berger-Levrault et Cie, 1886.

MEIXMORON DE DOMBASLE (Charles de).
L. 1887 à 1912.

Cet artiste aimable et distingué possédait 4.000 volumes environ principalement sur les Beaux-Arts, quelques ouvrages lorrains, des dessins; cette collection fut dispersée en partie après sa mort. Il utilisa ses connaissances de critique d'art pour donner dans les *Mémoires de l'Académie de Stanislas* et dans la *Revue lorraine illustrée* quelques travaux intéressants sur des peintres du pays.

MOLLEVAUT (Étienne). L. 1802 à 1809.

Trois membres de cette famille appartinrent à l'Académie de Stanislas. Étienne, député à la Convention, puis professeur d'histoire à la Faculté des lettres de Nancy, bâtonnier de l'ordre des avocats, avait eu sa bibliothèque confisquée à la Révolution, elle comprenait 940 volumes.

MOREY (Mathieu-Prosper). L. 1883 à 1884.

Cet éminent architecte, consciencieux et désintéressé, qui ne dépassa jamais, dit-on, les prévisions de dépense de ses devis et qui refusa toute rémunération pour la construction de l'église Saint-Epvre, possédait une importante collection de gravures, de documents, d'ouvrages d'architecture, de livres lorrains, de dessins de Boffrand, de Girardet, etc.; elle fut dispersée en 1920.

Il est l'auteur d'études artistiques, scientifiques et historiques, en particulier sur Héré, Boffrand et Mique.

MORY D'ELVANGE (François-Dominique).
L. 1782 à 1793.

Les révolutionnaires de 1793 n'oublièrent pas cet érudit, il fut exécuté le 16 mai 1794. Rappelons que, demeuré à Nancy par fidélité à l'Académie, il préparait une lecture pour la séance publique du 8 mai 1793; c'était un *Essai sur l'utilité des collections de monnaies*; elle ne put se faire,la Convention nationale ayant supprimé toutes ces sociétés.

Il possédait une importante bibliothèque, de nombreux manuscrits qui firent partie des collections Noël, Marchal, Lamoureux. Parmi ceux qui sont à la bibliothèque municipale, certains doivent être considérés comme des faux (1). Il prétendait qu'il avait copié les coupures de Bournon chez M. de Thomerot, les mémoires de Michel Érard chez M. de Reboucher, les mémoires de Florentin le Thierriat chez le chanoine Villemin, or ces manuscrits n'ont jamais été retrouvés.

Il s'appliqua avec ardeur à l'étude de l'histoire locale et à la numismatique, visitant les collections de monnaies lorraines, plus de 50, dit-on, se mit en rapport avec Dupré de Geneste, Dupont de Romémont, Dordelu, etc. De 1766 à 1780 il rechercha les médailles qui avaient échappé aux numismates lorrains; aux 200 connues il en a ajouté 1.150. Les documents qu'il avait réunis lui permirent de publier quelques travaux historiques, un catalogue de l'œuvre de Saint-Urbain et de composer un *Recueil pour servir à l'histoire métallique des maisons et duchés de Lorraine et de Bar* qu'il ne put faire imprimer vu la modicité de sa fortune.

Il se servait de cinq ex-libris différents pour marquer ses livres.

NOËL (Françaois-Jean-Baptiste). L. 1839 à 1855.

Cet ancien notaire avait ramassé la plus rare et la plus nombreuse collection lorraine que puisse désirer aujourd'hui un amateur passionné et en avait dressé, sans ordre, sans méthode, le catalogue sur un plan confus et défectueux. Je n'analyserai pas les richesses recueillies pendant quarante ans par Noël : les catalogues de ses

(1) Chr. PFISTER, *Les régions de la France*, VIII, p. 16.

collections étant entre les mains de tous les amateurs lorrains.

Il acheta à MM. Protin de Vulmont et Gérard d'Hannoncelles, tous deux anciens conseillers au Parlement de Metz, les pièces relatives aux contestations de leur cour avec celle de Stanislas; à M. Fachot, ce qui regardait l'affaire de Nancy; à M. Bertier de Roville, des brochures révolutionnaires; à l'abbé Ficher, curé de Flavigny, celles concernant la lutte contre le clergé; à M. Oudinot, ce qui est relatif à la Garde nationale; il a acquis tout ce qu'il a pu se procurer venant de Mory d'Elvange, de Dupont de Romémont, de Dupré de Geneste, d'Emmery, quoique, dit-il : « Nous voyant marchander un livre on supposait qu'il devait être bien rare parce qu'il nous manquait et on semblait nous tâter le pouls pour savoir de combien on pourrait nous surfaire. ... On a inventé l'elzéviromètre pour mesurer les marges. Effectivement c'est bien la largeur des marges qui détermine le mérite des exemplaires d'un même ouvrage. Il nous souvient d'avoir eu, il y a une cinquantaine d'années, pour médecin, un friand bibliophile — le Dr Martin. — A sa première visite, il remarqua un volume de ma bibliothèque, à sa seconde il s'était pourvu de son bout de toise et avant de me tâter le pouls, il avait mesuré la hauteur du volume que nous avons été obligé de lui céder, craignant qu'au cas de refus, ses soins ne nous rendissent dangereusement malade ».

Il exprima le regret que sa fortune, la position de sa nombreuse famille ne pussent lui permettre de faire don de ses collections, mais il offrit de les céder avec perte du quart au tiers de leur valeur réelle, étant certain d'obtenir un prix supérieur à Paris, à Vienne ou à Londres, mais : « J'aime mes collections comme on aime des enfants adoptifs; elles m'ont aidé à surmonter mes chagrins; elles ont fait diversion à mes douleurs et lorsqu'elles doivent échapper à mes mains débiles, je dois faire des vœux pour qu'elles restent unies en sœurs, pour qu'elles inspirent à mes compatriotes comme elles me l'ont inspiré, l'amour de la vérité, de la patrie, du foyer ».

L'estimation la plus élevée d'un de ses objets précieux était un tableau de Claude Gelée : 15.000 francs. Il consentait à laisser le tout pour 50.000 francs, perdant plus de 20.000 francs, sacrifice qu'il ferait volontiers pour coopérer à la formation d'un musée lorrain, soit à Nancy, à Épinal, à Bar-le-Duc, à Metz, ou dans une localité dépendant de l'ancienne province de Lorraine. Comme ses offres ne furent pas acceptées, il laissa à ses héritiers le soin de pourvoir au placement du tout de la manière qu'ils jugeront la plus convenable : « Nos collections peuvent être dispersées ou anéanties, mais notre catalogue restera et la postérité pourra juger si l'on a eu raison de les abandonner. »

La postérité a jugé et elle regrette que ces richesses uniques n'aient pas été achetées en totalité par la ville de Nancy qui n'en acquit qu'une partie, en mars 1856, son choix se portant principalement sur les manuscrits.

Une vente publique eut lieu en 1887, une autre en 1888.

Parmi les publications de Noël, nentionnons les *Mémoires pour servir à l'histoire de Lorraine*, et nous ne parlerons pas de la brochure où il nous dit que les chemins de fer seront ruineux pour la France.

PIROUX (Joseph). L. 1833 à 1884.

Cet ancien directeur de l'Institut des sourds-muets, œuvre dont s'enorgueillit Nancy, se dévoua au soulagement matériel et moral des malheureux privés à la fois de l'ouïe et de la parole. Il avait recueilli de son père, architecte à Lunéville, une importante bibliothèque composée d'environ 2.000 volumes et comprenant des ouvrages concernant les sciences, le droit, l'architecture, les coutumes, des livres lorrains; parmi ces derniers on remarquait les publications de dom Calmet, etc. Il possédait, aussi, des gravures, des dessins. Cette bibliothèque fut en grande partie partagée entre ses enfants.

PSEAUME (Étienne). L. 1815 à 1825.

Tour à tour jurisconsulte, homme politique, libraire, bibliographe, homme de lettres, journaliste, académicien et vigneron, dit Dumont, — ajoutons bibliomane — mais il ne fut pas prêtre, quoique dans l'intimité ses familiers l'appelèrent l'abbé Pseaume.

Il avait voulu trouver dans la restauration de l'Académie de Stanislas : « Un refuge au patriotisme lorrain, un hommage aux lettres et à leurs plus dignes défenseurs ». En l'an X, cette compagnie qui avait été dissoute, en 1793, tentait de se reconstituer; les promoteurs de la nouvelle société étaient : Mollevaut, Haldat et Coster-le-Citoyen; lorsque parut la première liste des membres qui la composaient, Pseaume remarqua l'élimination de deux de ses amis : Charles Palissot et Lionnois; il écrivit alors une lettre virulente à Mollevaut : on admit Palissot, Lionnois mourut sans avoir été reçu.

Noël nous dit que Pseaume était un un libraire d'une ngulière espèce lorsqu'il était établi à Nancy; il ne pouvait se déterminer à vendre un bon ouvrage, prétendant qu'il faisait partie de sa bibliothèque réservée. Sous la Restauration, il le trouva à Paris, correcteur d'imprimerie à raison de 1f 50 par feuille, logé dans un cabinet rempli de livres, son matelas posé sur une tablette prolongée de sa bibliothèque, lui servait de chaise, et il écrivait sur une pile d'in-folios surmontée d'une planche. Cependant il avait une chaise et une table, la chaise portait sa garde-robe et la table des assiettes. Voilà un temple de bibliomane : « Nous disons bibliomane et non bibliophile, le premier est passionné pour ce que contient les livres, le second nous paraît plus curieux des raretés et des belles reliures ».

Retiré à Commercy, il continua ses habitudes studieuses et mit sa principale distraction à composer une bibliothèque qui devint fort précieuse tant en ouvrages rares et anciens qu'en publications politiques; il l'ouvrait obligeamment aux personnes studieuses. En 1826, cette collection, si chère à son cœur, fut pour lui le sujet d'une émotion aussi grande qu'imprévue : à plusieurs reprises, le feu éclata dans sa maison; les circonstances étranges de ces sinistres obligèrent l'adjoint du maire à ordonner de mettre dehors non seulement les personnes, mais aussi les meubles, et la bibliothèque ne fut pas exceptée. L'exaspération de Pseaume ne connut plus de bornes et l'adjoint fut en proie à toute la verve acrimonieuse de l'homme de lettres, lui faisant un double crime de ses soupçons et du dérangement de ses livres.

Sa bibliothèque, comprenant 14.000 volumes, fut vendue 10.000 francs au libraire Téchener, qui en mit aussitôt 12.000 en adjudication le 30 mai 1829, à Commercy. On lui doit la conservation de nombreux documents historiques qu'il a su soustraire au vandalisme de son temps et qu'il a cédés à la Bibliothèque nationale, ainsi que la *Chronique* de Richer qu'il arracha des mains d'un procureur qui en faisait des tirets pour ses poudreuses paperasses. Un fait identique était arrivé à Jamet qui sauva des mains d'un vandale de son temps les Tables de Rice (1). Il en faisait des mouchoirs, le vilain, s'écrie Jamet indigné.

Son ouvrage le plus important est un *Dictionnaire bibliographique*, publié en 1824; ce n'est qu'une contrefaçon du manuel de Brunet et on lui reproche de n'avoir pas recherché avec plus de soin les ouvrages lorrains.

Sa passion pour les livres, ses habitudes excentriques n'influèrent-elles pas sur sa déplorable fin?

QUINTARD (Léopold). L. 1881 à 1908.

Il possédait des ouvrages lorrains, une importante collection de monnaies et de médailles concernant notre pays, collections dispersées après sa mort; elles lui servirent à nous donner des notices sur l'archéologie et sur la numismatique, parues, en grande partie, dans les publications de la Société d'archéologie dont il fut le président.

RENAULD (Jules). L. 1872 à 1883.

Avocat, avoué, juge de paix à Charmes où il recueillit des documents inédits pour composer un volume inté-

(1) L'abbé Rice, né à Neufchâteau, a fait de grands recueils sur les bénéfices, tant réguliers que séculiers, de Lorraine, ouvrages restés manuscrits.

ressant : *La ville de Charmes-sur-Moselle aux XVIe et XVIIe siècles.*

Il donna dans les publications de la Société d'archéologie des travaux variés, nombreux et remarquables, dont plusieurs sont accompagnés d'illustrations dues à l'habile crayon de l'auteur. Il était le gendre de M. Thiéry-Solet, dont les magnifiques collections, grâce à la générosité de ses héritiers, sont ou au Musée lorrain ou à la Bibliothèque municipale.

ROUYER (Jules). L. 1875 à 1897.

Il avait amassé avec beaucoup de discernement des collections importantes dont une partie se rattachait à la Lorraine; ses ouvrages et articles concernant cette province sont nombreux; il utilisa les documents qu'il avait recueillis. Les sciences accessoires de l'histoire lui étaient familières : diplomatique, paléographie, blason, etc., mais il était surtout attiré par la numismatique. Mort dans un âge avancé à Thiaucourt, il légua à la Bibliothèque nationale sa collection de jetons, comprenant plus de 5.000 pièces et au Musée lorrain une série de médailles religieuses.

SIMONIN (Jean-Baptiste). L. 1839 à 1870.

A l'exemple de M. Beaupré, il mettait sa riche bibliothèque à la disposition de toutes les personnes qui pouvaient en avoir besoin et non content de leur confier ses livres et ses manuscrits, il savait leur donner en même temps les plus utiles conseils. Ce directeur de l'École de Médecine de Nancy enrichit les mémoires de l'Académie de nombreux travaux; ce savant modeste en publia, aussi, dans les annales de la Société de Médecine, etc.

Son fils, M. Edmond Simonin, qui fut secrétaire perpétuel de l'Académie pendant trente ans, lut dans la séance du 6 septembre 1850, en présence du Congrès scientifique de France, un discours intitulé : *Coup d'œil sur l'histoire de la Société des Lettres, Sciences et Arts pendant un siècle* (1750-1850).

Cette famille offrit à la Faculté de Médecine de nombreux livres.

SOLIGNAC (Pierre-Joseph DE LA PIMPIE, chevalier DE). L. 1754.

Le premier secrétaire perpétuel de l'Académie de Stanislas et le premier bibliothécaire de la Bibliothèque publique avait entassé dans sa maison de Nancy de nombreux tableaux de valeur, des meubles de prix, etc. Dans l'inventaire du 3 mars 1773, dressé après sa mort, on voit qu'il possédait aussi beaucoup de gravures, des documents et quelques livres lorrains. André de Pirouel fut chargé de remettre à l'Académie ce qui concernait cette compagnie : mémoires, discours, registres, rapports sur les prix décernés, etc. (1).

THIBAULT DE MONTBOIS (Thimothée-François).

Ce censeur royal des livres possédait une très importante bibliothèque dont les livres étaient ornés d'un joli ex-libris gravé par Collin. Lieutenant civil et criminel du bailliage de Nancy, puis procureur général de la Chambre des Comptes, il disait selon Courbe : « Nancy, c'est moi ».

Comme littérateur il a laissé quelques œuvres aujourd'hui oubliées, comme magistrat quelques travaux sur la jurisprudence.

WILLEMET (Pierre-Remy). L. 1802 à 1806.

Aussi instruit que modeste s'adonna à l'histoire naturelle et surtout à la botanique, nous devons lui associer son petit-fils :

---

(1) Cf. P. BOYÉ, *Éloge historique du chevalier de Solignac.* Nancy Berger-Levraullt et Cie, 1905.

SOYER-WILLEMET (Hubert-Félix). L. 1825 à 1866.

Tous deux botanistes distingués, ils réunirent une importante bibliothèque qui leur servit à publier de nombreux travaux. Leurs livres furent vendus, à prix marqués, en 1868. On y remarquait des ouvrages anglais, allemands, français, concernant la botanique.

L'ancien bibliothécaire de l'Académie et de la ville de Nancy a enrichi les mémoires de cette société de nombreux travaux sur ses études favorites, fournissant de précieux renseignements aux savants qui ont écrit sur les végétaux. Ses études lui avaient inspiré l'amour des sciences agricoles, il fut un des membres les plus actifs de la Société centrale d'Agriculture de Nancy et le rédacteur, pendant de nombreuses années, du *Bon Cultivateur.*

Le premier se servait d'un ex-libris gravé par Collin, le second d'une copie de cette vignette.

TABLEAU DES MEMBRES

COMPOSANT

L'ACADÉMIE DE STANISLAS (1)

SUIVANT L'ORDRE DE RÉCEPTION

—

Juin 1928

BUREAU

—

Président : M. Ernest Aubin.
Vice-Président : M. Georges Renard.
Secrétaire perpétuel : M. Charles Guyot.
Secrétaire annuel : M. Pierre Bretagne.
Questeur : M. Émile Ambroise.

I

MEMBRES HONORAIRES

1916. 7 Juill. M. Pfister (Christian), Membre de l'Académie des Sciences morales et politiques, Recteur de l'Université de Strasbourg (Associé-correspondant le 2 juillet 1886,

---

(1) L'Académie de Stanislas, fondée à Nancy le 28 décembre 1750 par le roi de Pologne, duc de Lorraine et de Bar, a été reconnue institution d'utilité publique par décret impérial du 21 juin 1864.

Le titre de *membre de l'Académie* est exclusivement réservé par le règlement aux membres honoraires et aux membres titulaires.

La qualification d'*associé-correspondant* est attribuée aux anciens titulaires, aux associés-correspondants nationaux et aux associés-correspondants étrangers.

Membre titulaire du 3 février 1888 au 28 octobre 1902, Associé-correspondant ancien titulaire du 24 octobre 1902 au 6 juillet 1916), Strasbourg.

II

MEMBRES TITULAIRES

1918. 8 Nov. M. **Foch** (Ferdinand), Maréchal de France, commandant en chef des armées alliées, membre de l'Académie française, 138, rue de Grenelle, Paris.

1921. 18 Mars. M. **Lyautey** (Louis-Hubert-Gonzalve), Maréchal de France, membre de l'Académie française, 5, rue Bonaparte, Paris (6e) et château de Thorey, par Vézelise (Meurthe-et-Moselle).

1884. 18 Janv. M. Guyot (Charles), ancien Directeur de l'École nationale des Eaux et Forêts (Associé le 19 janvier 1883, Secrétaire perpétuel le 3 novembre 1911), 2 *bis*, rue de la Craffe, Nancy.

1888. 21 Déc. M. Millot (Charles), ancien Officier de marine, chargé de cours honoraire à la Faculté des Sciences de l'Université (Associé le 2 mars 1888), 36, cours Léopold, Nancy.

1897. 16 Juill. M. Martin (le chanoine Eugène), Directeur de la *Semaine religieuse* (Associé le 7 juillet 1893), 146 *bis*, rue Jeanne-d'Arc, Nancy.

1900 27 Avril. M. Boyé (Pierre), Avocat à la Cour d'appel (Associé le 18 novembre 1898), 53, rue Hermite, Nancy.

1902. 16 Mai. M. Jérôme (Mgr Léon), Vicaire général (Associé le 20 novembre 1896), 54, place de la Cathédrale, Nancy.

1905. 5 Mai. M. Melin (Gabriel), Avocat, Chargé du cours de science sociale à la Faculté de Droit de l'Université (Associé le 16 mars 1900), 39, rue de Boudonville, Nancy.

1907. 4 Janv. M. DUVERNOY (Émile), Archiviste de Meurthe-et-Moselle (Associé le 21 octobre 1904), 30, rue des Tiercelins, Nancy.

1910. 4 Févr. M. PARISOT (Robert), Professeur d'histoire de l'Est de la France à la Faculté des Lettres de l'Université (Associé le 7 juillet 1905), 15, rue Sigisbert-Adam, Nancy.

1911. 5 Mai. M. MICHON (Lucien), Doyen de la Faculté de Droit de l'Université (Associé le 18 décembre 1908), 14, boulevard Charles V, Nancy.

1912. 2 Févr. M. AMBROISE (Émile), Docteur en droit, Avocat (Associé le 16 décembre 1887), 11, rue de la Ravinelle, Nancy.

Id. M. PROUVÉ (Victor). Artiste-peintre, Directeur de l'École des Beaux-Arts (Associé le 20 juillet 1906), avenue Boffrand, Nancy.

19 Juill. M. PARISOT (le Dr Pierre), Professeur de Médecine légale à la Faculté de Médecine de l'Université, membre correspondant de l'Académie de Médecine (Associé le 16 mars 1900), 34, quai Claude-le-Lorrain, Nancy.

1912. 19 Juill. M. SADOUL (Charles), Conservateur au Musée historique lorrain, Directeur de la *Revue lorraine illustrée* et du *Pays lorrain* (Associé le 3 avril 1908), 29, rue des Carmes, Nancy.

1918. 15 Févr. M. HOTTENGER (Georges), Publiciste, Docteur en Droit (Associé le 9 janvier 1914), 18, rue Saint-Dizier, Nancy.

Id. M. BOHÈME (Charles), Professeur honoraire au Lycée Henri-Poincaré (Associé le 6 mars 1914), 83, rue Isabey, Nancy.

1919. 11 Juill. M. DES ROBERT (Edmond), Président de la Société d'Archéologie lorraine (Associé le 6 janvier 1911), 48, rue Hermite, Nancy.

1920. 16 Avril. M. MALGRAS (Léon) [René d'Avril], Homme de lettres (Associé le 2 février 1912), 12, rue Félix-Faure, Nancy.

1920. 30 Avril. M. HUFFEL (Gustave), Sous-Directeur honoraire et Professeur d'Économie forestière à l'École Nationale des Eaux et Forêts (Associé le 21 février 1913), 21, rue des Bégonias, Nancy.

1922. 17 Févr. M. DE MAHUET (comte Antoine), Associé le 24 janvier 1913, 38, rue Gambetta, Nancy.

1922. 16 Juin. M. ROY (Hippolyte), Homme de lettres (Associé le 28 mai 1917), 21, rue Villebois-Mareuil, Nancy.

1923. 18 Mai. M. DAUM (Antonin), maître verrier (Associé le 17 février 1910), rue du Pont-Cassé (Verreries de Nancy).

Id. M. RENARD (Georges), Professeur à la Faculté de Droit (Associé le 7 mai 1920), 13, rue de la Ravinelle, Nancy.

Id. M. CUÉNOT (Lucien), Professeur à la Faculté des Sciences de l'Université de Nancy (Associé le 5 janvier 1923), 89, rue de Metz, Nancy.

Id. M. AUBIN (Ernest), Inspecteur général honoraire des Ponts et Chaussées, 8, rue des Bégonias Nancy.

1924. 16 Janv. M. BRETAGNE (Pierre), Avoué à la Cour d'appel (Associé le 21 mai 1920), 7, rue de la Pépinière, Nancy.

1926. 19 Mars. M. BRUNEAU (Charles), Professeur à la Faculté des Lettres, Vice-président de la Société d'archéologie lorraine (Associé le 16 avril 1920), 1, rue d'Auxonne, Nancy.

18 Juin. M. RENARD (l'abbé Edmond), Professeur à l'École Saint-Sigisbert (Associé le 3 février 1922), 19, cours Léopold, Nancy.

1927. 21 Janv. M. BERLET (Charles), Docteur en Droit, Agriculteur (Associé le 24 janvier 1919), 8, rue d'Alliance, Nancy, et domaine de la Gaye, à Réméréville, par Saint-Nicolas-du-Port (Meurthe-et-Moselle).

1928. 6 Janv. M. SADOUL (Louis), Conseiller à la Cour d'appel de Nancy (associé le 4 février 1921), 25, rue de Boudonville, Nancy.

20 Janv. M. LAURENT (Joseph), Doyen de la Faculté des lettres de l'Université de Nancy (associé le 7 janvier 1921), 147, rue Jeanne-d'Arc, Nancy.

MEMBRES DONATEURS

M. BRACONNOT (Henri), membre titulaire 1809-1854, président de l'Académie en 1833, décédé le 24 janvier 1855.

M. LALLEMENT (Edmond), Professeur à la Faculté de Médecine, Associé le 22 juin 1866, Membre titulaire le 16 février 1867, décédé le 27 février 1889.

M. LEUPOL (Louis), Homme de lettre, Associé le 30 décembre 1859, Membre titulaire le 7 février 1862, Membre honoraire le 16 juin 1882, décédé le 29 octobre 1896

M. CHASSIGNET (Modeste), Sous-Intendant militaire en retraite, Associé le 5 mai 1882, Membre titulaire le 4 août 1882, décédé le 25 février 1898.

M. LEJEUNE (Jules), Homme de lettres, Associé le 22 novembre 1872, Membre titulaire le 1er février 1878, Secrétaire perpétuel de l'Académie le 6 juin 1884, décédé le 6 août 1898.

S. E. le Cardinal MATHIEU (Désiré), Membre de l'Académie française, Membre titulaire le 23 janvier 1880, Membre honoraire le 21 juillet 1899, décédé le 26 octobre 1908.

M. AUDIAT (Edgard), Président de chambre honoraire, Associé le 4 décembre 1885, Membre titulaire le 21 janvier 1887, décédé le 9 septembre 1911.

M. DE METZ-NOBLAT (Antoine), Associé le 4 juin 1880, Membre titulaire le 5 août 1881, Questeur de 1893 à 1895 et de 1899 au 8 mai 1914, décédé le 9 mai 1914.

M. de Goussaincourt (René), ancien Officier au 54e bataillon de mobiles, Associé le 1er juillet 1904, décédé le 14 janvier 1924.

BIENFAITEURS

M. Bonfils (Paul), préparateur de chimie, décédé en 1856.

M. Trampitsch, Administrateur des Grandes Brasseries et Malteries de Champigneulles.

M. R. de Goussaincourt, associé-correspondant, décédé le 14 janvier 1924.

M. le chanoine Barbier, curé doyen de Blâmont.

Mlle Thiriet, 27, rue du Haut-Bourgeois, à Nancy, décédée le 22 juillet 1922.

III

ASSOCIÉS-CORRESPONDANTS ANCIENS MEMBRES TITULAIRES

1889. 5 Juill. M. Barthélemy (François), Archéologue (Titulaire du 5 juin 1892 au 29 juin 1900), 2, place Sully, à Maisons-Laffitte (Seine-et-Oise).

1892. 8 Janv. M. Riston (Victor), Avocat (Titulaire du 5 mai 1893 au 7 février 1919), villa des Ondes, à Saint-Lunaire (Ille-et-Vilaine).

6 Mai. M. Thoulet (Julien), Professeur honoraire de minéralogie à la Faculté des Sciences de l'Université de Nancy (Titulaire du 5 mai 1893 au 7 novembre 1913), 69, rue Madame, Paris (6e).

1893. 15 Juill. M. Blondlot (René), Correspondant de l'Institut (Académie des Sciences), Professeur honoraire à la Faculté des Sciences de l'Université (Titulaire du 6 janvier 1905 au 24 mai 1912), 16, quai Claude-le-Lorrain, Nancy.

1897. 2 Avril. M. Le Monnier (Georges), Professeur honoraire de botanique à la Faculté des Sciences de l'Université de Nancy (Titulaire du 6 janvier 1905 au 20 octobre 1910), 19, rue Montesquieu, Nancy.

1898. 22 Avril. M. Imbeaux (le Dr Édouard), Ingénieur en chef des ponts et chaussées, Professeur à l'École nationale des Ponts et Chaussées (Titulaire du 25 octobre 1901 au 22 novembre 1912), 18, rue Emile-Gallé, Nancy.

1902. 21 Nov. M. Villain (François), Ingénieur en chef des Mines (Titulaire du 2 décembre 1904 au 7 juin 1917), 28, rue Lauriston, Paris (16e).

1907. 15 Févr. M. Perdrizet (Paul), Professeur d'archéologie et d'histoire de l'art à la Faculté des Lettres de l'Université de Strasbourg (Titulaire du 21 juillet 1908 au 7 mars 1924), 2, avenue de la Garenne, Nancy.

6 Déc. M. Schaudel (Louis), Receveur principal des Douanes en retraite (Titulaire du 9 juin 1911 au 11 juillet 1919), à Badonviller (Meurthe-et-Moselle).

1910. 4 Juin. M. Chatelain (Émile), Professeur honoraire au Lycée de Nancy (Titulaire du 29 mars 1912 au 15 janvier 1926), 42, rue de Boudonville, Nancy.

1912. 29 Mars. M. Estève (Edmond), Professeur à la Sorbonne (Titulaire du 7 février 1913 au 19 mars 1926), 5, rue Marié-Davy, Paris (14e).

IV

ASSOCIÉS-CORRESPONDANTS NATIONAUX

1875. 6 Août. M. Gaffarel (Paul), Doyen honoraire de la Faculté des Lettres de l'Université de Dijon, Professeur honoraire d'histoire à la Faculté des Lettres de l'Université d'Aix-Marseille, 317, rue Paradis, Marseille.

7 Août. M. de Sémallé (René), Homme de lettres, 9, rue de l'Ermitage, Versailles (Seine-et-Oise).

1883. 15 Juin. M. le comte DE WARREN (Lucien), ancien Commandant d'artillerie, 19, place des Dames, Nancy.

1888. 2 Mars. M. COLLIGNON (le Dr René), Médecin-Major de 1re classe en retraite, Membre non résidant du Comité des travaux historiques et scientifiques, à Jaulny (Meurthe-et-Moselle).

16 Mars. M. DE MAGNIENVILLE (Roger), 5, rue des Cordeliers, Compiègne (Oise).

29 Juin. M. le baron HULOT (Étienne), Secrétaire général de la Société de Géographie de Paris, 170 *bis*, rue de Grenelle, Paris (7e).

1889. 4 Janv. M. FOURNIER (Paul), Membre de l'Institut (Académie des Inscriptions et Belles-Lettres), Doyen honoraire de la Faculté de Droit de l'Université de Grenoble, Professeur de droit public français à la Faculté de Droit de l'Université de Paris, 71, avenue de Breteuil, Paris (15e), et à Chaligny, par Neuves-Maisons (Meurthe-et-Moselle).

1892. 8 Janv. M. BRUNOT (Ferdinand), Professeur d'histoire de la langue française à la Faculté des Lettres de l'Université de Paris, 8, rue Leneveux (14e).

1893. 3 Mars M. JOURNÉE (le Général de brigade Félix-Albert), 10, rue José-Maria-de-Heredia, Paris (7e).

7 Juill. M. DIEHL (Charles), Membre de l'Institut (Académie des Inscriptions et Belles-Lettres), Professeur d'histoire byzantine à la Faculté des Lettres de l'Université de Paris, 72, avenue de Wagram (17e).

15 Déc. M. NŒLTING (E.), Directeur de l'École de chimie de Mulhouse (Alsace).

1897. 8 Janv. M. MARICHAL (Paul), Conservateur adjoint aux Archives nationales, 11, avenue de Paris, Sceaux (Seine).

22 Avril. M. HENRY (Edmond), Sous-Directeur honoraire de l'École nationale des Eaux et Forêts, 4, rue de la Source, Nancy.

1903. 4 Déc. M. Bazin (René), Membre de l'Académie française, 6, rue Saint-Philippe-du-Roule, Paris (8e), et Les Rangeardières, Saint-Barthélemy (Maine-et-Loire).

1904. 22 Janv. M. Appell (Paul), Membre de l'Institut (Académie des Sciences), Recteur de l'Académie de Paris, à la Sorbonne, 5, rue de la Sorbonne, Paris (5e).

Id. M. Picard (Émile), Membre de l'Académie française, Secrétaire perpétuel de l'Académie des Sciences, 25, quai Conti, Paris (6e).

15 Avril. M. Fournier (le Vice-Amiral Ernest), Vice-Président du Bureau des Longitudes, 65, avenue Bosquet, Paris (7e).

16 Déc. Mme la marquise d'Eyragues, 27, place de la Carrière, Nancy.

1905. 6 Janv. M. Levallois (Henri), Bibliothécaire à la Bibliothèque nationale, 12, place Saint-Sulpice, Paris (6e).

17 Janv. M. Adam (Charles), Membre libre de l'Académie des Sciences morales et politiques, Recteur de l'Université, palais de l'Université, place Carnot, Nancy.

1906. 27 Avril. M. Ferté (Georges), Proviseur du Lycée Louis-le-Grand, 123, rue Saint-Jacques, Paris (5e).

1907. 18 Janv. M. Poulet (Henry), Conseiller d'État, ancien Commissaire de la République à Colmar, 201, faubourg Saint-Honoré, Paris (8e).

7 Juin. M. Simonin (Armand), Avocat à la Cour d'appel de Paris, 174, avenue Victor-Hugo, Paris (16e).

5 Juill. M. Hallays (André), Avocat à la Cour d'appel de Paris, 55, rue de Varenne, Paris (7e).

19 Juill. M. Harmand (Georges), Avocat à la Cour d'appel de Paris, 134, rue de Rivoli, Paris (1er), et 14, rue des Fontenelles, Sèvres (Seine-et-Oise).

1908. 21 Févr. M. May (Gaston), Professeur honoraire à la Faculté de Droit de l'Université de Paris, 12, rue de Longchamp, Paris (16e).

1910. 13 Mai. M. MADELIN (Louis), Agrégé de l'Université, Professeur d'histoire, 123, rue Mozart, Paris (16e).

7 Juill. M. MAGNANT (Le Dr Ernest), Docteur en médecine, Gondrecourt (Meuse).

1912. 2 Févr. Mgr BONNARD (Fourier), Prélat de la maison de Sa Sainteté, Recteur de Saint-Nicolas des Lorrains, 17, Via di Tor Sanguigna Rome XI.

Id. M. D'OLLONE (le Général Comte Henri-Marie-Gustave), commandant la Place de Soissons (Aisne).

1912. 3 Mai. Mgr HERSCHER (Sébastien), Archevêque de Laodicée, ancien Évêque de Langres, 20, quai de Béthune, Paris (4e).

5 Juill. M. POTTECHER (Maurice), Homme de lettres, 5, rue de la Santé, Paris (13e).

25 Oct. M. HINZELIN (Émile), Homme de lettres, 10 *bis*, rue Saint-Charles, Villemonble (Seine).

1913. 24 Janv. M. DE DUMAST (le baron René GUERRIER), 38, place de la Carrière, Nancy.

21 Févr. M. BROCARD (Lucien), Professeur d'Économie politique à la Faculté de Droit de l'Université, 5-7, rue Désilles, Nancy.

7 Nov. M. AIMOND (l'abbé Charles), Professeur à l'École Saint-Louis (Esplanade du Château), Bar-le-Duc (Meuse).

21 Nov. M. BERTIER (Georges), Directeur de l'École des Roches, Verneuil-sur-Avre (Eure).

1914. 20 Mars. M. DAVILLÉ (Louis), Professeur d'histoire au Lycée de Bar-le-Duc, 7, place de la Fontaine, Bar-le-Duc (Meuse).

1917. 25 Mai. M. GRENIER (Albert), Professeur d'antiquités gallo-romaines à la Faculté des Lettres de l'Université, 4, rue de Turenne, Strasbourg.

Id. M. CONSTANTIN (l'abbé Charles), Aumônier du Lycée Henri-Poincaré, 2, rue de la Visitation Nancy.

1918. 24 Mai. M. LOUIS (Henri), homme de lettres, 35, rue du Grand-Verger, Nancy.

5 Juill. M. HARMAND (René), Professeur de lettres au Lycée Henri-Poincaré, 5, rue Dom-Calmet, Nancy.

1919 16 Mai. M. COUTIL (Léon), Correspondant honoraire du ministère de l'Instruction publique et des Beaux-Arts, Lauréat de l'Académie des Inscriptions et Belles-Lettres, rue de Fontanges, Les Andelys (Eure).

24 Oct. M. MANSUY (Abel), Directeur du Lycée français de Varsovie, 14, rue Szopena, Varsovie (Pologne).

21 Nov. M. NICOLAS (Émile), Publiciste, 31, rue de Santifontaine, Nancy.

5 Déc. M. GARNIER (Georges), 29, rue Gambetta, Épinal.

1920. 16 Avril. M. JEANTON (Gabriel), Procureur de la République, à Mâcon.

Id. M. TOURNEUR-AUMONT (Jean), Professeur à la Faculté des Lettres de l'Université de Poitiers, 8 *ter*, rue de la Chanterie Saint-Hilaire, à Poitiers.

2 Juill. M. DE LA CHAISE (Baron François), 8, rue de la Garde, à Metz.

Id. M. MAUJEAN (Léon), Professeur à l'École supérieure de Metz, 23, rue de Strasbourg, à Metz-Plantières.

1917 25 mai. M. THIRIA (Michel), Peintre-Verrier, Directeur de la *Revue du Pays messin et de Lorraine*, 50, place Saint-Louis, à Metz.

1921. 4 Févr. M. FLAHAULT (Charles), Professeur à l'Université de Montpellier.

1922. 6 Janv. M. DIDERRICH (Émile), propriétaire à Mondorf-les-Bains (Grand-Duché de Luxembourg).

20 Janv. M. COSMAO-DUMANOIR (Marcel), Chef du service des agences à la Cie "La Nationale", 11, avenue Malakoff, Paris (16e).

1922. 3 Févr. M. RENARD (l'abbé Edmond), Professeur à l'Ecole Saint-Sigisbert, 19, cours Léopold, Nancy.

17 Févr. M. PHILIPPE (André), Archiviste du département des Vosges, à Épinal.

17 Mars. M. BAUMONT (Georges), Professeur au Collège de Saint-Dié (Vosges), 27, rue des Trois-Villes, à Saint-Dié.

5 Mai. M. DONNADIEU (A.), Docteur en médecine, 27, rue de la Pépinière, à Nancy et villa Mosella, à Saint-Aygulf (Var).

19 Mai. M. BEAUDOIN (Charles), Chargé de cours à l'Université de Genève, Saconexe d'Arve, à Genève.

Id. M. MASSÉ (Henri), Professeur à l'École Nationale des Langues orientales 3, rue de Lille, Paris (7e).

7 Juill. M. SURCHAMP (Henri) [Jean NESMY], Inspecteur des Eaux et Forêts, 6, place Saint-Pierre, à Troyes.

27 Oct. M. DIMOFF (Paul), Maître de Conférences de langue et de littérature française à la Faculté des Lettres de Nancy, 2, rue de la Monnaie.

Id. M. LEMASSON (Nicolas-Constant), Principal honoraire, avenue Sainte-Anne, à Laxou.

1923. 2 Mars. M. MIRMAN (Léon), Conseiller-maître à la Cour des Comptes, 12, rue Vineuse, à Paris (16e).

16 Mars. M. ARBELTIER DE LA BOULLAYE (Ernest), ancien Inspecteur des Eaux et Forêts, 38, rue de la Monnaie, à Troyes.

16 Mars. M. GAUDEL (Henri), homme de lettres à Bayon (Meurthe-et-Moselle).

18 Mai. M. LAMASSE (le Père Henri), missionnaire apostolique, à Tieling *via* Lia-Tung (Mandchourie).

1924. 1er Févr. M. TANANT (le Général A.), commandant la 43e division d'infanterie, à Strasbourg.

Id. M. BOUCHOT (Léopold), Directeur de l'École Braconnot, 12, rue Braconnot, à Nancy.

1924. 4 Avril. M. Guinier (Philibert), Directeur de l'École nationale des Eaux et Forêts, 12, rue Girardet, à Nancy.

4 Juill. M. Friant (Émile), artiste peintre, membre de l'Institut, 23, quai Ligier-Richier, Nancy.

1925. 20 Mars. M. Auburtin (Fernand), ancien maître des requêtes au Conseil d'État, administrateur de la Compagnie des chemins de fer de l'Est, 81, rue de la Boétie, Paris (8e).

1926. 5 Févr. M. Lefèvre-Pontalis (Pierre), ancien ministre de France à Vienne, 14, avenue Pierre Ier de Serbie, Paris (16e).

30 Avril. M. Errard (Paul), instituteur, président de la Société des naturalistes et archéologues du Nord de la Meuse, à Thonne-la-Long, par Montmédy (Meuse).

7 Mai. M. Renard (lieut.-colonel Paul), lauréat de l'Académie des sciences, Professeur à l'École supérieure d'aéronautique, Président de la Société française de navigation aérienne, 8 *bis*, rue de l'Éperon, Paris (6e).

19 Nov. M. de Hennezel d'Ormois (comte Jean), Publiciste, château de Bourguignon, par Mons-en-Laonnois (Aisne), et Paris, rue de l'Université, 86 (6e).

1927. 21 Janv. M. Blaison (Louis), Colonel en retraite, 32, rue de Toul, Nancy.

4 Févr. M. Bossu (Louis), Premier Président honoraire près la Cour d'appel de Chambéry (Savoie).

18 — M. Ludvig (l'abbé Henri), Chanoine honoraire, 81, rue des Quatre-Églises, Nancy.

1er Avril. M. de Barrigue de Montvalon, Président de chambre à la Cour d'appel de Nancy, 40, cours Léopold, Nancy.

1er Juillet. M. Puton (Bernard), Président du tribunal civil de Remiremont (Vosges).

1927. 1er Juillet. M. Guémard (Gabriel), Chef de service au Crédit Foncier Egyptien au Caire.

18 Déc. M. Michel (le Dr Gaston), Professeur de clinique chirurgicale à la Faculté de médecine de Nancy, 15, rue de Rigny, à Nancy.

1928. 17 Févr. M. Maure (Marcel), Avocat, 3 cours Léopold, Nancy.

Id. M. Richard (le Dr G.), 75, rue de la Commanderie, à Nancy, et villa Milton, à Royat-les-Bains (Puy-de-Dôme).

2 Mars. M. Gérardin (l'abbé Eugène), Aumônier de Saint-Julien, 71, rue des Jardiniers, Nancy.

16 — M. Conigliano (Henri de), Colonel en retraite, à Lunéville.

4 Mai. M. Spillmann (le Dr Louis), Doyen de la Faculté de médecine de Nancy, 14, rue Saint-Léon, à Nancy

V

ASSOCIÉS-CORRESPONDANTS ÉTRANGERS

1869. 17 Déc. M. Muller (E.), Chambellan et Veneur de la Cour de S. M. le roi de Danemark, 109, Vestervoldgade, Copenhague (Danemark).

1875. 6 Août. M. Haynes (H.-W.), Professeur, Vice-Président of the Society of natural history (Berkeley Street), Boston (États-Unis).

Id. M. Schmidt (Waldemar), Professeur d'égyptologie et d'assyriologie à l'Université royale de Copenhague (Danemark).

1888. 13 Avr. M. Aagaard, Professeur d'histoire au Collège royal de Frederiksborg, 83, Nordre Frihamsgade, Copenhague (Danemark).

1913. 4 Avr. M. Hyde (James-H.), 67, boulevard Lannes, Paris (16e), et 23, West 50th Street, New-York (États-Unis).

1924. 4 Janv. M. Koskowski (Bronislas), Professeur de pharmacie galénique à l'Université de Varsovie.

1925. 12 Juin. M. de Koschenbahr-Lyskowski (Ignace), Professeur de droit romain à l'Université de Varsovie (Pologne).

CONCOURS DE 1929

L'Académie décernera, dans sa séance publique de décembre 1929, les prix suivants :

1° PRIX LITTÉRAIRES ET SCIENTIFIQUES

1° Prix Dupeux. — Ce prix, de 350 francs, est destiné au meilleur ouvrage, manuscrit ou imprimé depuis le 1er janvier 1904, qui aura été présenté sur un sujet d'archéologie se rapportant de préférence à la Lorraine.

2° Prix Stanislas de Guaita. — Ce prix, de 200 francs, a pour objet de *récompenser les efforts et le mérite d'un littérateur ou de venir en aide à un jeune homme se destinant aux lettres*. Le candidat devra appartenir à la région lorraine. Il devra déposer, à l'appui de sa demande, les ouvrages imprimés ou manuscrits, ou d'autres justifications pouvant établir qu'il remplit les conditions du concours.

3° Prix du Souvenir, de 1.200 francs, à attribuer à une personne ou collectivité, de préférence Française ou Belge, qui, de quelque façon, jugée efficace et de haute valeur morale, soit par un livre, une pièce de théâtre, une œuvre d'art, une propagande de conférences, soit par son enseignement, soit par quelque initiative ou quelque acte, aura contribué à entretenir et fortifier le souvenir des responsabilités et des crimes commis par l'Allemagne durant la Grande Guerre.

Pour ces prix, les demandes et pièces à l'appui seront déposées, avant le 1er juillet 1928, à l'adresse du secrétaire perpétuel de l'Académie, à la Bibliothèque publique, 43, rue Stanislas.

Pour l'un ou l'autre de ces prix, sont de fait hors concours les ouvrages ou mémoires déjà récompensés par une des Académies de l'Institut de France, ou par toutes autres Sociétés savantes, de France ou de l'étranger.

2° PRIX DE VERTU

1° Prix Jules Gouy, de 600 francs, pour récompenser le dévouement maternel.

2° Prix Jules Gouy, de 600 francs, pour récompenser la piété filiale.

(Sont admises à concourir, pour ces deux prix, les personnes domiciliées à Nancy depuis douze ans au moins.)

3° Prix René de Goussaincourt, de 300 francs, pour récompenser la piété filiale.

4° Prix Mangeon, de 100 francs, pour récompenser la piété filiale.

5° Prix Cardin-Roussel, de 200 francs, pour récompenser une ouvrière dévouée à sa mère veuve.

(Elles devront être de Nancy et l'habiter depuis dix ans.)

6° Prix Ferdinand Lachasse, de 100 francs, pour récompenser le dévouement.

7° Prix Charles Bour, de 1.800 francs, à partager, par sommes de 300 ou de 400 francs, entre des jeunes filles catholiques, pour récompenser leur bonne conduite et leur dévouement à leurs parents.

8° Prix Clotilde Humbert, de 250 francs, pour récompenser la vertu et le dévouement.

9° Prix Nicolas Humbert, de 200 francs, pour récompenser un homme (marié, veuf ou célibataire), de préférence habitant Nancy, jugé digne par l'Académie.

10° Fondation Pister, de 2.000 francs, dont 1.000 francs à employer en deux ou trois prix à des jeunes filles les plus méritantes pour les soins donnés à leurs parents, et 1.000 francs en trois prix à trois mères de famille chargées d'enfants et méritantes.

11° Prix Virginie Jacquot, de 450 francs, en faveur du père ou de la mère d'une famille d'au moins quatre enfants vivants (les morts de la Grande Guerre comptant comme tels), habitant depuis dix ans dans la commune de Glonville, ou, à défaut de candidats méritants, une autre commune rurale du canton de Baccarat.

12° Prix Audiat, de 100 francs, en faveur d'une mère de famille méritante.

13° Prix Marguerite Pitoy, de 600 francs, pour secourir une famille modeste ayant au moins sept enfants.

PRIX MILITAIRES RENÉ DE GOUSSAINCOURT

(ancien officier au 54e mobiles).

14° Prix de 100 francs, au profit d'un ancien mobile de 1870, ou d'un grand blessé ou mutilé de la guerre de 1914-1918 ayant combattu dans les rangs de la Division de fer.

15° Prix de 100 francs, au profit d'une femme, de préférence mère de famille, épouse ou veuve d'un soldat de la guerre de 1914-1918 ayant combattu dans les rangs de la Division de fer.

16° Prix de 100 francs, au profit d'une personne de peu de ressources, prenant un soin pieux d'un soldat de la guerre de 1914-1918 aveugle ou ayant subi toute autre mutilation grave, telle que la perte de ses bras.

Les demandes concernant les prix de vertu devront être déposées au siège de l'Académie, 43, rue Stanislas, avant le 1er juillet 1928.

Les candidatures des personnes qui se recommandent elles-mêmes ne seront pas prises en considération.

TABLE DES MATIÈRES

IMPRIMERIE BERGER-LEVRAULT, NANCY-PARIS-STRASBOURG — 1928

La collection des *Mémoires* de l'Académie de Stanislas forme cinq séries distinctes :

1° *Mémoires de la Société royale des sciences et belles-lettres fondée en 1750 par Stanislas, roi de Pologne, duc de Lorraine et de Bar* ; 4 vol. in-12, 1754 à 1759 (très rares).

2° *Précis analytique des travaux de la Société des sciences, lettres et arts de Nancy* ; 12 fascicules ou volumes in-8°, de 1804 (an XII) à 1833 (en partie épuisés).

3° *Mémoires de la Société royale des sciences, lettres et arts de Nancy* (Académie de Stanislas) ; 35 volumes in-8°, de 1835 à 1866.

4° *Mémoires de l'Académie de Stanislas* ; 15 volumes in-8°, de 1867 à 1882.

5° *Mémoires de l'Académie de Stanislas* ; 20 volumes in-8°, de 1883 à 1902-1903.

6° Le volume de 1903-1904 ouvre une sixième série.

Une table des matières comprises dans les trois premières séries a paru en 1870 ; elle a été rédigée par M. le docteur Simonin père.

Une *Table alphabétique des publications de l'Académie de Stanislas (1750-1900)*, rédigée par les soins de J. Favier et précédée de l'Histoire de l'Académie par M. Chr. Pfister, a été publiée en 1902.

IMPRIMERIE BERGER-LEVRAULT, NANCY-PARIS-STRASBOURG

www.ingramcontent.com/pod-product-compliance
Lightning Source LLC
LaVergne TN
LVHW080957230826
846092LV00006B/1053
* 9 7 8 2 3 2 9 6 7 8 3 3 7 *